東洋古典百選・7

# 韓非子

許文純 譯解

一信書籍出版社

# 머 리 말

한비자(韓非子)는 전국(戰國) 말기의 철학자이며 법가의 주요한 대표 인물이다. 한(韓)의 귀족 출신으로 이사(李斯)와 함께 순자(荀子)에게서 배웠다.

한의 왕에게 제도를 개혁하여 부강해지기를 도모할 것을 건의했지만 채택되지 못하였다. 그러나 그의 문장을 본 진시황(秦始皇)은 이를 높이 평가하여서 그가 진에 사신으로 갔을 때 머물게 하였으나 오래지 않아 이사에게 해를 입어 옥중에서 자살하였다.

한비자가 죽은 뒤, 후대 사람들이 그가 남긴 저술을 수집하고 추가하여 편집한 것이《한비자(韓非子)》이며 모두 55편 20권이다.

《한비자》는 도(道)·유(儒)·묵(墨) 각 학파의 사상을 흡수하고 전기 법가의 사상을 선택적으로 받아들여 법가 학설을 집대성하였다.

유가·법가·명가·도가를 받고 법을 독립된 고찰 대상으로 삼았으며, 일종의 유물론과 실증주의에 의하여 독자적인 사상 체계를 수립함으로써 진·한의 법형제도(法刑制度)에 강력한 영향을 끼쳤을 뿐더러 『설림편(說林篇)』은 우언(寓言)에 속하여 후세 단편 소설의 남상이 되는 등 문학사상(文學史上)에도 중요한 위치를 차지한다.

한비자의 역사적인 역할은, 춘추 전국시대라고 하는 난세에 태어난 제가의 사상을 시대적 요청에 응해 하나의 정치 기술로 정리하여 진(秦)의 시황(始皇)에게 넘긴 데 있다. 그후 왕조의 교체는 몇 번이고 있었으나 중국의 국가적 통일은 현재까지 2천여년에 걸쳐 계속되고 있다. 그것을 최초로 실현한 진의 공적과 함께 진에 방법을 가르쳐 준 한비자의 이름을 잊어서는 안 된다.

# 目　次

머리말 ················································· 3
해　제 ················································· 7

二柄篇 ················································ 11
十過篇 ················································ 22
孤憤篇 ················································ 72
說難篇 ················································ 88
和氏篇 ··············································· 103
亡徵篇 ··············································· 111

| | |
|---|---|
| 備内篇 | 127 |
| 説林 上篇 | 135 |
| 説林 下篇 | 142 |
| 内儲説 上篇 | 154 |
| 内儲説 下篇 | 174 |
| 外儲説篇 | 192 |
| 難篇 | 216 |
| 五蠹篇 | 229 |

# 《한비자(韓非子)》 해제(解題)

## 1. 한비자(韓非子)의 生涯

　여러 학파의 설(說)을 채용하고 비판하여 제자백가의 최종 주자가 되었던 한비자(韓非子)는 오직 문장에 의해서만 자신의 사상을 표현하였고 부자유한 변설(辯說)을 보충하듯이 문장이 예리하였다.
　타고난 말더듬이었던 그는 기원전 3세기 초엽에 한왕(韓王) 안(安)의 서공자(庶公子)로 태어났다. 전국 7웅 가운데서 작고 약한 나라였던 한(韓)은 특히 강국 진(秦)과 국경을 마주하고 있었고, 이를 늘 개탄하던 한비자는 당시의 대표적 학자였던 순자(荀子)에게로 가서 수업을 하였다. 그 결과 순자의 성악설과 노자의 무위자연설을 받아들이면서 상앙(商鞅)과 신불해(申不害)의 '법'과 '술'을 종합하여 독자적인 '법술'이론을 완성하고 이것을 국가 통치의 근본 원칙이라고 주장했다.
　한(韓)의 세력이 약해지는 것을 염려하여 누누히 왕에게 간언하였으나 받아들여지지 않다가 진(秦)의 시황(始皇)에게 강력한 영향을 미치게 되는데, 그 문장을 모은 것이 《한비자(韓非子)》 55편이다.

## 2. 사상(思想) – 법(法)과 술(術)

　《한비자(韓非子)》는 선진(先秦)시대의 법가(法家) 사상을 집대성한

작품이다. 한비자가 죽은 뒤, 후대의 사람들이 그가 남긴 저술을 수집하고 또 한비자의 학설을 논술한 다른 사람들을 추가하여 편집한 것으로 모두 55편 20권이며, 법(法)·술(術)·세(勢)에 의한 통치를 중심으로 군주통치술을 제시하였다. 한비자는 도(道)·유(儒)·묵(墨) 각 학파의 사상을 흡수하고 전기 법가의 사상을 선택적으로 받아들여 법가 학설을 집대성하였는데 그 사상의 핵심은 '법술(法術)'이다.

그는 인구와 사회적 부(富)의 많고 적음은 역사의 변동을 결정짓는 원인이 된다고 생각하여 일체의 사회 관계, 예를 들면 군신, 부자(父子)나 교환 및 착취 관계는 모두 인간들의 이기심 혹은 이익을 계산하는 마음에서 나온다고 강조했다. 또한 이익을 추구하고 손해를 멀리하는 것이 인지상정이며, 국가의 상벌 법령을 집행하는 근거가 된다고 보았다. 그래서 법은 모든 국민이 복종해야 할 유일하고 절대적인 기준이라고 그는 말한다.

"법은 문서로 하여 관청에 놓고 국민에게 게시하는 것이다. …… 법은 표면에 나타날 수 있는 것이다."『난편(難篇)』

"위정자는…… 개인의 도덕적 수양에 힘쓸 것이 아니라 객관적인 제도인 법에 힘써야 한다."

"상은 후하게 주되 조금도 틀림없게 할 것이며, 벌은 엄중하게 하되 빠짐없이 시행할 것."『정법편(定法篇)』

기준으로서의 법이 철저하면 국가라고 하는 기구가 완비되고, 법의 제정 후에는 마땅히 운용이 있어야 하며 그 법의 운용 방법은 바로 '술(術)'이다.

"과실을 벌할 때 대신(大臣)이라도 피할 수 없게 하고, 선행을 상줄 때 필부라도 빠뜨려서는 안 된다."『유도편(有度篇)』

"술(術)이란 군주가 마음속의 것을 비교하여 비밀리에 신하를 제거하는 것이다. …… 술은 사람들에게 보이는 것이 아니다."『난편(難篇)』

정치는 인간을 상대로 한다. 그리고 군주가 직접 상대로 하는 사람은 신하이다. 따라서 술이란 군주의 신하조정법이다.

"명군은 멀리 떨어져 있건 가까이 있건 눈과 귀를 움직여 신하가 어디에 있건 그 실패를 간과하지 않는다."『비내편(備內篇)』

"알고 있는 것을 모르는 체하여 신하를 시험해 본다."『내저설편(內儲說篇)』

또한 그들이 일한 결과가 계획과 완전히 일치하면 상을 주고 일치하지 않으면 결과가 좋더라도 벌한다는 확고한 이론이다.

그는 〈법술〉이야말로 부국강병을 위한 단 하나의 길이라고 주장하였으며 이는 진시황(秦始皇)에게 강력한 영향을 준다.

## 3. 진시황(秦始皇)과 한비자

국가는 반드시 형벌을 엄중하게 하여 법으로써 다스리고 쓸모없는 무리를 제거하여야 한다는 한비자의 간언을 한왕(韓王)은 받아들이지 않았다. 그러나 진의 시황은 달라서 그의 〈고분(孤憤)〉과 〈오두(五蠹)〉논문을 보고 "이사람과 교유할 수 있다면 죽어도 한이 없겠다."고까지 감탄하였다.

후에 한(韓)이 평화의 사신으로 한비자를 보내자 시황은 크게 기뻐하여 그를 아주 진에 머물게 하였으나 이사(李斯)는 내심 이를 못마땅히 여겨 시황에게 참언하여 한비자를 옥에 가두게 한 후, 독약을 주어 자살하게 하였다.

그러나 그의 사후 시황은 천하를 평정하여 법을 전 중국에 미치게 하였으며, 한비자의 주장을 원칙대로 실행하여 화폐, 사상, 도량형을 통일하고 악명높은 분서갱유(焚書坑儒)를 단행하였다.

한비자의 역사적인 역할은 춘추 전국시대라고 하는 난세에 태어난 제가의 사상을 시대적 요청에 응하여 하나의 정치기술로 정리하여 진의 시황에게 넘긴 데 있다고 하겠다.

## 4. 한비자의 위치

《한비자》는 그 내용과 형식으로 보아 크게 두가지로 분류된다.

하나는 자설(自說)을 직접 서술한 논문체, 문답체의 문장이고 또 하나는 설화류를 편집한 것이다.

전자에서는 독특한 한비자의 인간관과 사상을 파악할 수 있고, 후자에서는 설화·우화에 대한 한비자의 해석과 비평을 접할 수 있다.

한비자와 그 학파의 사상은 일반적으로 편견적인 인간관 위에 성립된 것으로 지적되며, 특히 유가로부터는 애정을 무시하는 냉혹하고 잔인한 술책이라는 비난을 받았다.

그러나 첫째, 유가·법가·명가·도가 등의 설(說)을 집대성하여 법을 독립된 고찰대상으로 삼고 일종의 유물론과 실증주의에 의해 독자적인 사상체계를 수립함으로써 진·한의 법형제도(法刑制度)에 영향을 끼친 점.

둘째, 감상(感傷)을 뿌리친 간결한 산문이나 인간의 이면을 그린 설화가 고대문학의 한 전형을 이룬 점에서 사상가로서 뿐만 아니라, 문학사 상에도 중요한 위치를 차지하고 있다.

# 二 柄 篇

    자루〔柄〕란 물건의 손잡이다. 여기서는 자동차의 핸들 같은 것을 상상하면 된다. 운전석에 앉아 왼쪽이든 오른쪽이든 핸들을 움직이는 대로 자동차는 따라 움직인다. 그렇다면 임금이 신하를 움직이는 핸들은 무엇이겠는가? 그것은 바로 두 개의 자루, 곧 상(賞)과 벌(罰)이다. 반드시 임금이 알아 두어야 할, 신하를 조종하는 일체의 방법이 여기에 낱낱이 파헤쳐져 있다.
    "신하들이 진심으로 임금을 사랑하는 것은 아니다. 이(利)를 중하게 여기기 때문이다. 지금 임금이 그 속마음을 감추지 아니하고 그런 기미를 숨기지 못하여 신하로 하여금 그를 해칠 기회를 준다면 뭇 신하들이 자지(子之)와 전상(田常)이 되는 것은 어렵지 않다."

### 1. 賞罰은 스스로 行하라

> 明主之所導制其臣者, 二柄而已矣. 二柄者刑德也.
> 何謂刑德, 曰, 殺戮之謂刑, 慶賞之謂德. 爲人臣者,
> 畏誅罰而利慶賞. 故人主自用其刑德, 則羣臣畏其威而

歸其利矣. 故世之姦臣則不然, 所惡則能得之其主而罪之, 所愛則能得之其主而賞之.

今人主非使賞罰之威利出於己也, 聽其臣而行其賞罰, 則一國之人, 皆畏其臣而易其君, 歸其臣而去其君矣. 此人主失刑德之患也. 夫虎之所以能服狗者, 爪牙也. 使虎釋其爪牙而使狗用之, 則虎反服於狗矣. 人主者, 以刑德制臣者也. 今君人者, 釋其刑德而使臣用之, 則君反制於臣矣.

故田常上請爵祿而行之羣臣, 下大斗斛而施於百姓. 此簡公失德而田常用之也. 故簡公見弑. 子罕謂宋君曰, 夫慶賞賜予者, 民之所喜也, 君自行之. 殺戮刑罰者, 民之所惡也, 臣請當之. 於是宋君刑而子罕用之. 故宋君見劫. 田常徒用德而簡公弑, 子罕徒用刑而宋君劫.

故今世爲人臣者, 兼刑德而用之, 則是世主之危, 甚於簡公宋君也. 故劫殺擁蔽之主, 兼失刑德而使臣用之, 而不危亡者, 則未嘗有也.

【解釋】 명군이 그 신하를 지도하고 통제하는 것은 두 개의 자루 뿐이다. 두 개의 자루란 형(刑)과 덕(德)이다. 무엇을 가지고 형과 덕이라 하는가. 주벌(誅罰)하는 것을 형이라 하고, 포상하는 것을 덕이라고 한다. 신하된 자들은 주벌을 두려워하며 포상을 이롭게 여긴다. 그러므로 임금이 스스로 그 형과 덕을 쓰게 되면 뭇신하들은 그 위엄을 두려워하며 이로운 것으로 모여든다. 그러므로 세상의 간신들은 그것을 막아 미운 자에겐 임금의 영을 빌어 죄를 주고, 좋아하는 자에겐 임금의 권한을 빌어 상을 준다.

만일 임금이 상벌의 위엄과 권익을 자기가 직접 행하지 않은 채 신하의 말만 듣고 상벌을 행하게 되면, 온 나라 사람이 모두 그 신하를 두려워하고 그 임금을 쉽게 보며 인심이 그 신하에게로 돌아가 그 임금을 버리게 된다. 이것은 임금이 형과 덕을 잃은 데서 오는 환난인 것이다. 범이 개를 굴복시키는 것은 발톱과 어금니 때문이다. 범의 발톱과 어금니를 개로 하여금 쓰게 한다면 범은 거꾸로 개에게 굴복을 당하게 된다. 임금은 형과 덕으로써 신하를 제압하는 것이다. 임금된 사람이 그 형과 덕을 던져버리고 신하에게 쓰게 한다면 임금은 거꾸로 신하에게 제압당하고 만다.

그러기에 전상은 위로는 작록(爵祿)을 청해 뭇신하들에게 주고 아래로는 말과 되를 크게 만들어 백성들에게 은혜를 베풀었으니, 곧 간공은 덕을 잃고 전상은 이를 쓴 것이다. 이 때문에 간공은 시해당했다. 자한은 송나라 임금에게 말하기를 "대개 칭찬을 하고 상을 내리고 물건을 주는 것을 백성들은 기뻐합니다. 그러니 임금께서 직접 행하십시오. 죽이고 죄를 주고 벌을 내리는 것은 백성들이 싫어하는 것입니다. 바라옵건대 신이 이를 맡아 하겠습니다." 했다. 이리하여 송나라 임금은 형을 잃고 자한이 이를 쓰게 되었다. 까닭에 송나라 임금은 위협을 받게 되었다. 전상이 다만 덕을 썼는데도 간공은 시해당했고, 자한이 다만 형을 썼는데도 송나라 임금은 그의 위협을 받았다.

그러므로 오늘날 남의 신하된 사람이 형과 덕을 아울러 쓰게 된다면 임금의 위태로움이 간공이나 송나라 임금보다 더하게 되는 것이다. 그러므로 위협이나 죽음을 당하고 이목이 가려진 임금은 모두 형과 덕을 신하로 하여금 쓰게 한 때문이니, 그러고도 위태롭거나 망하지 않은 사람은 일찍이 없었다.

**【解説】** 명군(明君)은 두 개의 자루만으로 신하를 통솔한다. 두 개의 자루란, 곧 형(刑)과 덕(德)이다. 다시 말해 형이란 벌(罰)을 가하는 것이며 덕은 상(賞)을 주는 것이다.

신하된 사람은 누구나 벌을 무서워하고 상을 기뻐한다. 임금이 이 두 개의 자루만 잡고 있으면 신하들은 자연 그의 생각대로 조종될 수가 있다.

이 때문에 간신들은 어떻게 해서라도 임금이 두 개의 자루를 휘두르지 못하게 막으려 든다. 그들은 임금을 앞세워서 제 마음에 들지 않는 사람은 제 스스로 벌을 주고, 마음에 드는 사람은 역시 제 스스로 상을 주려 든다.

따라서 임금이 이렇듯 상벌의 집행권을 포기한 채 신하에게만 맡겨 두게 될 경우 백성들은 다만 그 신하를 무서워할 뿐 임금을 업신여긴 나머지, 마침내는 임금을 떠나 신하에게로 돌아가게 된다. 임금이 두 개의 자루를 손에서 놓는다면 이런 결과밖에는 얻을 것이 없다.

범이 개를 굴복시킬 수 있는 것은 그 범에게 발톱이 있고 어금니가 있기 때문이다. 만일 그 발톱과 어금니를 범에게서 앗아 내어 개에게 준다면 그때는 범이 개에게 굴복할 수밖에 없는 것이다.

임금은 오로지 상벌이라는 두 개의 자루에 의해 신하를 통솔하고 있다. 만일 임금이 이 두 개의 자루를 놓아 버리고 신하에게 이것을 쓰도록 만든다면 임금은 역시 그로부터 신하의 통솔을 받게 될 뿐이다.

제(齊)나라 전상(田常)과 그 임금 간공(簡公)의 사이를 보면, 전상은 위로 군신(群臣)의 작록(爵祿)에서부터 아래로는 백성들의 대여곡(貸與穀) 따위에 이르기까지 모든 것을 임금의 허락 아래 전횡했었다. 이야말로 임금이 상이라는 자루를 스스로 포기한 채 이를 신하에게 쓰도록 한 실례인데, 이 때문에 결국 간공은 전상에게 시해당하고 말았다.

또 송(宋)나라 자한*(子罕)을 보면, 그는 일찍이 임금에게
"상을 주면 백성들은 기뻐합니다. 상을 주는 일을 임금께서 직접 하십시오. 그러나 벌이라는 것은 백성들로부터 원망을 사게 될 뿐이니, 이것만은 제게 맡겨주십시오."
하고 청했다. 그리하여 송나라 임금이 벌이라는 자루를 신하에게 쓰도록 허락한 결과, 뒷날 송나라 임금에게 돌아온 것은 왕위를 탐내는 신하의 위협이었다.

전상이 쓴 것은 상벌이란 두 개의 자루 가운데 상 하나뿐이었다. 그런데도 간공은 그에게 시해당하고 말았다.

또 자한이 쓴 것은 벌 하나뿐이었다. 그런데도 송나라 임금은 왕위를 위협당했던 것이다.

지금의 신하들을 보면, 누구나 상벌이란 두 개의 자루를 다 쓰고 있다. 이야말로 임금된 사람에게는 더없이 위험한 일로서 간공이나 송나라 임금의 경우보다도 더 심하다 할 수 있다.

시해당하거나 지위를 위협당하거나, 혹은 이목이 가려진 허수아비 임금들은 상벌의 자루를 둘 다 신하에게 앗긴 임금들이다. 이러한 임금이 다스리는 나라는 언제고 쇠망하는 것을 면할 수가 없다.

〔註釋〕 *子罕  姦臣의 典型 이지만 身元은 未詳이다.


## 2. 賞罰의 運用

人主將欲禁姦, 則審合刑名者, 言與事也. 爲人臣者陳而言, 君以其言授之事, 專以其事責其功. 功當其事, 事當其言, 則賞, 功不當其事, 事不當其言, 則罰. 故羣臣其言大而功小者, 則罰. 非罰小功也, 罰功不當名也. 羣臣其言小而功大者, 亦罰. 非不說大功也, 以爲不當名也, 害甚於有大功, 故罰.

昔者韓昭侯醉而寢, 典冠者見君之寒也. 故加衣於君之上. 覺寢而說, 問左右曰, 誰加衣者. 左右對曰, 典冠. 君因兼罪典衣與典冠. 其罪典衣, 以爲失其事也. 其罪典冠, 以爲越其職也. 非不惡寒也, 以爲侵官之害甚於寒.

故明主之畜臣, 臣不得越官而有功, 不得陳言而不當. 越官則死, 不當則罪. 守業其官, 所言者貞也, 則羣臣不得朋黨相爲矣.

【解釋】 임금이 간악한 일을 금하려면 형명(刑名)을 자세히 맞추어 보아야 한다는 것은, 곧 말[言]과 일[事]에 대해서 남의 신하된 자는 자기의 생각을 말하고 임금은 그 말을 듣고 그에게 일을 준 다음, 단지 그 일을 가지고 그의 공(功)을 묻게 된다. 세운 공이 그 일에 해당되고 일이 그가 한 말과 합치되면 상을 주고, 공이 그 일에 해당되지 않거나 일이 그의 말과 일치되지 않으면 벌을 준다.

그러므로 말이 크고 공이 작은 신하를 벌하는 것은 공이 작다 해서 벌하는 것이 아니라 공이 말과 맞지 않은 것을 벌하는 것이다. 또 그 말은 작았으나 공이 큰 자도 벌하는 것은 큰 공을 기뻐하지 않는 것이 아니라, 말과 맞지 않는 것은 큰 일을 저지른 것보다 그 폐해가 더 심하다고 생각하기 때문이다.

옛날 한소후가 취중에 그대로 잠들었을 때 그것을 본 전관은 임금이 추우리라고 생각해서 옷을 덮어 주었다. 소후는 잠을 깬 뒤 기뻐서 좌우에게 "누가 옷을 덮었느냐?"고 물었다. 좌우에서 "전관입니다." 하고 대답했다. 그러자 임금은 곧 전의와 전관을 벌주었다. 전의를 벌준 것은 그가 맡은 일을 다하지 못한 때문이고, 전관에게 벌준 것은 그 직분을 벗어났기 때문이다. 추위를 싫어하지 않는 건 아니지만 직분을 침범하는 해독이 추위보다 더 하기 때문이다.

그러므로 신하를 거느리는 법은 신하가 소임을 벗어나 공을 세우지 못하게 하고, 말을 하고 실행하지 않는 일이 없게 하는 데 있다. 소임을 벗어나면 죽음이 있고 말이 일치하지 않으면 죄가 있다. 일을 그 직책 안에서 하고, 말하는 것이 거짓되지 않으면 뭇신하들은 당파를 만들어 서로 위할 수 없게 된다.

【解說】 신하들의 못된 짓을 막기 위해, 임금이 이름[名]과 얼굴[形 혹은 刑]을 살펴 맞추어 본다는 것은, 신하들이 하는 말과 하는 일을 가리켜 하는 말이다. 이름은 곧 말이요, 얼굴은 곧 나타난 일의 결과다. 신하가 임금 앞에서 한 말과 물러가 한 일을 비교해 본다는 말이다.

남의 신하된 사람은 먼저 임금 앞에 그가 생각하는 것을 말하게 되고, 임금은 그의 말을 듣고 일을 맡기는 동시에 말한 그대로의 결과를 바라게 된다. 일의 성과가 그가 한 말과 일치하면 곧 상을 주고 그렇지 못하면 벌을 내린다.

"이만한 일을 하겠습니다." 하고 말을 한 사람이 말한 이상의 성과를 올렸을 경우에도 벌을 준다. 기대보다 큰 공을 세운 것이 싫어서가 아니다. 미리 작은 약속을 해두고 큰 성과를 올림으로써 공을 세우려 한다면 그로부터 오는 해독은 보다 더 크리라 생각되기 때문이다.

옛날 한소후*(韓昭侯)가 술에 취해 그대로 잠이 들어 버린 일이 있었다. 그때 전관*(典冠)은 임금이 감기라도 들면 큰일이다 싶어서 옷을 덮어 주었다. 이윽고 잠이 깬 소후는 옷이 덮여 있는 것을 보자 매우 기뻐하며 좌우에게 물어보았다.

"누가 옷을 덮어 주었느냐?"

"전관이 그랬사옵니다."

좌우에서 이렇게 대답하자, 소후는 곧 전의*(典衣)와 전관을 불러 둘 다에게 벌을 주었다. 전의는 자신이 맡은 일에 충실하지 못했기 때문이며, 또 전관은 자기가 맡은 직분에 벗어난 일을 했기 때문에 벌을 받은 것이었다. 감기가 들어도 상관 없다는 것은 아니다. 그러나 소후는 신하가 직분에 벗어난 행동을 하는 것을 자기가 감기 드는 것보다 훨씬 중대하다고 생각했기 때문이다.

이 같은 명군(明君) 밑에서는, 신하가 자기 직분을 넘어서 공을 세우는 것이 허락되지 않는다. 또 실천하겠다고 말한 것이 결과와 일치되지 않는 것도 용인되지 않는다. 직분에 벗어난 일을 한 자는 사형에 처하고, 한 말과 일의 성과가 일치하지 못한 자는 각각 그에 해당되는 벌을 받는다. 맡은 직분을 지키게 하고 말한 것을 충실히 행하도록 한다면 신하는 당파를 만들어 서로 감싸는 일을 못하게 된다.

【註釋】 *昭侯 기원전 4世紀, 韓非보다 5代前의 君主. 韓非의 先驅者로 불리는 申不害를 재상에 등용해 政治改革을 행했다.
*典冠 官名. 임금의 관(冠)을 담당.
*典衣 官名. 임금의 의복을 담당.

## 3. 좋고 싫음을 나타내지 마라

人主有二患. 任賢則臣將乘於賢以劫其君. 妄擧則事沮不勝. 故人主好賢, 則羣臣飾行以要君欲. 則是羣臣之情不效. 羣臣之情不效, 則人主無以異其臣矣.

故越王好勇, 而民多輕死. 楚靈王好細腰, 而國中多餓人. 齊桓公妬而好內, 故豎刁自宮以治內. 桓公好味, 易牙蒸其首子而進之. 燕子噲好賢, 故子之明不受國. 故君見惡, 則羣臣匿端, 君見好, 則羣臣誣能. 人主欲見, 則羣臣之情態得其資矣. 故子之託於賢以奪其君者也. 豎刁易牙因君之欲以侵其君者也. 其卒, 子噲以亂死, 桓公蟲流出戶而不葬. 此其故何也. 人君以情借臣之患也.

人臣之情, 非必能愛其君也, 爲重利之故也. 今人主不掩其情, 不匿其端, 而使人臣有緣以侵其主, 則羣臣爲子之田常不難矣.

故曰, 去好去惡, 羣臣見素. 羣臣見素, 則人君不蔽矣.

【解釋】 임금에게는 두 가지 걱정이 있다. 어진 자에게 맡기면 신하는 어진 것을 이용하여 그 임금을 누르려 한다. 또 아무나 쓰면 일이 막혀 견뎌내지를 못한다. 그러므로 임금이 어진 자를 좋아하면 뭇 신하들은 행동을 꾸며 임금의 환심을 사려 한다. 그러면 뭇신하들의 속마음이 드러나지 않게 된다. 뭇신하들의 속마음이 드러나지 않으면 임금은 그 신하들을 분간할 도리가 없다.

월나라 임금이 용맹을 좋아하자 죽음을 가볍게 여기는 백성들이 많아졌고, 초영왕이 가는 허리를 좋아하자 나라 안에는 일부러 굶는 사람이 많아졌다. 제환공이 질투가 심하고 여자를 좋아했기 때문에 수조는 스스로 생식기를 자르고 내시로 들어갔고, 환공이 맛있는 것을 좋아하자 역아는 그의 맏아들을 삶아 바쳤다. 연나라 자쾌가 어질기를 원하자 자지는 나라를 받지 않는다는 것을 밝혔다. 그러므로 임금이 싫어하는 것을 보이면 뭇신하들은 그런 기미를 감추게 되고, 임금이 좋아하는 것을 보이게 되면 뭇신하들은 거짓 잘하는 척한다. 임금의 속마음이 드러나게 되면 뭇신하들은 그들이 취할 태도에 대한 자료를 얻게 되는 것이다. 그러므로 자지는 어진 것을 빌어 그 임금을 내쫓고, 수조와 역아는 임금이 하고자 하는 것을 미끼로 그 임금을 해쳤다. 그 결과 자쾌는 난(亂)을 만나 죽었고, 환공은 구더기가 문 밖으로 기어 나오도록 장사를 지내지 못했다. 이것은 무슨 까닭인가. 임금이 속마음을 신하에게 내보인 데서 생긴 환난인 것이다.

신하들이 진심으로 임금을 사랑하는 것은 아니다. 이(利)를 중하게 여기기 때문이다. 지금 임금이 그 속마음을 감추지 아니하고 그런 기미를 숨기지 못하여 신하로 하여금 그를 해칠 기회를 준다면 뭇 신하들이 자지와 전상이 되는 것은 어렵지 않다.

그러기에 말하기를, 좋아하는 것도 없고 싫어하는 것도 없으면 뭇신하들은 본바탕을 드러내고, 임금은 눈가림을 당하지 않는다고 했다.

【解說】 인재를 등용하기란 어려운 일이다. 유능한 인재를 발탁해 썼을 경우, 그 사람은 유능한 만큼 임금의 자리를 위협한다. 그렇다고 사람을 아무렇게나 써서 무능한 인물이 마구 끼어든다면 능률이 오르지 않아 일 처리가 어렵게 된다.

유능한 사람일 경우, 그는 임금의 뜻에 맞추어 행동을 바꾸고 본래의 모습을 감추려 한다. 참다운 모습을 알지 못하는 한, 임금으로서는 신하를 분간할 도리가 없게 된다.

예를 들어 말하면, 월(越)나라 구천(句踐)이 용사를 좋아하자 월나라에는 가볍게 목숨을 던지는 사람이 잇따라 나왔다. 초영왕(楚靈王)이 허리가 가느다란 미인을 좋아하자, 초나라 서울에는 밥을 굶어가며 여위려는 사람이 뒤를 이어 생겨났다. 제환공(齊桓公)이 여자를 좋아하나 질투심이 강하자, 수조(豎刁)라는 사나이는 자기 스스로 생식기를 잘라 버리고 후궁의 환관(宦官)이 되었다. 또 환공이 식도락(食道樂)을 즐기게 되자, 요리사인 역아(易牙)는 자기 장남을 삶아 바쳤다. 연(燕)나라 자쾌(子噲)가 훌륭한 사람이 되기를 원하자, 재상인 자지(子之)는 임금이 나라를 주더라도 자기는 받지 않는다는 것을 분명히 했다.

임금이 무엇을 싫어하는가를 알게 되면 신하들은 임금이 싫어하는 점을 보이지 않게 된다. 임금이 무엇을 좋아하는가를 알게 되면 신하들은 임금의 비위에 맞게끔 꾸며 행동한다. 즉 임금이 좋아하고 싫어하는 감정을 밖에 내보이면 신하는 겉모양을 꾸밀 수 있는 기회를 갖게 된다.

자지는 임금 자쾌의 좋아하는 점을 이용하여 임금의 자리를 앗은 것이다. 수조와 역아도 임금 환공의 좋아하는 점을 이용하여 그 실권을 앗았던 것이다.

이들 임금의 말로(末路)는 어떠했던가. 자쾌는 반역자를 만나 시해당했고, 환공은 시해당한 다음 그 시체의 구더기가 문 밖으로 쏟아져 나오도록 장사를 지내지 않았다.

어째서 이런 결과가 되었던가.

임금이 자기의 좋아하고 싫어하는 것을 신하들이 알게끔 했기 때문이다. 신하들이 진심으로 임금을 사랑하고 있다고 단정할 수는 없다. 오히려 자신의 이익을 위해서 벼슬하고 있는 것이다. 따라서 임금된 사람이 자신이 좋아하고 싫어하는 점을 감추지 않고 그 기미를 보여주게 되면 신하는 그것을 이용하여 임금의 지위를 위협한다. 그들 가운데 제나라 자지나 전상 같은 자가 반드시 나타나게 될 것이다.

이런 말이 있지 않은가.

"임금이 좋아하고 싫어하는 것을 보이지 않으면 신하는 본바탕을 드러낸다. 신하가 본바탕을 드러내면 임금은 속임을 당하지 않는다."

한비의 가장 기본적인 이론은 임금의 신하 통솔법이다. 이 통솔법을 〈술(術)〉이라고 한다. 여기에선 술의 기본을 말한 것으로, 한비의 이론 가운데 가장 핵심적인 것이라 볼 수 있다.

　술의 바탕이 되는 것은 법에 의해 정해진 상과 벌을 행하는 방법이다. 그 방법이란 것이 바로 〈형명참동(刑名參同)〉으로 불리는 엄격한 근무 평정이다. 여기의 〈참동〉은 서로 맞추어 검사한다는 뜻이다.

　나타난 성과가 계획에 미치지 못한 것을 처벌하는 것이라면 극히 상식적인 것이겠는데, 형명참동의 경우는 계획 이상의 성과를 올린 사람도 벌을 받는다는 점이다. 나타난 성과만을 생각한다면, 이것은 너무도 공식적인 것이 된다.

　그러나 한비가 말하는 술에서는 성과를 올리는 것만이 능사가 아니다. 성과가 아무리 크다고 하더라도 그것이 임금의 권위를 손상시키는 결과가 되어서는 아무 소용이 없다. 눈앞의 이익보다도 신하의 통솔이 더욱 중요하기 때문이다.

　항상 하극상(下剋上)의 위기에 직면하고 있던 전국시대(戰國時代)의 임금에게 이 방법은 더할 나위 없이 좋은 것이었으리라.

　한걸음 더 나아가 형명참동에 의한 상벌을 제대로 성공시키려면 신하에게 속임을 당하는 일이 없어야 한다. 임금과 신하의 관계는 단순한 것이 아니기 때문이다.

　한비는 이렇게 말하고 있다.

　"신하가 충성을 다하는 것은 임금에게 바라는 것이 있기 때문이다. 또 임금이 벼슬과 녹을 주는 것은 신하에게 받기 위해서다. 임금과 신하의 관계는 아비와 자식의 관계는 아닌 것이다.(『난(難)』)"

　따뜻한 정으로 서로 주고받는다는 것은 너무도 터무니없는 생각이다. 임금과 신하의 관계는 타산적인 것이며 서로가 속이는 것이다. 조금이라도 틈을 보인 쪽이 지는 것이다. 임금은 절대로 져서는 안 된다. 임금이 진다는 것은 그 자리에서 쫓겨난다는 것을 뜻하기 때문이다. 결국 임금의 신하에 대한 대비책이란 신하에게 자기 속을 드러내 보이지 않는 것이다.

　여기서 설명된 것은 방위하는 단계다.

　다음에 나오는 『내저설(內儲說)』에서도 자세히 말하듯이 신하의 거짓을 꿰뚫어보는 적극적인 술책도 마련되어 있다.

# 十過篇

사람에게는 갖가지 잘못이 있지만 오래 된 습관이 아니면 대개의 경우 바로 잡을 수 있다. 무서운 것은 그 잘못을 모르고 있는 일이다. 자기로서는 하찮게 생각되지만 그것이 실상은 몸을 망치는 원인이 되는 수가 있다. 여기서는 임금이 몸을 망치고 나라를 잃게 되는 잘못에 열 가지가 있음을 각각 그 실례를 들어 훈계하고 있다.
"작은 충성을 행하는 것은 곧 큰 충성의 적이 된다."
"작은 이익을 돌아보는 것은 곧 큰 이익을 해치는 것이 된다."
"안으로 힘을 헤아리지 못하고 밖으로 제후를 믿는 것은, 곧 영토를 줄이게 되는 환난이다."

## 1. 작은 忠義에 사로잡히는 것

戰場에서의 술

> 奚謂小忠
> 昔者楚共王與晉厲公戰於鄢陵. 楚師敗而共王傷其目. 酣戰之時, 司馬子反渴而求飮. 豎穀陽操觴酒而進之.

> 子反曰, 嘻, 退, 酒也. 豎穀陽曰, 非酒也. 子反受而
> 飲之. 子反之爲人也, 嗜酒而甘之, 弗能絕於口而醉.
> 　戰旣罷. 共王欲復戰, 令人召司馬子反. 司馬子反辭
> 以心疾. 共王駕而自往, 入其幄中. 聞酒臭而還. 曰,
> 今日之戰, 不穀親傷. 所恃者司馬也. 而司馬又醉如此.
> 是亡楚國之社稷, 而不恤吾眾也. 不穀無復戰矣. 於是
> 還師而去, 斬司馬子反以爲大戮.
> 　故豎穀陽之進酒, 不以讎子反也, 其心忠愛之, 而適
> 足以殺之.
> 　故曰, 行小忠, 則大忠之賊也.

【解釋】 무엇을 작은 충성이라 하는가.
　옛날 초공왕이 진여공과 더불어 언릉에서 싸웠다. 초나라 군사가 패해 공왕은 눈을 상했다. 한창 싸울 때, 사마인 자반이 목이 말라 마실 것을 찾았다. 심부름하는 아이 곡양이 술잔을 올렸다. 자반이 말하기를 "물려라. 이건 술이로구나." 했다. 곡양이 말하기를 "술이 아니옵니다." 했다. 자반이 받아 마셨다. 자반의 사람됨이 술을 좋아하는지라 맛을 보자 차마 입에서 떼지 못하고 취해 버렸다.
　싸움이 끝나고 공왕이 다시 싸우고자 하여 사람을 시켜 사마 자반을 불렀다. 사마 자반은 가슴이 아프다고 핑계했다. 공왕이 수레를 타고 스스로 가서 그의 장막 안으로 들어갔다. 술 냄새를 맡고 돌아와 말하기를, "오늘의 싸움에서 내가 눈을 다쳤으니 믿는 사람은 사마뿐이다. 그런데 사마가 또 취하기를 이같이 하니 이는 초나라 사직을 잊고, 우리 군사를 돌보지 않는 것이다. 나는 다시 싸우지 않겠다." 하고 곧 군사를 이끌고 돌아가 사마 자반을 목베어 역적으로 다스렸다.
　아이 곡양이 술을 올린 것은 자반에게 원수를 갚으려고 한 것이 아니고 충성과 사랑하는 마음에서 한 것이었으나 주인을 죽이고 말았다.
　그러기에 말하기를 "작은 충성을 행하는 것은 곧 큰 충성의 적이 된다."했다.

**【解說】** '작은 충의는 큰 충의의 적이다.'
　이것은 무슨 말인가.
　옛날 초공왕(楚共王)이 언릉(鄢陵)에서 진여공(晋厲公)과 싸웠다. 초나라 군사가 불리한 형세에 있었고, 공왕 자신도 눈에 상처를 입었다. 한창 전쟁이 치열해 가고 있는 판에 초나라 대장 자반(子反)이 목이 말라 물을 찾자 심부름하는 아이 곡양(穀陽)이 술잔을 채워 올렸다.
　"물려라, 이건 술이 아니냐!"
하고 자반이 물리쳤지만, 곡양은
　"술이 아니옵니다."
하고 그대로 권했다. 자반은 그것을 받아마시고 술인 줄 알았으면서도 그 자신 속으로 은근히 바라던 참이었으므로 계속 들이마신 끝에 필경은 취하고 말았다.
　그날 싸움이 끝난 뒤 공왕이 다음날 작전을 짜기 위해 자반을 불렀으나 그는 속이 아파 가지 못한다고 핑계를 댔다. 그러자 공왕이 수레를 타고 몸소 자반의 진지로 찾아왔는데, 막사 안으로 들어서자 술 냄새가 코를 찔렀으므로 공왕은 성이 나서 그대로 돌아가 버렸다.
　"오늘 싸움에서는 나까지 눈을 다쳤다. 이제 믿을 사람이라고는 장군밖에 없다. 그런데 그 장군은 지금 저 꼴이다. 그것은 나라도 군사도 어떻게 되든 상관없다는 뱃심이 아닌가. 싸움은 이것으로 그만두기로 하자."
　공왕은 군대를 철수시켜 본국으로 돌아가자, 자반을 대죄(大罪)로 다스렸다.
　심부름하는 아이가 자반에게 술을 권한 것은 그로써 자반에게 어떤 앙갚음을 하려는 생각에서가 아니라 다만 충성을 다한다는 단순한 생각이었는데, 그것이 자반을 죽이고 만 것이다.
　그러므로 나는 말한다.
　"작은 충의는 큰 충의의 적이다."

〔註釋〕 *鄢陵 싸움  기원전 575년의
일. 春秋時代 五代戰爭의 하나다.

## 2. 작은 利益에 매달리는 것

**寶物을 맡긴다**

　奚謂顧小利.
　昔者晉獻公, 欲假道於虞以伐虢. 荀息曰, 君其以垂棘之璧, 與屈產之乘, 賂虞公, 求假道焉. 必假我道. 君曰, 垂棘之璧, 吾先君之寶也. 屈產之乘寡人之駿馬也. 若受吾幣, 不假我道, 將奈何. 荀息曰, 彼不假我道, 必不敢受我幣. 若受我幣, 而假我道, 則是寶猶取之內府, 而藏之外府也. 馬猶取之內廄, 而著之外廄也. 君勿憂. 君曰, 諾. 乃使荀息以垂棘之璧, 與屈產之乘, 賂虞公, 而求假道焉.
　虞公貪, 利其璧與馬, 而欲許之. 宮之奇諫曰, 不可許. 夫虞之有虢也, 如車之有輔. 輔依車, 車亦依輔. 虞虢之勢正是也. 若假之道, 則虢朝亡, 而虞夕從之矣. 不可, 願勿許. 虞公弗聽. 遂假之道. 荀息伐虢克之,而還反.
　處三年, 興兵伐虞, 又克之. 荀息牽馬操璧而報獻公. 獻公說曰, 璧則猶是也. 雖然馬齒亦益長矣. 故虞公之兵殆而地削者, 何也. 愛小利不慮其害.
　故曰, 顧小利, 則大利之殘也.

【解釋】 어떤 것을 가리켜 작은 이익을 돌본다고 하는가.
　옛날 진헌공이 우나라에 길을 빌려 괵나라를 치고자 했다. 순식이 말하기를 "임금께서 수극의 구슬과 굴산(屈産)의 말을 우공에게 뇌물로 주고 길을 빌리면 틀림없이 우리에게 길을 내줄 것입니다." 했다. 임금이 말하기를 "수극의 구슬은 내 선군이 주신 보물이요, 굴산의 말은 과인의 명마다. 만일 내 폐백을 받고도 길을 내주지 않으면 어이할 것인가?" 했다. 순식이 말하기를 "우리에게 길을 내주지 않을 생각이라면 감히 우리 폐백을 받지 않을 것이며, 만일 폐백을 받고 우리에게 길을 내주면 이는 보물은 내부(內府)에서 꺼내다가 외부(外府)에 간직해 두는 것과 같고, 말은 내구(內廐)에서 가져다가 외구에 맡기는 것과 같으니 임금께선 걱정 마옵소서." 했다. 임금이 말하기를 "그러리라." 하고 곧 순식을 시켜 수극의 구슬과 굴산의 말을 우공에게 뇌물로 주고 길을 빌리도록 했다.
　우공은 그 구슬과 말을 탐내고 이롭게 여겨 청을 들으려 했다. 궁지기(宮之奇)가 간해 말하기를 "들어주면 안 됩니다. 우나라에 괵나라가 있는 것은 수레에 받침대가 있는 것과 같습니다. 받침대는 수레를 의지하고, 수레는 또한 받침대를 의지하고 있습니다. 우와 괵의 형세가 바로 이것이옵니다. 만일 길을 내주어 괵이 아침에 망하면 우는 저녁에 망하게 됩니다. 바라옵건대 허락지 마옵소서." 했다. 우공은 듣지 않고 드디어 길을 내주었다. 순식은 괵을 치고 돌아왔다.
　삼 년 뒤 순식은 군사를 일으켜 우를 쳐서 또 이겼다. 순식은 말과 구슬을 헌공에게 바쳤다. 헌공이 기뻐 말하기를 "구슬은 여전히 그대로이고 말은 더욱 자랐다."고 했다. 우공의 군사가 위태롭고 영토가 줄어든 것은 무엇 때문인가. 작은 이익을 사랑할 뿐 그 해를 생각하지 못해서다.

그러므로 말하기를 "작은 이익을 돌아보는 것은 곧 큰 이익을 해치는 것이 된다." 했다.

【解説】 '작은 이익에 사로잡히면 큰 이익을 해친다.'
이것은 무슨 말인가.
옛날 진헌공(晋獻公)은 우(虞)나라의 길을 빌려 괵(虢)나라를 치려 했다.
이때 순식(荀息)이란 신하가 꾀를 말했다.
"수극(垂棘)의 구슬과 굴(屈)에서 난 말*을 우나라로 보내어 길을 빌려 달라고 하면 틀림없이 빌려 줄 것입니다."
"수극의 구슬은 선군(先君)으로부터 전해 온 보물이고, 굴에서 난 말은 내게 있어서 무엇과도 바꿀 수 없는 명마(名馬)다. 저쪽에서 받기만 하고 길을 내주지 않으면 어떻게 할 것인가?"
"길을 내주지 않을 생각이면 받지 않습니다. 받고 길을 내주면 우리 것이옵니다. 보석은 대궐 안 창고에서 대궐 밖 창고로 옮긴 것과 마찬가지며 말은 대궐 안 마구간에서 대궐 밖 마구간에 옮겨 맨 것과 다를 것이 없으니 걱정 않으셔도 되옵니다."
"과연 그렇겠군."
헌공은 순식을 시켜 보석과 말을 우나라 임금에게 보내 주고 길을 내주기를 청했다.
우공은 보석과 말이 탐나서 청을 받아들이려 했다.
궁지기(宮之奇)라는 신하가 이를 말렸다.
"받아들여서는 안 됩니다. 우리 우나라에 있어서 괵나라는 수레의 받침대와 같습니다. 받침대는 수레를 의지하고 수레는 받침대를 의지하고 있습니다. 바로 우나라와 괵나라는 서로 의지하고 있는 수레와 받침대올시다. 만일 길을 빌려 주게 되면 괵나라가 망하는 그 날로 우나라도 망하게 될 것입니다. 그래선 아니 되니 부디 받아들이지 마옵소서."

28　韓非子

그러나 우공은 궁지기의 말을 듣지 않고 길을 내 주었다.

순식은 괵을 치고 돌아온 지 삼 년 뒤 다시 군사를 일으켜 우나라를 쳐서 이를 깨뜨렸다. 순식은 말과 보석을 가지고 돌아와 헌공에게 바쳤다.

"보석은 그대로 있고 말은 그 동안에 많이 컸구려." 하며 헌공은 기뻐했다.

우나라 군사가 패하고 그 영토를 빼앗기게 된 것은 무엇 때문인가. 눈앞의 이익에 사로잡혀 그 뒤에 오게 될 손해를 미처 생각하지 못했기 때문이다.

그러므로 나는 이렇게 말한다.

"작은 이익에 사로잡히면 큰 이익을 해친다."

〖註釋〗 *屈産의 말 原文은 乘, 즉 屈땅에서 산출된 네 필의 말을 가리킴.

## 3. 亂暴한 짓을 하는 것

### 굶어 죽은 靈王

奚請行僻.
昔者楚靈王爲申之會. 宋太子後至, 執而囚之. 狎徐君, 拘齊慶封. 中射士諫曰, 合諸侯, 不可無禮, 此存

> 亡之機也. 昔者桀爲有戎之會, 而有緡叛之, 紂爲黎丘
> 之蒐, 而戎狄叛之. 由無禮也. 君其圖之. 君不聽, 遂
> 行其意. 居未期年, 靈王南遊, 羣臣從而劫之. 靈王餓
> 而死乾谿之上.
> 　故曰, 行僻自用, 無禮諸侯, 則亡身之至也.

【解釋】 무엇을 가리켜 행실이 치우치다 하는가.
　옛날 초영왕이 신나라에서 모임을 가졌는데, 송나라 태자가 늦게 도착하자 잡아 가두고, 서나라 임금을 모독하고, 제나라 경봉을 붙들어 매었다. 중사 사가 간하여 말하기를 "제후를 통합하려면 무례해서는 안 됩니다. 이는 존망의 기틀이옵니다. 옛날 걸이 유융에서 모임을 가진 뒤에 유민이 배반하고, 주가 여구에서 모임을 가진 뒤에 융적이 배반한 것은 무례로 말미암은 것이었으니 임금께서 굽어 살피옵소서." 했다. 임금은 듣지 않고 그의 뜻대로 행했다.
　그해 영왕이 남쪽으로 놀러간 사이 뭇신하들은 뒤쫓아 그를 잡으러 갔다. 영왕은 굶주리다 건계에서 죽었다.
　그러기에 말하기를 "행실이 치우치고 제 마음대로 행하여 제후에게 무례하면 몸을 망치게 된다." 했다.

【解説】 '함부로 난폭한 짓을 하고 제후(諸侯)들에게 무례한 행동을 하면, 몸을 망친다.' ᐨ
　이것은 무슨 말인가.
　옛날 초영왕(楚靈王)이 신(申)나라로 제후를 불러 회맹(會盟)을 가졌었다.
　송나라 태자가 늦게 도착하자, 영왕은 그를 잡아 가두었다. 그리고 서(徐)나라 임금을 모욕하고 제나라 경봉(慶封)을 붙들어 매었다.
　중사(中射) 사(士)란 관리가 이를 말렸다.
　"제후들과의 회맹에서 무례한 짓을 해서는 안 됩니다. 이것은 나라의 흥망과 관계되는 일입니다. 옛날 걸 임금은 유융(有戎)에서 회맹을 가진 다음, 유민(有緡)에게 배반을 당했습니다. 주(紂) 임금은 여구(黎丘)에서 모임을 가진 다음 융적(戎狄)에게 배반을 당했습니다. 모두가 예를 지키지 못한 까닭입니다. 바라옵건대 깊이 생각하옵소서."

그러나 영왕은 듣지 않고 멋대로 행동했다.

그로부터 일 년도 채 지나기 전에 영왕이 남쪽으로 가 있는 사이 신하들이 반란을 일으켰다. 이로 인해 영왕은 건계(乾溪)에서 굶어 죽었다.

그러기에 나는 이렇게 말한다.

"함부로 난폭한 짓을 하며, 제후에게 무례한 행동을 하면 내 몸을 망치게 된다."

〔註釋〕 *靈王 申에서의 會盟은 기원전 539년 여름의 일이다.

## 4. 音樂에 熱中하는 것

### 1. 귀에 익지 않은 曲

> 奚謂好音.
> 昔者衛靈公將之晉. 至濮水之上, 稅車而放馬, 設舍以宿. 夜分而聞鼓新聲者, 而說之. 使人問左右, 盡報弗聞. 乃召師涓而告之曰, 有鼓新聲者, 使人問左右,

> 盡報弗聞, 其狀似鬼神, 子爲我聽而寫之. 師涓曰, 諾.
> 因靜坐, 撫琴而寫之. 師涓明日報曰, 臣得之矣, 而未
> 習也, 請復一宿習之. 靈公曰, 諾. 因復留宿. 明日而
> 習之. 遂去之晉.

**【解釋】** 무엇을 일러 소리를 좋아한다 하는가.

 옛날 위영공이 진나라로 가는 도중 복수에 이르자, 수레를 풀고 말을 놓아 집을 꾸며 자게 되었다. 밤이 깊어 새로운 곡을 타는 소리를 듣고 기뻐하여, 사람을 시켜 좌우에게 물었으나 다 듣지 못했다고 했다. 이에 사연을 불러 이르기를 "새 곡을 타는 사람이 있기에 사람을 시켜 좌우로 물어 보게 했으나 아무도 듣지 못했다 하니 그것이 귀신인 것 같다. 그대가 나를 위해 듣고 익히라." 했다. 사연은 "그리 하겠습니다." 하고 조용히 앉아 거문고를 어루만지며 익혔다. 사연이 이튿날 보고하기를 "신이 알기는 했으나 익숙하지 못하니 청하옵건대 다시 하루를 자며 익힐까 하옵니다." 했다. 영공이 말하기를, "그리 하라." 하고 다시 머물러 자고 이튿날 익숙해지자 드디어 진나라로 갔다.

**【解説】** '정치를 팽개치고 음악에 열중하면 스스로를 곤경에 빠뜨린다.'

 이것은 무슨 말인가.

 언젠가 위영공(衛靈公)은 진(晋)나라를 방문하려고 길을 떠났다. 도중에 복수(濮水) 기슭에서 야영하게 되었다.

 그런데 밤이 깊었을 즈음, 어디선가 귀에 익지 않은 곡을 타는 거문고 소리가 들려 왔다. 이에 마음이 끌린 영공은 사람을 시켜 근처를 찾아보게 했으나 거문고 소리를 들었다는 사람은 없었다.

 그래서 영공은 함께 데리고 온 악사 사연(師涓)을 불렀다.

 "귀에 익지 않은 곡이 들려 오기에 사람을 보내 근처를 찾아보았으나 거문고 소리를 들었다는 사람은 없다. 아무래도 이 세상의 것으로는 생각되지 않는다. 그래서 네게 그것을 들려주어 익히도록 하려는 것이다."

"알겠습니다."

사연은 조용히 앉아, 들려 오는 거문고 소리에 맞춰 가며 곡을 익혔다. 그리고 날이 밝아 오자 영공에게 말했다.

"알기는 했사오나 아직 충분하지 못하오니 하룻밤만 더 익혔으면 하옵니다."

"어려울 거야 없지."

그래서 일행은 그곳에서 다시 하룻밤을 지내며 사연이 완전히 배우기를 기다렸다가 이튿날에야 진나라로 향했다.

## 2. 亡國의 音樂

晉平公觴之於施夷之臺. 酒酣靈公起曰, 有新聲. 願請以示. 平公曰, 善. 乃召師涓令坐師曠之旁, 援琴鼓之. 未終, 師曠撫止之曰, 此亡國之聲, 不可遂也. 平公曰, 此道奚出. 師曠曰, 此師延之所作, 與紂爲靡靡之樂也. 及武王伐紂, 師延東走, 至於濮水而自投. 故聞此聲者, 必於濮水之上. 先聞此聲者, 其國必削. 不可遂. 平公曰, 寡人所好者音也. 子其使遂之.

師涓鼓究之. 平公問師曠曰, 此所謂何聲也. 師曠曰, 此所謂淸商也. 公曰, 淸商固最悲乎. 師曠曰, 不如淸徵. 公曰, 淸徵可得而聞乎. 師曠曰, 不可. 古之聽淸

> 微者皆有德義之君也. 今吾君德薄, 不足以聽. 平公曰,
> 寡人之所好者音也, 願試聽之.

【解釋】 진평공은 시이(施夷)의 대(臺)에서 술을 마셨다. 술이 무르익자 영공이 일어나 말했다. "새 곡이 있으니 원컨대 타 보일까 합니다." 평공이 말했다. "좋습니다." 이에 사연을 불러 사광의 옆에 앉아 거문고를 당겨 타게 했다. 끝나기 전에 사광은 이를 말려 그치게 했다. "이것은 망국의 소리니 탈 것이 못되오." 평공이 물었다. "이 곡은 누구로부터 나온 것인가?" 사광이 말했다. "이는 사연이 지은 것으로 주와 더불어 음탕함을 즐긴 것이옵니다. 무왕이 주를 치자 사연이 동으로 달아나다가 복수에서 스스로 빠져 죽었습니다. 이 곡은 복수에서만 들을 수 있는 것으로 이 소리를 듣는 사람의 나라는 반드시 땅을 잃게 되오니 타서는 아니 되옵니다." 평공이 말했다. "음악은 과인이 좋아하는 것이니 마저 타게 하라."

 사연이 타기를 마치자 평공이 사광에게 묻기를 "이것은 무슨 소리인가?" 사광이 말했다. "청상(淸商)이옵니다." 공이 물었다. "청상은 가장 슬픈 곡인가?" 사광이 말했다. "청치(淸徵)만 못합니다." 공이 말했다. "청치를 얻어 들을 수 있겠는가?" 사광이 말했다. "아니 되옵니다. 옛날 청치를 들은 사람은 모두 덕과 의가 있는 임금이었습니다. 아직 임금께서는 덕이 옅으시니 족히 듣지 못하옵니다." 평공이 말했다. "과인이 좋아하는 것은 음악이니 원컨대 시험삼아 듣게 하라."

【解説】 진평공(晉平公)은 영공을 맞아 시이(施夷)란 곳에 있는 대(臺)에서 술자리를 베풀었다. 잔치가 한창 무르익어 갈 때 영공이 일어나 말했다.

 "신기한 곡을 손에 넣게 되었는데 좋으시다면 들려드릴까 합니다."
 "그거 반가운 말씀이오."
 평공이 대답했다.
 그리하여 사연이 불려 나왔다. 사연은 진나라 악사 사광(師曠)의 옆에 앉아 거문고를 잡고 그 곡을 타기 시작했다.

중간쯤 탔을 때 사광이 손을 내밀어 이를 중지시켰다.
"이것은 망국의 음악이오. 그 정도로 그쳐 주십시오."
"누가 만든 곡인가?"
평공이 물었다.
"이것은 사연(師延)이 만든 곡입니다. 사연은 주(紂)를 위해 음탕한 음악을 연주한 악사였는데, 무왕이 주를 쳤을 때 사연은 동쪽으로 달아나다가 복수에 이르러 몸을 던져 죽었습니다. 이 곡은 복수 기슭에서만 들을 수 있으며, 듣게 되면 반드시 영토가 줄어들게 된다고 합니다. 듣지 말아 주십시오."
그러나 평공은 듣지 않았다.
"나는 음악을 좋아한다. 마저 들려주도록 하라."
사연은 끝까지 타기를 계속했다.
"이것은 오음(五音) 중 어떤 음조에 해당하는가?"
평공이 사광에게 물었다.
"청상(淸商)이옵니다."
"그렇다면 청상이 가장 슬픈 음조인 모양이로군."
"아니옵니다. 청치(淸徵)에는 미치지 못합니다."
"그러면 그 청치를 들려달라."
"안 되옵니다. 옛날 청치를 들은 임금은 덕을 갖춘 분이었습니다. 청치를 들으시기에는 아직 이른가 하옵니다."
그러나 평공은 말했다.
"나는 음악을 좋아한다. 기어코 한번 듣고 싶다."


## 3. 吉兆냐, 凶兆냐

師曠不得已, 援琴而鼓. 一奏之, 有玄鶴二八, 道南方來, 集於郞門之垝, 再奏之而列, 三奏之, 延頸而鳴, 舒翼而舞, 音中宮商之聲, 聲聞于天. 平公大說, 坐者皆喜. 平公提觴而起, 爲師曠壽, 反坐而問曰, 音莫悲於淸徵乎. 師曠曰, 不如淸角. 平公曰, 淸角可得而聞乎. 師曠曰, 不可. 昔者黃帝合鬼神於泰山之上, 駕象車而六蛟龍, 畢方立錯, 蚩尤居前, 風伯進掃, 雨師灑道, 虎狼在前. 鬼神在後, 騰蛇伏地, 鳳凰覆上. 大合鬼神. 作爲淸角. 今吾君德薄, 不足聽之. 聽之將恐有敗. 平公曰, 寡人老矣, 所好者音也. 願遂聽之.

師曠不得已而鼓之. 一奏之, 有玄雲, 從西北方起. 再奏之, 大風至, 大雨隨之, 裂帷幕, 破俎豆, 墮廊瓦. 坐者散走. 平公恐懼. 伏于廊室之間. 晉國大旱, 赤地三年, 平公之身遂癃病.

故曰, 不務聽治而好五音不已, 則窮身之事也.

**【解釋】** 사광은 마지못해 거문고를 당겨 탔다. 한 번 타니 검은 학 열여섯 마리가 남쪽에서 날아와서 낭문 담 위에 모였다. 다시 타니 열을 짓고, 세 번 타니 목을 늘여 울며 나래를 펴고 춤추었다. 음조는 궁상의 소리에 맞았고 소리는 하늘에까지 들렸다. 평공은 크게 기뻐하고 앉은 사람도 모두 기뻐했다. 평공이 일어나 사광을 위해 축배를 하고 다시 앉아 물었다. "청치보다 슬픈 소리는 없는가?" 사광이 말했다. "청각만 못합니다." 평공이 말했다. "청각을 들을 수 있는가?" 사광이 말했다. "아니 되옵니다. 옛날 황제가 귀신을 태산 위에 모았을 때 코끼리 수레를 타고 교룡 여섯이 끌자 필방은 바퀴와 나란히 섰고, 치우는 앞장섰으며, 그 앞을 풍백이 쓸고, 우사는 길에 물을 뿌리는데 범과 늑대는 앞에 서고 귀신은 뒤에 따랐으며, 등사는 땅에 엎드리고 봉황은 위를 덮었습니다. 이렇게 귀신을 크게 모아 청각을 만들었사오나 지금 우리 임금께선 덕이 엷으신지라 족히 들을 수 없사옵니다. 들으시면 두

렵건대 낭패가 있을 것이옵니다." 평공이 말했다. "과인은 늙었다. 좋아하는 것은 음악이니 바라건대 듣게 해 달라."

사광이 마지못해 탔다. 한 번 타니 검은 구름이 서북방으로부터 일어났다. 두 번 타니 큰 바람이 불고 큰 비가 뒤따랐다. 장막을 찢고 그릇들을 깨뜨리고 처마 기와를 떨어뜨렸다. 앉은 사람이 흩어져 달아났다. 평공은 무섭고 두려워 낭실(廊室) 사이에 엎드렸다. 진나라는 크게 가물어 땅이 타기를 삼 년, 평공의 몸도 지쳤다.

그러기에 말하기를 "정치는 힘쓰지 않고 음악을 너무 좋아하는 것은 몸을 망치는 일이다."했다.

【解說】 평공의 사정에 못 이겨 사광은 하는 수 없이 거문고를 들었다.

타기를 시작하자 검은 학 열 여섯 마리가 남쪽 하늘에서 날아와서 처마 끝에 모여들었다.

타기를 계속하자 학은 열을 지어 늘어섰다.

다시 타기를 계속하자 학은 목을 늘여 울며, 날개를 펴고 춤을 추었다. 우는 소리는 거문고 소리와 서로 어울려 하늘에까지 울려 퍼졌다.

평공은 매우 만족해 했고, 좌중도 크게 기뻐했다. 평공은 잔을 들어 일어서서 사광을 기려 축배를 들었다. 그리고 자리에 앉자 다시 사광에게 물었다.

"청치보다 더 슬픈 소리는 없을까?"

"청각(清角)이란 것이 있습니다."

"그 청각을 들려달라."

"안 되옵니다. 옛날 황제*(黃帝)는 태산에 귀신을 모았습니다. 황제가 상아로 장식한 수레에 타자, 여섯 마리의 교룡(蛟龍)이 그것을 끌었습니다. 수레 좌우에 모신 것은 필방(畢方), 앞에 선 것은 치우(蚩尤), 가는 길의 먼지를 물리친 것은 풍백(風伯), 길에 물을 뿌린 것은 우사(雨師), 앞을 지키는 것은 호랑이와 늑대, 뒤를 지키는 것은 수많은 귀신들, 땅에는 등사(騰蛇)가 엎드려 있고, 하늘에는 봉황(鳳凰)이 춤을 추었다고 하옵니다. 이처럼 많은 귀신을 모은 다음에야 황제는 청각을 만들었습니다. 아직 임금의 덕이 그것을 듣기에는 부족하옵니다. 들으시면 반드시 화를 보시게 되옵니다."
그러나 평공은 말했다.
"나는 이제 벌써 나이 늙어 낙이라고 하면 음악밖에 없다. 부디 그것을 들려다오."
사광은 하는 수 없이 거문고를 잡았다.
타기 시작하자 서북쪽 하늘에서 검은 구름이 솟아올랐다.
타기를 계속하자 바람이 크게 불어닥치며 뒤이어 큰 비가 쏟아져 내렸다. 둘러쳐져 있던 장막이 찢어지고, 그릇이 부서지며 지붕의 기와가 날려 달아났다. 사람들은 제각기 흩어져 달아나 버리고 평공은 두려운 나머지 복도 구석방으로 몸을 숨겼다.
그 뒤로 진나라에는 삼 년 동안 가뭄이 계속되어 풀과 나무가 자라지를 못했다. 그리고 평공 자신도 중병으로 고생을 했다고 한다.
그러므로 나는 말한다.
"정치를 내버린 채 음악에만 열중하면 자신을 곤경으로 몰고 간다."

〔註釋〕 *黃帝 中國의 傳說上의 帝王. 伏羲氏 神農氏와 더불어 三皇이라 일컬어짐. 畢方은 나무, 蚩尤는 불, 風伯은 바람, 雨師는 비의 귀신이다. 騰蛇는 龍과 비슷한 想像의 動物.

## 5. 慾心을 지나치게 부리는 것

### 1. 知伯의 橫暴

> 奚謂貪愎.
> 昔者知伯瑤率趙, 韓, 魏而伐范, 中行, 滅之. 反歸

休兵數年, 因令人請地於韓. 韓康子欲勿與. 段規諫曰,
不可不與也. 夫知伯之爲人也, 好利而驚愎, 彼來請地
而弗與, 則移兵於韓必矣. 君其與之. 與之彼狃, 又將
請地他國. 他國且有不聽. 不聽則知伯必加之兵. 如是
韓可以免於患, 而待其事之變. 康子曰, 諾. 因令使者
致萬家之縣一於知伯. 知伯說. 又令人請地於魏.

宣子欲勿與. 趙葭諫曰, 彼請地於韓, 韓與之. 今請
地於魏. 魏弗與, 則是魏内自强, 而外怒知伯也. 如弗
矛, 其措兵於魏必矣. 不如予之. 宣子曰, 諾. 因令人
致萬家之縣一於知伯. 知伯又令人之趙, 請蔡皐狼之地.
趙襄子弗與. 知伯因陰約韓魏, 將以伐趙.

【解釋】 무엇을 가리켜 괴곽하다 하는가.

 옛날 지백요가 조·한·위를 이끌고 범·중행을 쳐 없앴다. 되돌아와 군사를 몇 해 쉬게 한 다음 곧 사람을 시켜 한에 땅을 청했다. 한강자는 주지 않으려 했다. 단규가 간언했다. "주지 않을 수 없습니다. 지백의 사람됨이 이를 좋아하고 거만하고 강포해서, 그가 와서 땅을 청하는데도 주지 않으면 군사를 한으로 보낼 것이 틀림없습니다. 임금께선 그것을 주십시오. 주면 그는 버릇이 되어, 또 다른 나라에 땅을 청할 것입니다. 그러나 듣지 않는 나라도 있을 것입니다. 듣지 않으면 지백은 반드시 군사로 칠 것입니다. 주면 한나라는 난을 면하게 되고, 사태가 달라질 때를 기다릴 수 있습니다." 강자가 말하기를 "그리 하라."하고 곧 사자를 시켜 일만 호의 고을 하나를 지백에게 주게 했다. 지백은 기뻐하여 또 사람을 시켜 위에 땅을 청했다.

 선자는 주지 않으려 했다. 조가가 간언했다. "지백이 땅을 한에 청하자 한이 주었습니다. 이제 위에 땅을 청하는데 주지 않으면 이것은 위가 속으로 강한 체하여 밖으로 지백을 노엽게 하는 것입니다. 만일 주지 않으면 그가 군사를 보낼 것이 틀림없으니 주는 것만 같지 못합니다."
　선자가 말하기를 "그리 하라." 하고 곧 사람을 시켜 일 만 호의 고을 하나를 지백에게 주었다. 지백은 또 사람을 시켜 조로 가서 채(蔡)와 고랑 땅을 청했다. 조양자가 주지 않자 지백은 곧 비밀리에 한과 위와 약속을 맺고 조를 치려 했다.

【解說】 '욕심에 눈이 어두워 잇속을 밝히면 나라를 망치고 자신을 죽게 만든다.'
　이것은 무슨 말인가.
　옛날 지백요(知伯瑤)는 조씨(趙氏), 한씨(韓氏), 위씨(魏氏)의 군사를 거느리고, 범씨(范氏)와 중행씨(中行氏)를 쳐서 없앴다. 그러고 돌아와 몇 해 동안 군사를 쉬게 한 다음, 한나라로 사신을 보내 땅을 요구했다. 한강자(韓康子)는 이를 거절하려 했으나 단규(段規)가 말렸다.
　"거절해서는 안 됩니다. 지백(知伯)은 욕심이 많고 끈덕진 사람입니다. 요구하는 것을 거절하면 틀림없이 군사를 보내 우리 나라를 칠 것입니다. 지금으로서는 땅을 주어야 합니다. 땅을 주면 그는 마음이 교만해져서 다른 나라에 대해서도 땅을 요구할 것입니다. 개중에는 거절하는 나라도 있을 것입니다. 그러면 지백은 틀림없이 거절한 나라를 치고 말 것입니다. 우리 한나라는 난을 면하고 되어가는 형편을 지켜 볼 수가 있습니다."
　"그렇겠군."
　한나라는 "호구 일 만이 되는 고을을 주겠다."고 지백에게 전했다. 지백은 기뻐하며 이번에는 위나라에 땅을 요구했다. 위선자(魏宣子)도 처음엔 이를 거절하려 했으나 조가(趙葭)가 말했다.
　"그가 한나라에 땅을 요구했을 때 한나라는 이에 응했습니다. 이번에 우리 나라에 요구해 왔는데 만일 우리가 거절한다면 지백을 노엽게 하는 것이 됩니다. 노엽게 하면 반드시 우리 나라로 쳐들어 올 것입니다. 땅을 주는 편이 무방할 줄 압니다."
　위나라도 "호구 일만이 되는 고을을 주겠다."고 지백에게 전했다. 그러자 지백은 조나라로 사신을 보내 채(蔡)와 고랑(皐狼) 두 고을을 요구했다. 그러나 조양자(趙襄子)가 이를 거절했으므로 지백은 비밀리에 한나라, 위나라와 동맹을 맺고 함께 조나라를 치게 되었다.

2. **百姓**에게 간직해 둔다

> 襄子召張孟談而告之曰, 夫知伯之爲人也, 陽親而陰疏. 三使韓魏, 而寡人不與焉. 其措兵於寡人必矣. 今吾安居而可. 張孟談曰, 夫董閼于簡主之材臣也. 其治晉陽而尹鐸循之. 其餘敎猶存. 君其定居晉陽而已矣. 君曰, 諾.
>
> 乃召延陵生, 令將軍車騎先至晉陽, 君因從之. 君至而行其城郭及五官之藏, 城郭不治, 倉無積粟, 府無儲錢, 庫無甲兵, 邑無守具. 襄子懼, 乃召張孟談曰, 寡人行城郭及五官之藏, 皆不備具. 吾將何以應敵.
>
> 張孟談曰, 臣聞, 聖人之治, 藏於民不藏於府庫, 務修其敎不治城郭. 君其出令, 令民自遺三年之食, 有餘粟者入之倉, 遺三年之用, 有餘錢者入之府, 遺有奇人者, 使治城郭之繕. 君夕出令, 明日倉不容粟, 府無積錢, 庫不受甲兵. 居五日而城郭已治, 守備已具.
>
> 君召張孟談而問之曰, 吾城郭已治, 守備已具, 錢粟已足, 甲兵有餘. 吾奈無箭何. 張孟談曰, 臣聞, 董子之治晉陽也, 公宮之垣, 皆以荻蒿楛楚牆之. 有楛高至于丈. 君發而用之. 於是發而試之. 其堅則雖菌簬之勁,

> 弗能過也.
> 君曰, 吾箭巳足矣, 奈無金何. 張孟談曰, 臣聞, 董子之治晉陽也, 公宮令舍之堂, 皆以鍊銅爲柱質. 君發而用之, 於是發而用之, 有餘金矣. 號令已定, 守備已具.

【解釋】 양자가 장맹담을 불러 일렀다.
"지백은 겉으로는 가까우나 속으로는 멀다. 세 번이나 한과 위에 사신을 보내면서 과인에게는 보내지 않았다. 그가 군사로 과인을 칠 것이 틀림없다. 어찌해야 좋은가?" 장맹담이 말했다. "동알우는 간주의 재주 있는 신하였습니다. 그가 진양을 다스리고 윤탁이 뒤를 이었습니다. 그들이 남긴 교화가 아직도 남아 있습니다. 임금께선 다만 진양에 자리를 정하시면 됩니다." 임금이 말했다. "그리 하리라."
이에 연능생을 불러 거마를 거느려 먼저 진양에 이르게 하고, 임금도 곧 뒤따랐다. 임금이 도착하여 그곳 성곽과 각 관부의 창고를 조사해 보니, 성곽은 수리가 되어 있지 않고, 창고에는 곡식이 없었으며, 관부에는 남아 있는 돈이 없고, 무기고에는 갑옷과 무기가 없었으며, 고을에는 지키는 도구가 없었다. 양자가 두려워하여, 곧 장맹담을 불러 말했다. "과인이 성곽과 각 관의 재고를 둘러보았으나 하나도 보관된 것이 없었다. 내 장차 무엇으로 적을 맞을 것인가?"
장맹담이 말했다. "신이 듣건대 성인의 다스림은 백성에게 간직하고 부고에 간직하지 않으며, 힘써 그 가르침을 닦을 뿐 성곽을 다스리지 않는다 했습니다. 임금께서 곧 영을 내리시와 백성으로 하여금 스스로 삼 년 먹을 것을 남기고 남은 곡식이 있으면 창고에 넣게 하며, 삼 년 쓸 것을 남기고 남은 돈이 있으면 관부에 넣게 하고 일을 끝내 할 일이 없는 사람이 있으면 성곽을 수리하게 하옵소서." 임금이 저녁에 영을 내리자 이튿날 창고는 곡식을 더 넣을 수 없을 만큼 찼고 관부에는 돈을 더 쌓을 수 없었으며, 곳집은 갑옷과 무기를 더 받을 수 없었다. 닷새가 지나니 성곽은 이미 수리되었고 수비도 튼튼히 갖추어졌다.
임금이 장맹담을 불러 물었다. "성곽은 이미 수리되었고 수비도 갖취졌으며, 돈과 곡식도 넉넉하고 갑옷과 무기도 부족하지 않다. 그러나 화살이 없으니 어찌할까?" 장맹담이 말했다. "신이 듣건대, 동자가 진양을 다스릴 때 공궁(公宮)의 담을 모두 갈대와 다북쑥과 싸리나무로 둘렀다고 합니다. 싸리나무는 높이가 한 길이나 되오니 임금께서 이를 꺼내어 쓰십시오." 이에 꺼내어 시험하니 그 단단하기가 비록 균락의 여문 것이라도 이보다 더하지는 못할 듯싶었다.

임금이 말했다. "화살은 이미 족하나 화살촉이 없으니 어떻게 할 것인가?" 장맹담이 말했다. "신이 듣건대, 동자가 진양을 다스릴 때 공궁과 영사(令舍)의 집에 모두 불린 구리를 기둥의 재료로 삼았다 하니, 임금께서 그것을 거두어 쓰십시오." 이에 거두어 쓰니 화살촉이 넉넉했다. 호령은 이미 정해지고 수비도 이미 갖추어졌다.

【解說】 조나라에서는 양자가 신하인 장맹담(張孟談)을 불러 대책을 짰다.

"지백이란 자는 겉으로는 우리 나라에 대해 우호적인 척하지만 속셈은 다르다. 그 증거로 한과 위에는 세 번이나 사신을 보내면서 우리에게는 인사마저 없지 않은가. 분명 군사를 이끌고 쳐들어올 모양인데 우리는 어디에다 진을 치면 좋겠는가?"

"선대의 간주(簡主)를 섬기던 동알우(董閼于)는 뛰어난 인물이었습니다. 그가 진양(晋陽)을 다스리고 그 뒤로 어진 사람인 윤탁(尹鐸)이 다스렸기 때문에 진양에는 두 사람의 교화가 지금도 남아 있습니다. 진을 치려면 반드시 진양이라야만 할 것 같습니다."

"맞아!"

양자는 연능생(延陵生)을 불러, 먼저 거마를 거느리고 떠나게 하고, 자신은 뒤따라 갔다. 도착하자 즉시 성곽이며 각 관청의 창고를 둘러보았다. 그런데 성곽은 허물어진 채였고, 곡식 창고는 속이 비어 있으며, 금고에도 저축해 둔 돈이 없었고, 무기고도 텅 비어 있었으며, 마을과 거리의 방비가 전혀 되어 있지 않았다. 양자는 두려운 생각이 들어 장맹담을 불렀다.

"성과 창고를 둘러보았으나 어느 곳도 제대로 준비되어 있지 않았다.

대체 무엇으로 적을 맞아 싸운단 말인가?"
"성인이 정치하는 방법은 백성들에게 쌓아 두고 창고에는 쌓아 두지 않습니다. 또 백성들의 교육에 힘을 기울일 뿐 성곽에는 손을 쓰지 않는다고 합니다. 곧 백성들에게 명령을 내리시와 각 집마다 삼 년을 먹을 식량만 남겨 두고 나머지는 나라의 창고로 가져오도록 하고, 삼 년 동안 쓸 돈을 집에 두고 나머지는 나라의 금고에 맡기도록 하며, 일손이 남는 대로 성곽의 수리를 돕도록 하십시오."

양자가 그날 저녁에 이런 명령을 내리자 다음날 창고에 더 쌓을 자리가 없게 되었고, 금고는 넘칠 정도였으며 무기고도 더 들어갈 자리가 없게 되었다. 닷새만에 성곽의 수리도 말끔히 끝나 이것으로 모든 방비는 갖추게 되었다. 양자는 다시 장맹담을 불러 상의했다.

"성은 수리가 끝나서 방비도 갖추어졌으며 돈도 식량도 충분하고 무기도 남을 정도로 되었다. 그런데 화살이 없으니 이를 어떻게 하면 좋은가?"

"동알우가 진양을 다스릴 때 공청(公廳) 주위로 갈대와 다북쑥과 싸리나무를 심어 산 울타리를 만들었다고 들었습니다. 싸리나무는 높이가 한 길이 넘게 자라 있으니 이것을 베어 쓰면 좋을 줄로 압니다."

싸리나무를 베어 시험을 해보았더니 그 단단함이란 여물기로 유명한 균락(菌簬)이라는 대나무를 앞설 정도였다. 양자는 또 장맹담에게 말했다.

"화살은 이것으로 충분한데 화살촉을 만들 쇠가 없으니 어쩌면 좋을까?"

"동알우는 공청과 관사의 주춧돌을 구리로 했다 합니다. 그것을 쓰면 좋을 줄 압니다."

주춧돌 구리를 드러내 보았더니 쓰고도 남을 정도였다. 이리하여 명령은 실천에 옮겨졌고 방비는 제대로 갖추어졌다.

## 3. 입술이 없으면 이가 차다

> 三國之兵果至. 至則乘晉陽之城, 遂戰. 三月弗能拔. 因舒軍而圍之, 決晉陽之水以灌之. 圍晉陽三年, 城中巢居而處, 懸釜而炊, 財食將盡, 士大夫羸病.
> 
> 襄子謂張孟談曰, 糧食匱, 財力盡, 士大夫羸病. 吾恐不能守矣. 欲以城下. 何國之可下. 張孟談曰, 臣聞之, 亡弗能存, 危弗能安, 則無爲貴智矣. 君失此計者. 臣請試潛行而出, 見韓魏之君.
> 
> 張孟談見韓魏之君曰, 臣聞, 脣亡齒寒. 今知伯率二君而伐趙, 趙將亡矣. 趙亡則二君爲之次. 二君曰, 我知其然也. 雖然知伯之爲人也, 麤中而少親. 我謀而覺, 則其禍必至矣. 爲之奈何. 張孟談曰, 謀出二君之口, 而入臣之耳, 人莫之知也.
> 
> 二君因與張孟談約二軍之反, 與之期日. 夜遣孟談入晉陽, 以報二君之反. 襄子迎孟談而再拜之, 且恐且喜.

【解釋】 세 나라 군사가 과연 쳐들어왔다. 쳐들어오자 진양 성에 올라가 곧 싸웠다. 석 달로도 능히 쓰러뜨리지 못했다. 그러자 군사를 풀어 멀리 에워싸고 진수의 둑을 터뜨려 성안에 물을 들여보냈다. 진양을 에워싸기 삼 년, 성안 사람은 나무 위에서 살며 솥을 달아매고 밥을 지었다. 재물도 먹을 것도 거의 떨어지고 사대부들도 지치고 병들었다.

양자가 장맹담에게 말했다. "양식도 모자라고 재력도 다하고 사대부도 여위고 병들었다. 아무래도 끝내 지키지 못할 것 같은지라 성째 항복하려 하는데 어느 나라에 항복하는 것이 좋겠는가?" 장맹담이 말했다. "신이 듣건대, 망하는 것을 막지 못하고 위태로운 것을 구하지 못하면 지혜를 귀하다 할 수 없다고 했습니다. 임금께선 생각을 잘못하셨습니다. 신이 청컨대, 시험삼아 몰래 나가 한과 위의 임금을 만나겠습니다."
 장맹담이 한과 위의 임금에게 말했다. "신이 듣건대, 입술이 없으면 이가 차다고 했습니다. 이제 지백이 두 임금을 거느리고 조를 쳐서 조는 곧 망하게 됐습니다. 조가 망하면 그 다음 차례는 두 나라일 것입니다." 두 임금이 말했다. "우리도 그렇게 될 것을 안다. 그러나 지백의 사람됨이 거칠고 잔인한지라 우리의 계획이 발각되면 그 화가 반드시 미칠 테니 어찌하겠는가." 장맹담이 말했다. "계획은 두 임금의 입에서 나와 신의 귀로 들어오므로 누가 알 까닭이 없습니다."
 두 임금은 곧 장맹담과 같이 지백을 배반할 것을 약속하고 서로 날을 기약했다. 그리고 밤에 장맹담을 보내 진양에 들어가 두 임금의 배반을 전했다. 양자는 맹담을 맞아 두 번 절하고 한편 두려워하며 한편 기뻐 했다.

【解説】 과연 세 나라 연합군이 쳐들어와서 진양성을 공격하기 시작했다. 계속 석 달을 싸웠으나 성을 함락시키지는 못했다. 그러자 연합군은 진양을 멀찍이 둘러싸고 진수(晋水)의 둑을 끊어 진양성을 물로써 공격했다. 그대로 삼 년 동안 포위가 계속되었다. 성안 사람들은 나무 위로 올라가 살며, 솥을 매달아 놓고 밥을 지어 먹고 지냈다. 마침내 식량도 물건도 달리기 시작했고, 장병들도 지쳐 버렸다.
 양자가 장맹담을 불러 상의했다.
 "식량도 얼마 남지 않고, 돈도 거의 다 썼으며, 장병들도 지쳐 있다. 이제는 더 이상 성을 지킬 수가 없게 되었다. 성과 함께 항복을 할까 하는데, 세 나라 중 어느 누구에게 항복을 하는 게 좋겠는가?"
 "망해 가는 것을 붙들지 못하고 궁지에 빠졌을 때 활로를 찾아내지 못해서야 어찌 지혜가 소중하다 하겠습니까. 아직 항복은 이릅니다. 제가 성을 빠져나가 한과 위의 임금을 만나 보고 오겠습니다."
 장맹담은 한과 위의 임금을 보고 이렇게 설득했다.
 "입술이 없으면 이가 찬 법입니다. 지금 지백이 두 임금을 거느리고 우리 조를 침으로써 조는 머지않아 망하게 되어 있습니다. 조가 망하게 되면 다음은 한과 위가 망할 차례입니다."
두 임금은 대답했다.
"그건 나도 알고 있소. 그러나 지백은 난폭하고 냉혹한 사람이오. 만일 우리들의 꾀가 새기라도 한다면 그야말로 무서운 보복을 받게 될 터이니 어떻게 하면 좋겠소?"
"약속은 두 분 입을 통해 소인의 귀로 들어올 뿐입니다. 그 밖에 누가 아는 사람이 있겠습니까?"
이리하여 두 임금은 장맹담에게 한과 위 두 나라의 지백에 대한 모반을 약속하고 그 날짜까지 정했다. 그리고 밤을 타서 장맹담을 진양으로 돌려보내 양자에게 양군의 모반을 전하게 했다.
양자는 보고를 듣고 두 번 절을 하며 기뻐했으나 속으로는 은근히 걱정스럽기도 했다.

## 4. 죽이든가 친하든가

　　二君以約, 遣張孟談. 因朝知伯而出. 遇智過於轅門之外, 智過怪其色, 因入見知伯曰, 二君貌將有變. 君曰, 何如. 曰, 其行矜而意高, 非他時之節也. 君不如先之.
　　君曰, 吾與二主約謹矣. 破趙而三分其地, 寡人所以親之. 必不侵欺. 兵之著晉陽三年, 今旦暮將拔之而饗其利, 何乃將有他心. 必不然, 子釋勿憂. 勿出於口.
　　明旦二主又朝而出. 復見智過於轅門. 智過入見曰, 君以臣之言告二主乎. 君曰, 何以知之. 曰, 今日二主朝而出. 見臣而其色動, 而視屬臣. 此必有變. 君不如殺之. 君曰, 子置, 勿復言. 智過曰, 不可. 必殺之. 若不能殺, 遂親之.

君曰, 親之奈何. 智過曰, 魏宣子之謀臣曰趙葭, 韓康子之謀臣曰段規. 此皆能移其君之計, 君與其二君約, 破趙國, 因封二子者, 各萬家之縣一. 如是則二主之心可以無變矣. 知伯曰, 破趙而三分其地, 又封二子者各萬家之縣一, 則吾所得者少. 不可. 智過見其言之不聽也之, 出. 因更其族爲輔氏.

至於期日之夜, 趙氏殺其守隄之吏, 而決其水, 灌知伯軍. 知伯軍救水而亂. 韓魏翼而擊之, 襄子將卒犯其前, 大敗知伯之軍, 而擒知伯. 知伯身死軍敗, 國分爲三, 爲天下笑.

故曰, 貪愎好利, 則滅國殺身之本也.

**【解釋】** 두 임금은 약속을 하고 장맹담을 보냈다. 지과는 지백에게 아침 인사를 하고 나오는 그들을 원문 밖에서 만났다. 지과는 그 태도를 이상히 여기고, 곧 들어가 지백에게 말했다. "두 임금의 태도로 보아 장차 변이 있을 것입니다." 임금이 물었다. "어째선가?" "그 걸음걸이가 거만하고 기개가 높은 것이 여느 때의 그것이 아닙니다. 임금께서 선수를 치는 것이 좋습니다."

임금이 말했다. "내 두 임금과 약속을 성실히 해 두었다. 조를 치고 그 땅을 셋으로 나누려는 것은 과인과 친한 까닭이다. 반드시 배반하거나 속이지 않을 것이다. 군사가 진양에 온 지 삼 년, 이제 조만간 곧 함락시켜 그 이익을 누리게 되었는데 어찌 다른 마음을 갖겠는가. 절대로 그렇지 않다. 그대는 의심을 풀어 걱정하지 말고 그런 말을 밖에 내지 말라."

이튿날 아침 두 임금이 조회하고 나오다가 다시 지과를 원문에서 만났다. 지과가 들어가 말했다. "임금께서 신의 말을 두 임금에게 전했습니까?" 임금이 말했다. "어떻게 아는가?" "오늘 아침 두 임금이 조회하고 나오다가 신을 보자 얼굴빛이 달라지며 눈길이 신에게로 쏠렸습니다. 이것은 반드시 변이 있을 증거니 임금께서 그들을 죽여야만 되옵니다." 임금이 말했다. "그대는 잠자코 아무 말도 말라." 지과가 말했다. "안 됩니다. 꼭 죽이십시오. 만일 죽이지 못하겠거든 화친하도록 하십시오."

임금이 말했다. "화친을 어떻게 하는가?" 지과가 말했다. "위선자의 모신은 조가라 하고, 한강자의 모신은 단규라 합니다. 이들은 능히 그 임금의 꾀를 바꿀 수 있으니 임금께서 그들 두 임금과 약속하기를, 조나라를 이기면 곧 두 사람에게 각각 만 호의 고을 하나씩을 준다고 하십시오. 이같이 하면 두 임금의 마음이 변하지 않게 될 것입니다." 지백이 말했다. "조를 깨뜨려 그 땅을 셋으로 나누고 또 두 사람을 봉하기를 각각 만 호의 고을 하나씩으로 하면, 내가 차지하는 것이 적어지므로 그렇게는 할 수 없다." 지과는 그의 말을 듣지 않는 것을 보자, 나와 곧 그 성을 바꾸어 보씨(輔氏)라 했다.

약속한 날 밤이 되자, 조씨는 둑 지키는 관리를 죽이고 그 물을 돌려 지백의 군사에게로 흘려 넣었다. 지백의 군사는 물을 막느라 정신이 없었다. 한과 위는 양쪽에서 그 앞을 쳐서 크게 지백의 군사를 이기고 지백을 사로잡았다. 지백은 죽고 군사는 패하고, 나라는 세 조각으로 나뉘어 천하의 웃음거리가 되었다.

그러므로 말하기를 "괴곽하고 이를 좋아함은 곧 나라를 망치고 몸을 죽이는 근본이다." 했다.

【解説】 그런데 한, 위 두 임금은 맹담과 약속을 교환하고 그를 돌려보낸 다음 여느 때와 마찬가지로 지백에게 인사를 갔다.

돌아오는 길에 진문 밖에서 지백의 친척인 지과(智過)를 만났다. 지과는 두 임금의 얼굴 표정을 보고 깜짝 놀랐다. 안으로 들어가 지백을 보고 말했다.

"저들 두 사람의 태도가 아무래도 수상합니다. 무언가 음모를 꾀하고 있는 것이 틀림없습니다."
"어떤 태도였기에?"
"의기 양양하고 자신에 찬 걸음걸이를 하는 것이 평상시와는 다릅니다. 이쪽에서 선수를 쳐야만 할 줄로 생각됩니다."
"나는 그들 둘과 맺은 약속을 지킬 생각이다. 조를 깨뜨리면 그 영토를 셋이서 나눠 갖기로 되어 있다. 내가 이처럼 그들을 생각하고 있는 만큼 그들이 배반할 리 없다. 더구나 진양을 공격한 지 벌써 삼 년, 내일이라도 성이 곧 함락되어 이익을 누리게 될 판인데, 어떻게 배반할 생각을 갖겠는가? 절대로 안전하니 그런 소리를 다시 마라."
이튿날 아침, 두 임금이 지백에게 인사를 마치고 돌아가던 도중, 진문 밖에서 또 지과와 마주쳤다. 지과는 안으로 들어오자 지백에게 말했다.
"제가 한 말을 그들 두 사람에게 전하셨더군요."
"어떻게 그걸 알지?"
"지금 막 돌아가는 그들을 만났는데 얼굴빛이 변해 가지고 나를 유심히 바라보았습니다. 모반을 꾀하고 있는 증거입니다. 지금 당장 죽여 없애야 합니다."
"무슨 그런 소리를!"
"아닙니다. 꼭 죽여야 합니다. 만일 죽일 수 없으시다면, 반대로 그들에게 더욱 친절을 베푸십시오."
"어떻게 친절을 베풀란 말인가?"
"위나라 임금 모신(謀臣)은 조가(趙葭), 한나라 모신은 단규(段規)라고 합니다. 이 두 사람은 그들 임금의 계획을 바꿀 수 있는 힘을 가지고 있습니다. 이 두 사람에게 조나라를 없앤 다음 각각 만 호의 고을을 주겠다고 약속을 하십시오. 그러면 두 사람은 그들 두 임금의 모반을 중지시키게 될 것입니다."
"조를 깨뜨려 그 땅을 셋이서 나눈 다음, 그들 둘에게 또 고을을 하나씩 주게 되면 내가 가질 것은 없을 것이 아닌가. 그런 일을 어떻게 할 수 있겠는가?"

지과는 더 이상 간해야 소용없음을 알고, 물러나와 성을 보씨(輔氏)로 고치고 몸을 숨겼다.

약속한 그날 밤, 조나라는 제방을 경비하고 있는 군사를 죽인 다음, 둑을 끊어 물을 지백의 진중으로 돌려 넣었다. 지백의 군대는 물을 막느라 정신이 없었다. 그 기회에 좌우에서 한과 위의 군사가 습격을 가하고 정면으로는 조양자의 군대가 쳐들어갔다. 지백의 군대는 여지없이 패했고, 지백은 포로가 되었다.

이리하여 싸움에 진 지백은 피살되고 나라는 세 조각으로 찢기어 천하의 웃음거리가 되었다.

그러므로 나는 말한다.

"욕심에 눈이 어두워 이익만을 찾게 되면 나라를 망치고 자신도 죽게 된다."

## 6. 女子들의 노래와 춤에 熱中하는 것

이웃 나라에 聖人이

奚謂耽於女樂.

昔者, 戎王使由余聘於秦. 穆公問之曰, 寡人嘗聞道. 而未得目見之也. 願聞古之明主, 得國失國何常以. 由余對曰, 臣嘗得聞之矣. 常以儉得之, 以奢失之. 穆公曰, 寡人不辱而問道於子. 子以儉對寡人何也.

由余對曰, 臣聞, 昔者堯有天下. 飯於土簋, 飮於土釧, 其地南至交趾, 北至幽都, 東西至日月之所出入者, 莫不賓服. 堯禪天下, 虞舜受之, 作爲食器, 斬山木而財之. 削鋸修之迹, 流漆墨其上, 輸之於宮, 以爲食器. 諸侯以爲益侈, 國之不服者十三.

　舜禪天下, 而傳之於禹. 禹作爲祭器, 墨染其外, 而朱畫其内, 縵帛爲茵, 蔣席頗緣, 觴酌有采而樽俎有飾. 此彌侈矣, 而國之不服者三十三.

　夏后氏沒, 殷人受之, 作爲大路而建九旒, 食器雕琢, 觴酌刻鏤. 四壁堊墀, 茵席彫文. 此彌侈矣. 而國之不服者五十三. 君子皆知文章矣. 而欲服者彌少. 臣故曰. 儉其道也.

　由余出. 公乃召内史廖而告之曰, 寡人聞, 隣國有聖人, 敵國之憂也. 今由余聖人也. 寡人患之. 吾將奈何. 内史廖曰, 臣聞, 戎王之居, 僻陋而道遠, 未聞中國之聲. 君其遺之女樂, 以亂其政, 而後爲由余請期, 以疏其諫. 彼君臣有間, 而後可圖也. 君曰, 諾.

　乃使内史廖以女樂二八遺戎王, 因爲由余請期. 戎王許諾. 見其女樂而說之, 設酒張飲, 日以聽樂, 終歲不遷, 牛馬半死.

　由余歸, 因諫戎王. 戎王弗聽. 由余遂去之秦. 秦穆公迎而拜之上卿, 問其兵勢與其地形, 旣以得之, 擧兵而伐之, 兼國十二, 開地千里.

　故曰, 耽於女樂, 不顧國政, 亡國之禍也.

【解釋】　무엇을 일러 여악에 빠진다 하는가.
　옛날 융왕이 유여를 시켜 진나라를 예방케 했다. 목공이 물었다. "과인이 일찍이 도를 듣기는 했으나 눈으로 보지는 못했소. 바라건대, 옛 명군들이 나라를 얻고 나라를 잃는 것이 어떤 원칙에서였는지 듣고 싶소." 유여가 대답했다. "신은 일찍이 들었습니다. 항상 검소한 것으로써 얻고, 사치로써 잃는다 했습니다." 목공이 말했다. "과인이 욕되이 여기지 않고 그대에게 도를 물었는데 그대는 겨우 검소한 것으로 대답을 하니 어찌된 일인가?"

유여가 대답했다. "신은 들었습니다. 옛날 요는 천하를 두고도 흙으로 만든 그릇에 밥을 담고 흙으로 만든 그릇으로 물을 마셨는데 그 영토가 남쪽은 교지(交趾)에 이르고, 북쪽은 유도에 이르고 동서로는 해나 달이 뜨고 지고 하는 곳에 이르도록 복종하지 않는 사람이 없었습니다. 요가 천하를 사양하여 순이 받자 식기를 만드는 데 산의 나무를 베어 이를 재료로 삼고, 깎고 톱질하여 자국을 다듬고 칠과 먹을 발라 궁의 식기로 삼았습니다. 이것을 본 제후들은 너무 사치한다 하여 열세 나라나 이탈하고 말았습니다. 순이 천하를 사양하여 우에게 전하자 우는 제기를 만드는 데 먹으로 그 겉을 물들이고, 붉은 빛으로 그 안을 그리며, 무늬없는 비단으로 깔자리를 하고, 풀자리에 선을 두르며, 술잔과 구기에 채색을 하고, 나무통과 나무접시에 장식을 했습니다. 이는 더욱 사치하다 하여 서른세 나라나 다시 이탈했습니다. 하후씨가 죽고 은나라 사람이 이어 받게 되자, 큰 수레를 만들어 아홉 개의 술 달린 기를 세우고 식기를 아로새기며 술잔과 구기에 그림을 새기고 구슬을 박고 사면 벽을 희게 칠하고, 자리에는 무늬를 새겼습니다. 이는 보다 더 사치하다 하여 쉰세 나라나 이탈하였습니다. 군자는 도리를 알고 있기에 임금에 복종하려는 사람이 더욱 적어지는 것입니다. 신은 그래서 검소한 것을 그 도라 말하옵니다."

유여가 나가자, 공이 이어 내사 요를 불러 일렀다. "과인이 듣건대, 이웃 나라에 성인이 있는 것은 적국의 근심이라 했다. 유여는 성인이다. 과인은 이것이 걱정인데, 장차 어쩌면 좋은가?" 내사 요가 말했다. "신이 들자오니, 융왕이 사는 곳은 구석지고 길이 멀어 중국의 음악을 듣지 못한다 합니다. 임금께선 여악을 보내어 그 정치를 어지럽게 하고 유여를 늦게 보내기를 청하여 그가 간하지 못하도록 하십시오. 저들 임금과 신하가 틈이 생기게 한 뒤에 일을 꾀할 수 있을 것입니다." 임금이 말했다. "그리 하리라."

이어 내사 요를 시켜 여악 열여섯 명을 융왕에게 보내고, 곧 유여를 천천히 보낼 것을 청하니 융왕은 이를 허락했다. 그리고 여악을 보고 기뻐하여 술자리를 베풀고 잔치를 벌여 날로 음악을 들으며, 일 년이 지나도록 장소를 옮기지 않으니 소와 말이 반이나 죽었다.

유여가 돌아와 융왕에게 간했으나 듣지 않는지라 유여는 마침내 버리고 진으로 갔다. 진목공이 맞아 상경의 벼슬을 주고, 그 병세와 지형을 물어 다 알게 되자, 군사를 들이쳐서 나라 열둘을 합치고 천 리의 땅을 얻었다.

그러므로 이르기를 "여악에 빠져 국정을 돌아보지 않는 것은 망국의 화다." 했다.

【解説】 '계집의 노래와 춤에 빠져 정치를 잊으면 나라를 망친다.'
이것은 무슨 말인가.

옛날 융(戎)의 임금이 유여(由余)를 사자로 진(秦)나라에 보냈을 때의 일이다. 진목공(秦穆公)이 유여에게 물었다.

"과인은 일찍부터 도(道)라는 것을 듣기는 했으나 그것이 행해지고 있는 것을 본 적이 없소. 옛날 명군들은 어떤 도로써 나라를 세우고 나라를 잃게 되었는지 들려주시겠소?"

"검약의 도로써 나라를 세우고, 사치로써 나라를 잃었다 하옵니다."

"과인은 욕되다 생각하지 않고 도를 물었는데, 엉뚱한 검약을 가지고 대답을 하는구려."

"아닙니다. 신은 이렇게 듣고 있습니다. 옛날 요 임금이 천하를 다스릴 때는 질그릇에 음식을 담아 먹었습니다. 그리고 남쪽은 교지(交趾)의 나라까지 북쪽은 멀리 유도(幽都)에까지, 동쪽과 서쪽은 해와 달이 나오고 들어가는 곳까지 모두 요 임금의 지배 밑에 있었습니다. 그뒤 요 임금이 천하를 사양하여 순 임금이 뒤를 이어 받자, 그릇을 달리 만들었습니다. 먼저 산에서 베어 낸 나무를 재료로 하여 대패와 톱으로 모양을 다듬은 다음, 칠과 먹으로 겉을 꾸며 궁중으로 들여와 썼습니다. 그러자 요 임금 때보다 사치를 힘쓴다 하여 지배를 벗어난 나라가 열셋이나 되었습니다. 순 임금이 천하를 사양하여 우 임금의 시대가 되자, 우 임금은 제기(祭器)를 만들었습니다. 바깥쪽을 검게 안쪽은 붉게 칠하고, 비단으로 자리를 만들고 가장자리에 선을 두르고, 술잔과 술그릇에 채색을 하고 술통과 제기에도 모양을 내며 점점 사치를 하였습니다. 그러자 배반한 나라가 서른셋으로 늘어났습니다. 우 임금의 시대가 끝나고 은(殷)의 시대가 되자 천자는 특별한 수레를 만들어 술이 달린 기를 아홉이나 세우고, 그릇에 조각을 하고 술잔과 제기에는 금을 박았으며, 사방 벽은 희게 칠을 하고 깔자리에는 무늬를 놓았습니다. 앞서보다 더욱 사치를 하였던 것입니다. 배반하는 나라가 쉰셋이나 되었습니다. 이같이 위에 있는 사람이 아름답게 꾸밀 줄 아는 데 따라 복종하는 사람의 수도 적어져 갔던 것입니다. 그래서 신은 검약의 도로써 나라를 세운다고 말씀드린 것이옵니다."

이렇게 말하고 유여가 물러가자, 목공은 즉시 내사(內史) 요(廖)를 불러 상의했다.

"이웃 나라에 성인(聖人)이 있으면 이쪽이 위태하다고 했다. 유여는 틀림없이 성인이다. 매우 걱정이 되는데 어쩌면 좋겠는가?"

"융나라 왕은 벽지에 살고 있어서 아직 중국의 음악을 들은 일이 없다고 합니다. 임금께서 여악(女樂)을 보내는 것이 좋겠습니다. 이것으로 융나라의 정치를 어지럽게 만들고 동시에 유여를 우리 나라에 오래 머물도록 만들어 융왕으로 하여금 유여의 충고를 듣지 못하도록 만드는 것입니다. 융왕과 유여의 사이가 멀어지게 되면 손을 쓸 수도 있을 것이옵니다."

"과연 그렇겠군."

그리하여 내사 요를 시켜 열여섯 명으로 된 여악을 융왕에게 보내고, 동시에 유여를 잠시 진나라에 머물러 있도록 해달라고 청했다. 융왕은 이를 승낙했다. 여악을 받은 융왕은 크게 기뻐하여 매일같이 술자리를 벌이고 노래와 춤으로 세월을 보내며, 일 년 동안 유목지(遊牧地)를 옮기려 하지 않았다. 이로 인해 먹을 풀이 없게 된 소와 말은 반이나 굶

주려 죽고 말았다.

　유여는 본국으로 돌아와 이 꼴을 보고 융왕에게 간했으나 융왕은 듣지 않았으므로 단념한 채 다시 진나라로 돌아왔다. 진목공은 그를 맞아들여 상경(上卿)의 벼슬을 주고, 그로부터 융나라의 병력과 지형을 알아낸 다음 군사를 일으켜 융으로 쳐들어갔다. 이리하여 융왕이 차지하고 있던 열두 나라를 정복하고 사방 천 리의 땅을 손에 넣었다.

　그러므로 나는 말한다.

　"여자의 노래와 춤에 반해 국정을 돌보지 않으면 나라를 망친다."

## 7. 本據地를 비워 두는 것

### 田成子의 危險

　奚謂離內遠遊.
　昔者田成子遊於海而樂之, 號令諸大夫曰, 言歸者死. 顏涿聚曰, 君遊海而樂之. 奈臣有圖國者何. 君雖樂之, 將安得.
　田成子曰, 寡人布令曰, 言歸者死. 今子犯寡人之令. 援戈將擊之. 顏涿聚曰, 昔桀殺關龍逢, 而紂殺王子比干. 今君雖殺臣之身, 以三之可也. 臣言爲國, 非爲身也. 延頸而前曰, 君擊之矣. 君乃釋戈, 趣駕而歸.
　至三日, 而聞國人有謀不內田成子者矣. 田成子所以

> 遂有齊國者, 顏涿聚之力也.
>   故曰, 離內遠遊, 而忽於諫士, 則危身之道也.

【解釋】 무엇을 일러 집을 떠나 멀리 논다고 하는가.
 옛날 전성자가 바다로 놀러가서 즐기며 모든 대부에게 호령해 이르기를 "돌아가자고 말하는 사람은 죽인다."고 했다. 안탁취가 말했다. "임금이 바다에서 놀며 즐기는 동안 신하 중에 나라를 꾀하는 자가 있으면 어찌하겠소. 임금이 비록 즐긴들 장차 무엇을 얻겠소."
 전성자가 말했다. "과인이 영을 내려 돌아가자고 하는 자는 죽인다 했는데 그대는 과인의 영을 어겼다." 하고 창을 들어 찌르려 했다. 안탁취가 말했다. "옛날 걸은 관용봉을 죽이고, 주는 왕자 비간을 죽였습니다. 이제 임금이 저를 죽여 충신을 셋으로 만들어도 좋습니다. 신의 말은 나라를 위한 것일 뿐 몸을 위한 것은 아닙니다." 하고 목을 늘이고 앞으로 나아가며 말하기를 "임금께서 죽여 주십시오." 했다. 임금은 이에 창을 놓고 수레를 재촉하여 돌아갔다.
 도착한 지 사흘 만에 신하들 중에 전성자가 들어오지 못하도록 꾀하는 자가 있었음을 알았다. 전성자가 마침내 제나라를 차지한 것은 안탁취의 힘이다.
 그러므로 말하기를 "집을 떠나 멀리 놀며 이를 간하는 선비를 소홀히 하는 것은 곧 몸을 위태롭게 하는 길이다." 했다.

【解説】 '나라를 떠나 먼 곳으로 놀러가서 간하는 사람을 소홀히 하면 위태롭다.'
 이것은 무슨 말인가.
 옛날 전성자(田成子—田常)는 먼 바닷가로 놀러가서 그곳이 어찌나 마음에 들었던지 돌아갈 생각을 하지 않았다. 그리고 부하들에게 엄명을 내렸다.
 "나라로 돌아가자고 말하는 자가 있으면 죽이겠다."
 그런데 대부 안탁취(顏涿聚)가 간하고 나섰다.

"이곳이 마음에 드신 모양이오나 나라를 비워 둔 사이에 그 기회를 타려는 놈이라도 생겨난다면 어떻게 하시겠습니까? 만일의 사태라도 벌어진다면 그때는 이곳에서 즐길 수도 없게 되지 않습니까?"
"돌아가자고 말하는 자는 죽인다고 하지 않았더냐? 너는 명령을 거역했다."
전성자는 창을 겨누어 당장이라도 안탁취를 찌르려 했다. 그러자 안탁취는
"옛날 걸(桀)은 충신인 관용봉(關龍逢)을 죽이고 주(紂)는 왕자 비간(比干)을 죽였습니다. 만일 폭군에게 죽은 충신을 셋으로 만드실 작정이라면 신을 죽여 주십시오. 신이 말씀드린 것은 나라를 위해서지 제 자신을 위해서가 아닙니다."
하고 목을 내밀며 다가섰다.
"어서 뜻대로 처분하십시오."
전성자는 창을 버리고, 곧 수레를 준비시켜 나라로 돌아갔다.
사흘 후에, 전성자는 자기가 귀국하지 못하도록 음모를 꾸민 사람이 있었다는 것을 알게 되었다. 전성자가 제나라 왕이 된 것은 실상 안탁취의 힘이다.
그러므로 나는 말한다.
"나라를 떠나 멀리 놀러가서 간하는 사람을 소홀히 하면 몸이 위태롭다."


## 8. 忠臣의 意見을 듣지 않는 것

王의 屍身에 구더기

奚謂過而不聽於忠臣.

昔者齊桓公九合諸侯．一匡天下，爲五伯長．

管仲佐之．管仲老，不能用事，休居於家．

桓公從而問之曰，仲父家居有病，即不幸而不起此病，政安遷之．管仲曰，臣老矣，不可問也．雖然臣聞之，知臣莫若君，知子莫若父．君其試以心決之．

君曰，鮑叔牙何如．管仲曰，不可．夫鮑叔牙爲人，剛愎而上悍．剛則犯民以暴，愎則不得民心，悍則下不爲用，其心不懼，非霸者之佐也．

公曰，然則豎刁何如．管仲曰，不可．夫人之情，莫不愛其身．公妒而好內，豎刁自獖以爲治內，其身不愛，又安能愛君．

曰，然則衛公子開方何如．管仲曰，不可．齊衛之間，不過十日之行，開方爲事君欲適君之故，十五年不歸見其父母．此非人情也，其父母之不親也，又能親君乎．

公曰，然則易牙何如．管仲曰，不可．夫易牙爲君主味．君之所未嘗食，唯人肉耳．易牙蒸其首子而進之，君所知也．人之情莫不愛其子．今蒸其子以爲膳於君．其子弗愛，又安能愛君乎．

公曰，然則孰可．管仲曰，隰朋可．其爲人也，堅中而廉外，少欲而多信．夫堅中則足以爲表，廉外則可以大任，少欲則能臨其衆，多信則能親隣國，此霸者之佐也．君其用之．君曰，諾．

居一年餘，管仲死．君遂不用隰朋而與豎刁．刁涖事三年，桓公南遊堂阜．豎刁率易牙衛公子開方及大臣爲亂．桓公渴餒而死南門之寢公守之室．身死三月不收，蟲出于戶．

> 故桓公之兵, 橫行天下, 爲五伯長, 卒見弑於其臣而滅高名, 爲天下笑者何也. 不用管仲之過也.
> 故曰, 過而不聽於忠臣, 獨行其意, 則滅其高名, 爲人笑之始也.

【解釋】 무엇을 일러 잘못하고도 충신의 말을 듣지 않는다 하는가.

옛날 제환공이 제후를 규합하여 천하를 바로 잡고 오패의 으뜸이 된 것은 관중의 도움 때문이었다. 관중이 늙어 능히 일을 보지 못하고 집에서 쉴 때였다.

환공이 찾아가 물었다. "중보(仲父)가 집에서 병으로 누워 있으니 만일 불행하여 일어나지 못하면, 정사를 누구에게 맡길 것인가?" 관중이 말했다. "신은 늙었으니 물을 것이 없습니다. 그러나 신이 듣건대, 신하를 아는 것은 임금만한 사람이 없고, 자식을 아는 것은 아비만한 사람이 없다 하였으니 임금께서 생각하여 결정하십시오."

임금이 말하기를 "포숙아가 어떠한가?" 관중이 말했다. "안 됩니다. 포숙아는 사람됨이 강퍅하고 거친 것을 좋아합니다. 강직하면 백성들은 못 살게 굴고 괴팍하면 민심을 얻지 못하며, 거칠면 아랫 사람들이 힘을 쓰지 않습니다. 그 마음이 두려운 것을 모르니 패자의 보좌로 적당치 않습니다."

공이 말했다. "수조는 어떠한가?" 관중이 말했다. "안 됩니다. 대개 자기 몸을 아끼지 않는 사람은 없습니다. 공께서 질투하고 여자를 좋아하자 수조는 스스로 거세를 하고 내정을 맡게 되었습니다. 자기 몸도 아끼지 않는 자가 어찌 임금을 아끼겠습니까."

다시 말했다. "그러면 위공자 개방이 어떠한가?" 관중이 말했다. "제나라와 위나라 사이는 열흘 길밖에 되지 않는데 개방이 임금을 섬기며 임금의 환심을 사려고 열다섯 해나 돌아가 그 부모를 보지 않았으니 이는 사람의 정리(情理)가 아닙니다. 부모에게 친절하지 못한 자가 능히 임금에게 친절하겠습니까."

공이 말했다. "그러면 역아는 어떠한가?" 관중이 말했다. "안 됩니다. 역아는 임금을 위해 음식을 맡았었는데, 임금께서 일찍이 자시지 못한 것이 사람의 고기뿐이라고 하자 자기 맏아들을 삶아 드린 것은 임금께서도 아시는 바입니다. 그 자식을 사랑하지 않는 사람은 없는데, 자기의 자식을 삶아 임금의 반찬을 만들었습니다. 그 자식도 사랑하지 않는 자가 어찌 임금을 사랑하겠습니까.”

공이 말했다. "그러면 누가 좋은가?" 관중이 말했다. "습붕이 좋습니다. 그 사람됨이 마음이 여물고 행실이 청렴되며 욕심이 적고 진실됨이 많습니다. 마음이 여물면 족히 남의 본이 되고, 행실이 청렴되면 크게 일을 맡길 수 있으며, 욕심이 적으면 능히 맡은 일을 할 수 있고, 진실됨이 많으면 능히 이웃 나라와 친할 수 있습니다. 이는 패자의 보좌이니 임금께서 그를 쓰십시오." 임금이 말했다. "그리 하리다."

일 년 뒤 관중이 죽자, 임금은 습붕을 쓰지 않고 수조에게 나라를 맡겼다. 조가 일을 맡아 하기 삼 년. 환공이 남으로 당부(堂阜)에 가서 즐기는 사이 수조는 역아와 위공자 개방과 다른 대신들을 거느리고 난을 꾸몄다. 환공은 남문의 침전, 수위의 방에서 목마르고 배고파 죽었다. 그러나 죽은 지 석 달이 지나도록 치우지 않아 벌레가 문 밖에까지 기어 나왔다.

환공의 군사가 천하를 횡행하여 오패의 으뜸이 되었으나 마침내는 그 신하에게 죽어 명망을 잃고 천하의 웃음거리가 된 것은 어째서인가. 관중의 말을 따르지 않은 잘못에서다.

그러므로 말하기를 "잘못하고도 충신의 말을 듣지 않고, 홀로 그 뜻을 행하는 것은 그 높은 이름을 잃고 남의 웃음거리가 되는 시초이다." 했다.

**【解説】** '자신이 잘못하고도 충신의 의견을 듣지 않은 채 고집을 부리면, 명망(名望)을 잃게 되고 세상의 웃음거리가 된다.'

이것은 무슨 말인가.

옛날 제환공은 제후들을 규합하여 천하를 바로잡고, 춘추 오패(春秋五覇)의 으뜸이 되었다. 관중(管仲)이 그의 보좌역을 맡고 있었지만 이미 늙어 정치를 보살필 수 없어 은퇴할 때였다. 어느 날 환공은 관중을 찾아가 이렇게 물었다.
"불행히도 경이 다시 일어날 수 없다면 뒷일을 누구에게 맡기면 좋겠소?"
"신은 보시다시피 이렇게 병들어 있어 다시 일어나지 못할 몸이옵니다. 자식은 누구보다도 아비가 잘 알고, 신하는 누구보다도 임금이 잘 안다 하였으니 임금의 생각하시는 바를 먼저 듣고 싶습니다."
"그렇다면 포숙아(鮑叔牙)가 어떨는지?"
"아니 되옵니다. 그는 강직하고 괴팍하고 사나운 사람입니다. 강직하면 백성을 난폭하게 다스리고, 괴팍하면 인심을 잃게 되며, 사나우면 백성들이 일할 용기를 잃게 됩니다. 두려운 것을 모르는 그는 패자의 보좌역으로 마땅치 않습니다."
"그러면 수조(堅刁)가 어떨는지?"
"안 됩니다. 사람은 누구나 제 몸을 소중히 아는 것입니다. 그런데 수조는 임금께서 여자를 좋아하고 시기가 심한 것을 보자, 스스로 거세를 하고 후궁의 환관이 되었습니다. 자기 몸은 소중하게 알지 않는 자가 자기 임금을 소중하게 알 까닭이 없습니다."
"그러면 위나라 공자 개방(開方)이 어떨는지?"
"마땅하지 않습니다. 제나라와 위나라 사이는 겨우 걸어서 열흘 걸리는 거리인데도 개방은 임금을 섬기며 마음에 들게 할 생각으로 오 년 동안 부모에게로 돌아가지 않았습니다. 이것은 인정에 벗어난 일입니다. 부모를 소중히 여기지 않는 그가 임금을 소중히 여길 리가 없습니다."
"그러면 역아(易牙)는 어떨지?"
"아니 되옵니다. 역아는 임금의 주방장으로 있으면서, 임금께서 이제까지 맛보지 못한 것은 사람의 고기뿐이라고 하시자, 아시는 바와 같이 자기 맏아들을 삶아서 바쳤습니다. 사람이면 누구나 자식을 사랑하는 것입니다. 그런데 자기 자식을 삶아 식탁에 올려 놓지 않았습니까. 자기 자식도 사랑하지 않는데 어떻게 임금을 사랑할 리 있겠습니까?"
"그러면 대관절 누가 좋단 말인가?"

"습붕(隰朋)이 좋을 줄 압니다. 그는 마음이 굳세고, 행실이 청렴하여 사리를 꾀하지 않고 신의를 중히 아는 사람입니다. 마음이 굳세면 남의 모범이 될 수 있고 행실이 청렴하면 큰 일을 맡겨도 안심이 되며, 사리를 꾀하지 않으면 남의 윗자리에 설 수 있고, 신의를 존중하면 이웃 나라와 원만하게 지낼 수 있습니다. 참으로 패자의 보좌역으로 적임자입니다. 그를 쓰십시오."

"그리 하리다."

그러나 일 년 남짓 지난 뒤에 관중이 죽게 되자, 환공은 습붕(隰朋) 대신에 수조(豎刁)를 택했다.

수조가 보좌역으로 있은 지 삼 년이 지났다. 어느 날 환공은 남쪽에 있는 당부(堂阜)란 곳으로 떠났다. 그러자 수조는 그 사이에 역아와 개방 및 그 밖의 대신들과 짜고 반란을 일으켰다. 나라로 돌아온 환공은 남문에 있는 침전의 수위실(守衛室)에 갇힌 몸이 되어 굶주리고 목말라 죽고 말았다. 시체는 석 달 동안이나 그대로 방치되어 나중에는 구더기가 방 밖에까지 쏟아져 나왔다. 일찍이 그의 무력과 위세가 천하를 진동시켜 오패의 우두머리가 된 환공이 마침내는 자기 신하에게 죽은 바 되어 명성을 잃고 천하의 웃음거리가 되고 만 것은 무엇 때문인가. 충신 관중의 의견을 듣지 않았기 때문이다.

그러므로 나는 말한다.

"자신이 잘못되어 있는데도 충신의 의견을 듣지 않고 고집을 부리면 명성을 잃고 세상의 웃음거리가 된다."

## 9. 外國 힘에 依支하는 것

### 韓王의 計策

> 奚謂內不量力.
> 昔者秦之攻宜陽, 韓氏急. 公仲朋謂韓君曰, 與國不可恃也. 豈如因張儀爲和於秦哉. 因賂以名都而南與伐楚. 是患解於秦而害交於楚也. 公曰, 善. 乃警公仲之行, 將西和秦.
> 楚王聞之懼, 召陳軫而告之曰, 韓朋將西和秦, 今將奈何. 陳軫曰, 秦得韓之都一, 驅其鍊甲, 秦韓爲一以南鄕楚. 此秦王之所以廟祠而求也. 其爲楚害必矣. 王其趣發信臣, 多其車, 重其幣, 以奉韓, 曰不穀之國雖小, 卒已悉起, 願大國之信意於秦也, 因願大國令使者入境, 視楚之起卒也.
> 韓使人之楚. 楚王因發車騎, 陳之下路, 謂韓使者曰, 報韓君言, 弊邑之兵, 今將入境矣. 使者還報韓君. 韓君大悅, 止公仲. 公仲曰, 不可. 夫以實苦我秦也. 以名救我者楚也. 聽楚之虛言, 而輕誣强秦之實禍, 則危國之本也.
> 韓君弗聽. 公仲怒而歸, 十日不朝.

宜陽益急. 韓君令使者趣卒於楚. 冠蓋相望而卒無至者. 宜陽果拔, 爲諸侯笑.
故曰, 內不量力, 外恃諸侯者, 則國削之患也.

**【解釋】** 무엇을 말하여 안으로 힘을 헤아리지 못한다 하는가.
　옛날, 진이 의양을 쳐서 한나라가 위급하게 되었다. 공중붕이 한군에게 말했다. "한나라는 믿을 것이 못 됩니다. 어찌 장의를 통해 진나라와 화친하는 것만 하겠습니까? 곧 큰 성 하나를 주고 남쪽 초나라를 함께 치면 우리의 위급함을 초나라로 옮기는 것입니다." 공이 말하기를, "좋다." 하고 이에 공중붕의 길을 재촉하여 장차 서쪽으로 진나라와 화친하려 했다.
　초왕이 듣고 두려워하여 진진을 불러 말했다. "한나라가 진과 화친하려 하니 이를 장차 어찌할 것인가?" 진진이 말했다. "진나라가 한나라의 도읍 하나를 얻고 그 훈련된 군사를 몰아 진나라와 한나라가 한편이 되어 남쪽 초나라를 치는 것은 진나라 임금이 사당에 제사를 올려 가며 기도하던 일이니 초나라의 해가 될 것이 틀림없습니다. 왕께선 빨리 신임하는 신하를 보내 많은 수레에 폐백을 가득 싣고 이를 한나라에 바친 다음 말하기를, '우리 나라가 비록 작으나 군사가 총동원되어 있으니, 바라건대 대국께서 진나라에 대한 본래의 뜻을 펴도록 하십시오. 그리고 대국께서 사자를 우리 나라로 보내 초나라가 군대를 동원하는 것을 보도록 하라.' 하십시오."
　한나라가 사람을 시켜 초나라로 가게 했다. 초왕은 곧 수레와 말을 내어 가는 길에 늘어세우고 한나라 사자에게 일러 말하기를 "한나라 임금께 전하시오. 소국의 군사는 이제 곧 국경을 넘는다고 하십시오." 했다. 사자가 돌아와 한나라 임금에게 보고하자, 한나라 임금은 크게 기뻐하여 공중붕이 가기를 그만두게 했다. 공중붕이 말했다. "안 되옵니다. 실지로 우리를 괴롭히는 것은 진나라요, 이름만으로 우리를 돕는 것이 초나라입니다. 초나라의 헛말을 믿고 강한 진나라의 참된 화를 가볍게 여기는 것은 나라를 위태롭게 하는 근본이 됩니다."

한군은 듣지 않았다. 공중은 노하여 돌아가 열흘을 조회에 참석하지 않았다. 의양은 더욱 위급했다. 한군이 사자를 초나라로 보내 군사를 재촉하여 사신의 행렬이 끊이지 않았으나 끝내 도착한 군사는 없었다. 의양은 결국 함락되고 제후들의 웃음거리가 되었다.

그러므로 말하기를 "안으로 힘을 헤아리지 못하고 밖으로 제후를 믿는 것은 곧 영토를 줄이게 되는 환난이다." 했다.

【解説】 '자기의 힘을 바르게 인식하지 못하고 남의 나라 힘에 의존하는 것은 나라가 약하게 되는 근본이다.'

이것은 무슨 말인가.

일찍이 진(秦)나라의 공격을 받아 한나라 의양(宜陽)이 위태로울 때의 일이다. 한나라 재상 공중붕(公仲朋)이 양왕(襄王)에게 말했다.

"동맹국이란 믿을 수 없습니다. 지금은 장의(張儀)를 통해서 진나라와 화친을 하는 것이 상책입니다. 큰 성 하나를 진나라에 바치고 힘을 합해 남쪽 초나라를 치도록 하면 우리 나라는 진나라의 위협을 초나라로 돌릴 수가 있습니다."

"그것 좋은 생각이로군."

즉시 공중을 독촉하여 강화 사절로서 진나라로 떠날 준비를 시켰다. 그러자 이 소식을 들은 초회왕은 겁을 먹고 외교 고문인 진진(陳軫)과 상의했다.

"한나라 공중붕이 진나라와 연합을 획책하고 있는데 어떻게 하면 좋겠소?"

"그러니까 영토를 떼어주고 진나라의 창끝을 우리에게로 돌리려는 속셈이로군요. 그렇게 되면 우리로서는 여간 큰 일이 아닙니다. 아무튼 한나라와 연합해 초나라를 치는 것은 진나라 왕의 오랜 소원이었으니까요. 지금이라도 곧 사신을 한나라로 보내십시오. 선물을 실은 수레가 줄을 짓도록 만들고 사신에게 이렇게 전하도록 말하십시오. '비록 작은 나라이기는 하나 있는 힘을 다하여 귀국을 원조할 생각이니 부디 마음을 든든히 하여 진나라에 대항하십시오. 그리고 사신을 보내 우리 군대의 동원된 모습을 보시기 바랍니다.' 하고 말입니다."

한나라가 사신을 초나라로 보내오자, 초회왕은 길가로 전차 부대와 기병 부대를 늘어세워 두고 사신에게 이렇게 말했다.

"보시는 바대로 우리 초나라 군대는 이미 동원 태세에 들어가 있습니다."

사신이 돌아와 본 대로 한나라 양왕에게 보고했다. 양왕은 크게 기뻐하여 공중이 진나라로 가는 것을 중지시켰다.

그러자 공중이 말했다.

"안 되옵니다. 실지로 우리 나라를 치고 있는 것은 진나라입니다. 초나라는 말로만 우리 나라를 돕고 있는 것입니다. 초나라의 달콤한 말만 믿고 강대한 진나라의 위협을 소홀히 보았다가는 큰 화를 당하게 될 것입니다."

양왕은 이 간언에 귀를 기울이지 않았다. 공중은 화가 치밀어 집으로 돌아가서 열흘간을 계속 집에 틀어박혀 있었다.

의양은 점점 위급하게 되었다.

양왕은 원병을 보내달라고 몇 번이고 초나라로 사신을 보냈다. 그러나 끝내 구원병은 오지 않았다. 이윽고 의양은 함락되고 양왕은 제후들의 웃음거리가 되었다.

그러므로 나는 말한다.

"자신의 힘을 똑바로 인식하지 못한 채, 남의 나라 힘만 믿는 것은 나라가 망하는 근본이 된다."

## 10. 無力하면서 禮를 모르는 것

**公子를 벌거숭이로**

奚謂國小無禮.

昔者晉公子重耳出亡，過於曹．曹君袒裼而觀之．釐負羈與叔瞻侍於前．叔瞻謂曹君曰，臣觀晉公子，非常人也．君遇之無禮．彼若有時反國而起兵，即恐爲曹傷．君不如殺之．曹君弗聽．

釐負羈歸而不樂．其妻問之曰，公從外來，而有不樂之色何也．負羈曰，吾聞之，有福不及，禍來連我．今日吾君召晉公子，其遇之無禮．我與在前．吾是以不樂．其妻曰，吾觀晉公子，萬乘之主也．其左右從者，萬乘之相也．今窮而出亡，過於曹．曹遇之無禮．此若反國，必誅無禮．則曹其首也．子奚不先自貳焉．負羈曰，諾．盛黃金於壺，充之以餐，加璧其上，夜令人遺公子．公子見使者，再拜，受其餐而辭其璧．

公子自曹入楚，自楚入秦．入秦三年，秦穆公召羣臣而謀曰，昔者晉獻公與寡人交，諸侯莫弗聞．獻公不幸離羣臣，出入十年矣．其嗣子不善．吾恐，此將令其宗廟不被除，而社稷不血食也．如是弗定，則非與人交之道．吾欲輔重耳而入之晉，何如．羣臣皆曰，善．公因起卒．革車五百乘，疇騎二千，步卒五萬，輔重耳入之于晉，立爲晉君．

重耳即位三年，舉兵而伐曹矣．因令人告曹君曰，懸叔瞻而出之，我且殺而以爲大戮．又令人告釐負羈曰，軍旅薄城．吾知子不違也．其表子之閭．寡人將以爲令，令軍勿敢犯．曹人聞之，率其親戚而保釐負羈之閭者七百餘家，此禮之所用也．

故曹小國也而迫於晉楚之間．其君之危猶累卵也．而以無禮涖之，此所以絕世也．

### 故曰, 國小無禮, 不用諫臣, 則絶世之勢也.

**【解釋】** 무엇을 일러 나라가 적으면서 예가 없다 하는가.

　옛날 진나라 공자 중이가 망명하다 조나라를 지나게 되었는데 조나라 임금이 옷을 벗기고 모욕을 주었다. 희부기와 숙첨이 앞에 모시고 있었다. 숙첨이 조군에게 말하기를 "신이 진나라 공자를 뵈오니 보통 사람이 아닙니다. 임금께서 대우를 무례하게 했으니, 그가 만일 때를 얻어 나라로 돌아가 군사를 일으키면 아마도 조나라가 해를 입게 될 것이니, 임금께서 지금 죽이시는 게 좋겠습니다." 조나라 임금은 듣지 않았다.

　희부기가 돌아가 우울해 하자 그의 아내가 물었다. "공께서 밖에서 들어와 우울한 표정을 지으시니 무슨 일인지요?" 부기가 말했다. "속담에 복은 내 차지가 못돼도 화는 기필코 미친다 했소. 오늘 우리 임금이 진나라 공자를 불러 그 대우가 무례했소. 나도 함께 앞에 있은지라, 내 이로써 걱정이 되오." 그 아내가 말했다. "나도 공자를 보았는데 진 공자는 만승의 임금 재목입니다. 좌우로 따른 사람들도 만승 나라 재상감이었습니다. 이제 궁하여 도망나와 조나라를 지나는데, 조나라가 대우를 무례히 하였으니 그가 만일 나라로 돌아가면 반드시 원한을 갚을 것이며, 그러면 조나라가 그 첫번째가 될 터인데 어째서 먼저 자진해서 대책을 세우지 아니하십니까?" 부기는 "그러리라." 말하고 황금을 항아리에 담고, 음식을 채운 다음 구슬을 그 위에 얹어 밤에 사자를 시켜 공자에게 보냈다. 공자는 사자를 보고 두 번 절하고 그 음식만을 받고 그 구슬은 사양했다.

　공자는 조나라에서 초나라로 들어갔다가 초나라로부터 진나라로 들어갔다. 진나라로 들어온 지 삼 년에 진목공이 군신들을 불러 말했다. "옛날 진헌공이 과인과 더불어 친한 것은 제후들이 다 아는 일이다. 헌공이 불행히 죽은 지 이제 십 년 가량 되었다. 그의 뒤를 이은 아들이 착하지 못한지라, 내가 생각건대, 그는 장차 그 종묘를 지키고 사직의 제사를 받들지 못할 것으로 안다. 이같은 것을 바로 잡지 못한다면 이웃을 사귀는 도리가 아니다. 내 중이를 도와 진나라로 들어가게 하고

자 하는데 어떠한가?" 군신들이 모두 말했다. "좋습니다." 공이 곧 군사를 일으켜 혁거(革車) 오백 승(乘), 기병 이천, 보졸 오만으로 중이를 도와 진나라로 들여보내 그를 진나라 임금으로 세웠다.

중이가 즉위한 지 삼 년에 군사를 일으켜 조를 쳤다. 사람을 시켜 조군에게 일러 말했다. "숙첨을 묶어 보내라. 내 그를 죽여 큰 죄인으로 다스리리라." 또 사람을 시켜 희부기에 일러 말했다. "군대가 성을 칠 터인데 나는 그대가 대항하지 않을 것을 안다. 그대의 마을 문을 표시해 두라. 과인이 장차 명령하여 군으로 하여금 감히 범하지 못하게 하리라." 조나라 사람이 듣고 그 친척을 거느리고 희부기 마을로 와서 피난한 사람이 칠백여 집이나 되었으니, 이것은 대우를 한 보람 때문이다.

조는 작은 나라로 진과 초 두 나라 사이에 끼어 있어 그 임금의 위태로움이 알을 쌓아 둔 것과 같았다. 그런데도 무례하게 대했으니 이것이 대가 끊기게 된 원인이 되었다.

그러므로 말하기를 "나라가 작고 예가 없으며, 간하는 신하의 말을 듣지 않으면 곧 대가 끊기는 형편에 이른다." 했다.

【解說】 '작은 나라로서 다른 나라에 무례한 짓을 일삼고, 간하는 신하의 말에 따르지 않으면 뒤가 끊기게 된다.'

이것은 무슨 말인가.

일찍이 진(晋)나라 공자 중이(重耳)가 망명하던 도중에 조(曹)나라에 들렀다. 조공공(曹共公)은 중이가 갈빗대가 통뼈로 붙어 있다는 말을 듣고 있었으므로 그 옷을 벗겨 보았다. 그때 희부기(釐負羈)와 숙첨(叔瞻)이 옆에 있었는데 숙첨이 공공에게 이렇게 간했다.

"진나라 공자는 신이 본 바로는 범상한 인물이 아닙니다. 임금께서 무례한 일을 하셨으니, 그가 언젠가 본국으로 돌아가 군사를 일으키는 날이면 우리 나라에 대한 원한을 풀고 말 것입니다. 이왕이면 지금 죽여 없애 버리십시오."

그러나 공공은 듣지 않았다.

희부기는 집에 돌아와 우울한 표정으로 있었다. 아내가 이상히 여기고 물었다.

"무슨 일이 있었습니까? 안색이 좋지 못합니다."
"오늘 임금께서 진나라 공자를 초대해 놓고 무례한 짓을 했소. **속담**에 〈좋은 일에는 참예를 못 해도 나쁜 일에는 끌려든다.〉고 하듯이 나도 옆에 있었으니 뒷날 어떻게 될지 걱정이 되는구려."
"지금 불행히 나라를 떠나 조나라로 오게 되었으나 곧 대국의 임금이 될 진나라 공자와 대신이 될 수종 신하들에게 그런 무례한 대접을 하다니요. 본국으로 돌아가게 되는 날은 틀림없이 오늘의 무례한 행동을 용서하지 않을 겁니다. 조나라가 맨 먼저 보복을 당하게 될 것이 틀림없어요. 대감께선 지금 이 기회에 공자에게 마음을 통해 두는 편이 좋을 겁니다."

바로 그날 밤, 희부기는 항아리에 황금을 넣고 그 위에 음식을 채운 다음, 다시 보석을 얹어 사자를 시켜 중이에게 보냈다. 중이는 사자에게 두 번 절하고 음식을 받았다. 그러나 보석만은 받지 않았다. 이윽고 중이는 조나라에서 초나라로, 초나라에서 진(秦)나라로 들어갔다. 진나라로 온 지 삼 년 가량 지났을 때 진목공(秦穆公)은 신하들을 불러 모아 놓고 상의를 했다.

"전날 진헌공(晋獻公)이 과인과 친했던 것은 제후들이 다 알고 있다. 불행히 헌공이 죽은 지 그럭저럭 십 년이 되는데, 아무래도 지금 임금은 달갑지가 않다. 이대로 가면 종묘 사직을 제대로 지키지 못할 염려마저 없지 않다. 과인이 모른 체하고 있어서는 헌공과의 옛 정을 잊는 처사가 된다. 중이를 진나라로 보내 임금으로 앉힐까 하는데 어떨지?"

신하들도 찬성이었으므로 목공은 군사를 일으켰다. 전차 오백 대, 기병 이천, 보병 오만, 이리하여 중이를 도와 진나라로 보내 임금으로 앉혔다.

중이는 즉위한 지 삼 년 만에 군사를 일으켜 조나라를 쳤다.
그리고 조공공에게 사람을 보내 이렇게 일렀다.
"숙첨을 묶어서 보내라. 큰 죄를 범한 죄인으로 처형을 하겠다."
또 희부기에게도 사람을 보내 이렇게 말했다.
"이제 곧 우리 군사는 성안으로 쳐들어갈 참이오. 전날 당신의 고마운 뜻은 잊을 수가 없소. 당신의 마을 어귀에 표적을 세워 주시오. 군에 명령하여 함부로 쳐들어가는 일이 없도록 하겠으니."
　조나라에서는 이 소문이 퍼지자, 친척들을 이끌고 회부기가 있는 마을로 피난해 온 사람이 칠백 집이나 되었다. 이것도 다 미리 대우를 극진히 해 두었기 때문이다.
　조는 작은 나라인 데다가 진나라와 초나라 사이에 끼어 있었다. 따라서 임금의 지위는 알을 쌓아올린 것처럼 불안정했다. 그런데도 다른 나라에 무례한 짓을 하였으므로 뒤가 끊긴 것은 당연한 일이었다.
　그러므로 나는 말한다.
　"작은 나라로서 다른 나라에 무례를 일삼고 간하는 신하의 말을 듣지 않으면 대(代)를 끊기는 형세가 된다."


　옛날 성현들을 한 사람 한 사람 증인으로 불러내어 사정없이 공격을 가하며 무엇에 홀린 듯이 〈법술〉을 말하는 한비, 〈형명참동(刑名參同)〉으로써 인간을 시계바늘처럼 움직이려 드는 그, 대관절 한비의 혈관에는 어떤 피가 흐르고 있었던가 하는 생각이 들 정도로 그의 사상에는 처절한 바가 있다.
　그러나 『십과편』 등의 이야기들은 소름을 오싹 끼치게 하는 그의 매서운 논문과 달리 우리들에게 어느 정도 얼떨떨함과 안도감마저 느끼게 한다. 여기서는 법술도 노골적으로는 얼굴을 내밀지 않는다. 교훈을 위한 일화들을 말하고 있지만, 이야기를 교묘하게 이끌어 가는 데 묘미를 느끼는 것 같다. 어느 것이나 뛰어난 옛 이야기들로 긴 것이라도 긴밀감과 복잡한 구성에 의해 완성도가 높은 작품이 되어 있다. 특히 『십과』의 네 번째 '망국의 음악'에 나오는 이야기는 유명하다. 한비도 우아한 일면을 가지고 있었음을 실증해 준 작품이다. 후세에 한비를 미워하는 사람들도 그의 이야기의 교묘함과 아름다움에는 감탄하지 않을 수 없었던 것이다. 그의 이야기 중에서 몇 개는 고대 단문(短文)의 걸작으로 손꼽히고 있다.
　한편 『십과』의 원본은 각 이야기의 교훈만을 따로 모아, 첫머리에 따로 기록해 두고 있는데, 여기서는 그 부분을 생략했다.

# 孤憤篇

　진실을 아는 사람은 언제나 외롭다. 진실 때문에 불리한 자가 많기 때문이다. 한비는 항상 고립되어 있었다. 그의 진실이란 〈법(法)〉과 〈술(術)〉에 따른 정치였다. 그것을 불리하다고 생각하는 것은·임금을 둘러싸고 있는 중신들이다. 심한 울분을 품고 한비는 그들을 규탄한다. 〈고분〉이란 두 글자 속에는 한비의 생애가 깃들어 있다.
　"공로로써 지혜와 행동을 결정하지 못하고 증거로써 죄와 허물을 살리지 않으며 좌우 내시들의 말만을 들으면 무능한 선비가 조정에 서고, 어리석고 더러운 관리가 벼슬에 있게 된다."
　"신하와 임금의 이익은 서로 다른 것이다. …… 임금의 이익은 능력자에게 벼슬을 맡기는 데 있고, 신하의 이익은 능력 없이도 일을 얻는 데 있다."

## 1. 重臣의 害

　　智術之士, 必遠見而明察. 不明察, 不能燭私. 能法之士, 必強毅而勁直. 不勁直, 不能矯姦. 人臣循令而從事, 案法而治官. 非謂重人也. 重人也者, 無令而擅爲, 虧法以利私, 耗國以便家, 力能得其君, 此所謂重人也.

智術之士明察, 聽用, 且燭重人之陰情. 能法之士勁直, 聽用, 且矯重人之姦行. 故智術能法之士用, 則貴重之臣必在繩之外矣. 是智法之士, 與當塗之人, 不可兩存之仇也.

當塗之人擅事要, 則外內爲之用矣. 是以諸侯不因, 則事不應. 故敵國爲之訟. 百官不因, 則業不進. 故羣臣爲之用. 郞中不因, 則不得近主. 故左右爲之匿. 學士不因, 則養祿薄禮卑. 故學士爲之談也. 此四助者, 邪臣之所以自飾也. 重人不能忠主而進其仇. 人主不能越四助而燭察其臣. 故人主愈蔽, 而大臣愈重.

**【解釋】** 지술(智術)의 선비는 멀리 보고 밝게 살핀다. 밝게 살피지 않으면 사사로운 것을 비출 수 없다. 법에 능한 선비는 굳세고 곧다. 곧지 않으면 간특함을 바로잡을 수가 없다. 영에 따라 일을 좋아하고 법에 따라 직무를 이행하는 것만으로는 중인〔重臣〕이라 할 수가 없다. 중인이란 명령 없이 멋대로 하고 법을 깨뜨려 자신을 이롭게 하고, 나라를 축내어 내 집을 살찌게 하며, 힘은 능히 임금을 누르는 사람을 말한다.

지술이 있는 사람은 밝게 살핀다. 그를 쓰게 되면 또한 중인들의 숨은 정(情)을 알게 된다. 법에 능숙한 사람은 굳세고 곧다. 그를 쓰면 중인들의 간악한 행실을 바로잡게 된다. 그러므로 지술이 있는 사람과 법에 능숙한 사람을 쓰면, 권세가 무거운 신하들은 테두리 밖으로 밀려나게 된다. 이래서 지법(智法)의 선비와 집권한 사람은 함께 있을 수 없는 원수가 된다.

집권한 사람이 권력을 휘두르게 되면, 나라 안팎이 그의 손발이 된다.

이러므로 제후가 그를 의지하지 않으면 일에 반응이 없으므로 적국까지도 그를 위해서 칭찬한다. 백관이 그를 의지하지 않으면 벼슬이 나아가지 않는다. 그래서 군신이 그의 손발이 된다. 낭중(郎中)이 그를 의지하지 않으면 임금에게 가까이할 수가 없다. 그래서 좌우가 그를 위해 비밀을 지켜 준다. 학자가 그에 의지하지 않으면 양록(養祿)이 박하고 대우가 낮아진다. 그래서 학자는 그를 위해 좋은 말을 한다. 이 네 가지 후원은 자신들의 자기 보호를 위한 수단이 된다.

중인은 임금에게 충성하기 위해 자기의 원수를 쓰지는 않는다. 임금은 위에 말한 네 장벽을 뚫고 중신의 속 마음을 알아내지는 못한다. 그러므로 임금은 더욱 더 가리워지고 대신은 더욱 더 권세가 무거워진다.

**【解說】** 〈술(術)〉을 아는 사람은 앞을 내다보며 모든 것을 꿰뚫어 본다. 그리고 그런 눈이 없이는 남의 비밀을 알아내지 못한다.

〈법(法)〉에 통한 사람은 그 뜻이 굳세고 행동이 철저하다. 그렇지 않고서는 악한 일을 규탄할 수 없다.

대부분의 신하들은 임금의 명에 따라 나라 일을 하고 법에 비추어 맡은 일을 한다. 그런데 중신(重人)들은 이와 달리 임금의 명이 없이도 자기 마음대로 행동하며, 법에 아랑곳없이 사리(私利)를 꾀하고, 국력(國力)이 기울든 말든 사복(私腹)을 채우기 위해서 임금을 원하는 대로 움직인다.

〈술〉을 얻은 사람의 눈은 모든 것을 꿰뚫어 보기 때문에 임금의 신임만 얻으면 중신의 비밀을 파헤치게 된다. 〈법〉을 깨우친 사람의 행동은 철저하기 때문에 임금의 신임만 얻으면 중신의 그릇된 일을 규탄하게 된다. 즉 〈술〉을 알고 〈법〉을 통달한 사람이 임금의 신임을 얻으면 중신은 법에 **따라** 배척당하게 된다. 결국 그들은 중신과 더불어 살 수가 없는 원수간이다.

한 사람의 중신이 독재권을 잡게 되면 나라 안팎의 모든 사람들이 중신의 앞잡이가 된다. 다른 나라의 임금들도 그를 통하지 않고서는 교섭이 잘 되지 않으므로 추켜 받들게 된다.

나라 안의 모든 벼슬아치들은 중신에게 매달리지 않으면 출세할 수 없어 그의 앞잡이가 된다. 임금의 측근 시종들은 중신의 미움을 받게 되면 임금 옆에 있을 수 없으므로 그의 나쁜 짓들을 덮어준다. 학자는 중신이 이끌어 주지 않으면 봉록도 적어지고 대우도 나빠지므로 중신의 비위만 맞추게 된다. 중신이란 자는 이 네 겹의 성벽 속에 그 정체를 감추고 있다.

이런 중신이 자기의 원수를 추천할 만큼 임금에게 충성을 바칠 리가 없다. 또 임금은 네 겹의 성벽에 가로막혀 있어 중신의 정체를 알아낼 수가 없다. 이리하여 임금은 눈이 가려지고 중신의 실권은 점점 커져만 간다.


## 2. 임금이여 눈을 뜨라

> 凡當塗者之於人主也, 希不信愛也. 又且習故. 若夫即主心, 同好惡, 固其所自進也. 官爵貴重, 朋黨又衆, 而一國爲之訟. 則法術之士, 欲干上者, 非有所信愛之親習故之澤也. 又將以法術之言, 矯人主阿辟之心, 是與人主相反也. 處勢卑賤, 無黨孤特.
>
> 夫以疏遠與近愛信爭, 其數不勝也. 以新旅與習故爭, 其數不勝也. 以反主意與同好爭, 其數不勝也. 以輕賤與貴重爭, 其數不勝也. 以一口與一國爭, 其數不勝也.
>
> 法術之士, 操五不勝之勢, 以歲數而又不得見. 當塗之人, 乘五勝之資, 而旦暮獨説於前. 故法術之士, 奚道得進, 而人主奚時得悟乎.

【解釋】 무릇 집권자로 임금의 신임과 사랑을 받지 않는 일은 드물다. 또한 낯익은 친구다. 임금의 비위에 맞추어 행동을 같이 하는 것은 원래 그가 자진해서 하는 짓이다. 지위가 높고 권세가 있으며 당파가 또한 많아서 전국이 모두 그를 떠받든다. 그런데 법술의 선비로서 임금의 인정을 받으려는 사람은 믿는다든가 사랑한다든가 하는 친분도 없고, 전부터 아는 처지도 아니다. 게다가 법술에 관한 이야기로 임금의 비뚤어진 마음을 바로잡으려 하고 있다. 이것은 임금의 생각과는 상반되는 것이다. 처지나 형세가 불리하고 후원해 줄 사람도 없다.

생소한 사람으로 신임받는 사람과 싸워서 이길 수는 없다. 처음 온 나그네로 낯익은 사람을 상대해서 이기지는 못한다. 임금의 뜻을 거슬러 가며 뜻이 맞는 사람을 이길 수는 없다. 지위도 권세도 없이, 지위 높고 권세 있는 사람을 이기지는 못한다. 혼자 입 하나만을 가지고 전국을 상대해서 싸워서 이겨 낼 수는 없다.

법술의 선비는 이런 다섯 가지의 불리한 형편에서 해를 두고 기다려도 만나 보기 힘들다. 집권자는 다섯 가지 유리한 위치에서 아침 저녁으로 만나 이야기한다. 그러니 법술을 아는 사람이 어느 길로 찾아 들어갈 수 있으며, 임금은 어느 시기에 깨달을 수 있겠는가.

【解說】 중신 가운데 임금의 신임을 받지 않는 사람은 별로 없다. 또 중신은 벌써 오랫동안 임금을 섬겨오고 있다. 그들로서는 임금에게 아첨해서 비위를 맞추는 것쯤은 아무것도 아니다. 그들의 지위는 높고 같은 파와 부하가 많으므로 나라 전체가 그들의 일을 추어올리게 된다.

그런데 법술로써 임금의 인정을 받으려는 사람은 중신들이 이미 가지고 있는 임금의 총애와 신임과 끊임없는 접촉과 같은 유리한 조건들은 하나도 가지고 있지 않다. 게다가 법과 술의 예를 들어 임금의 잘못을 지적한다. 즉 임금의 비위를 거스르게 된다. 그의 지위는 낮고 그를 도와줄 사람은 아무도 없는 외로운 처지다.

임금으로부터 배척당하는 몸으로서 임금의 측근에서 사랑과 신임을 받고 있는 중신과 싸운다는 것은 전혀 승산이 없는 일이다.

벼슬한 지 얼마 안 되는 몸으로 임금의 낯익은 사람과 맞서 싸우는 일 또한 전혀 승산이 없다.
　임금의 비위를 거슬러 가면서 임금의 비위를 잘 맞추는 사람과 싸우는 일 역시 아무런 승산이 없다.
　낮은 지위에 있으면서 높은 지위의 사람과 싸우는 일 역시 마찬가지로 승산이 없다.
　한 사람의 입을 가지고서 온 나라와 다투는 일 역시 말할 것도 없다.
　이 다섯 가지 중 어느 것을 보나 〈법술〉을 가진 사람에게 승산은 없다. 몇 해가 지나도 그에게는 임금을 볼 기회조차 주어지지 않는 것이다. 더구나 중신들은 그를 거들떠보지도 않은 채 오로지 자기 말만 임금에게 때맞추어 할 뿐이다.
　〈법술〉을 말하려는 사람은 어떻게 해야 임금에게 의견을 올릴 수 있는가. 어느 때라야 임금은 눈을 뜨는 것인가.

## 3. 君主의 權威냐, 重臣의 權威냐

　故資必不勝, 而勢不兩存, 法術之士, 焉得不危. 其可以罪過誣者, 以公法而誅之, 其不可被以罪過者, 以私劍而窮之. 是明法術而逆主上者, 不僇於吏誅, 必死於私劍矣. 朋黨比周以蔽主, 言曲以便私者, 必信於重人矣. 故其可以功伐借者, 以官爵貴之, 其可以美名借者, 以外權重之. 是以蔽主上而趨於私門者, 不顯於官爵, 必重於外權矣. 今人主不合參驗而行誅, 不待見功而爵祿. 故法術之士, 安能蒙死亡而進其說. 姦邪之臣,安肯棄利而退其身. 故主上愈卑, 私門益尊.
　夫越雖國富兵彊, 中國之主, 皆知無益於己也. 曰, 非吾所得制也. 今有國者, 雖地廣人衆, 然而人主壅蔽, 大臣專權, 是國爲越也. 知不類越而不知不類其國, 不察其類者也.
　人之所以謂齊亡者, 非地與城亡也. 呂氏弗制, 而田氏用之. 所以謂晉亡者, 亦非地與城亡也. 姬氏不制, 而六卿專之也.
　今大臣執柄獨斷, 而上弗知收, 是人主不明也. 與死人同病者, 不可生也. 與亡國同事者, 不可存也. 今襲迹於齊晉, 欲國安存, 不可得也.

**【解釋】** 그러므로 자질만으로 반드시 이길 수 없고 형세 역시 양립할 수 없다. 그러니 법술가가 어찌 위태롭지 않겠는가. 죄나 허물을 씌울 수 있는 사람에겐 법으로써 칠 것이며, 죄나 허물을 씌울 수 없는 사람은 자객을 시켜 죽여버린다. 이리하여 법술에 밝고 임금의 비위에 거슬리는 사람은 관리들의 손에 의해 죽지 않으면 반드시 자객의 칼에 죽게 된다. 당파가 서로 감싸 임금을 가리고 거짓말로 사리 사욕을 꾀하는 사람은 반드시 중인의 신임을 받게 된다. 그러므로 공로로써 거짓 꾸며 댈 수 있는 사람에겐 벼슬을 주어 귀하게 만들고, 명성을 구실삼을 수 있는 사람에겐 제도 밖의 특권을 준다. 이러므로 임금을 가리고 중인에게 모여드는 사람은 벼슬에 올라가 특권을 갖게 된다. 오늘날 임금들은 언행을 비교해 벌을 주지도 않으며, 공을 세우기도 전에 작록을 내린다. 그러니 법술가가 어떻게 죽기를 무릅쓰고 말을 할 수 있겠는가. 간신들이 어떻게 이익을 버리고 벼슬에서 물러나겠는가. 그런 까닭에 임금의 지위는 더욱 낮아지고 중인의 집만 더욱 높아진다.
　월나라가 비록 부강한 나라이기는 하지만 중국의 임금들은 그것이 자기에게 소용없음을 안다. 그들은 말하기를 〈내가 얻어도 다스릴 수 없다.〉고 한다. 오늘날 나라를 가진 사람이 비록 땅이 넓고 인구가 많더라도, 임금은 이목이 가려져 있고 대신이 권세를 독차지했다면, 이는 나라가 월나라가 되는 것이다. 월나라가 나라 구실 못할 것은 알면서도 자기 나라가 나라 구실 못하는 것은 모르니 사리를 판단 못하는 것이 아니고 무엇이겠는가.

　사람들이 제나라가 망했다고 하는 것은 땅과 성이 없어진 것이 아니라 여씨(呂氏)가 다스리지 못하고 전씨(田氏)가 다스리기 때문이며, 진나라가 망했다고 하는 것은 또한 땅과 성이 없어진 것이 아니라 희씨(姬氏)가 다스리지 못하고 육경(六卿)이 마음대로 하기 때문이다. 지금 권세를 쥐고 독재를 하는데도 임금이 거둬들이지 못한다면 이것은 임금이 밝지 못한 까닭이다. 죽은 사람과 같은 병을 앓는 사람은 살지 못하듯 망한 나라와 똑같은 일을 하는 나라는 남아 있지 못한다. 이제 제나라와 진나라의 자취를 밟으며 나라가 무사하기만 바라는 것은 불가능한 일이다.

【解說】　이길 수 있는 조건이라고는 하나도 없으면서 중신과 맞섰을 때 그 신변이 안전할 리 없다. 구실을 얻는 대로 중신은 법으로 얽어 그를 죽인다. 구실을 얻을 수 없을 경우에는 자객을 시켜 없애 버린다.
　결국 〈법술〉에 능통하여 임금에게 쓴 말을 하는 사람의 운명이란 법관의 손에 걸려드느냐, 아니면 자객의 손에 걸려드느냐, 이 둘 중의 하나다.
　그런데 패를 지어 임금의 눈을 가리고 이치에 닿지 않는 말로 사욕을 채우려는 악한 무리는 반드시 중신의 눈에 들게 된다. 중신은 그들 중 아무개는 공로가 있다고 해서 벼슬을 주고 지위를 올려 주며, 아무개에겐 그럴 듯한 명목을 붙여 제도 밖의 특권을 주어 지위를 무겁게 한다. 결국 임금의 눈을 가리고 중신 밑으로 들어간 자는 벼슬이 올라가든가 어떤 특권을 얻어 갖든가 하게 된다.
　이렇게 임금이 신하의 언행(言行)과 교육을 서로 맞추어 보거나 조사하지도 않은 채 상벌을 마구 내린다면 어느 누가 죽음의 위험을 무릅쓰고 〈법술〉을 말하려 하겠는가. 또 간악한 중신이 어떻게 자진해서 이익을 버리고 물러앉으려 하겠는가. 이리하여 임금의 권위는 땅에 떨어지고 중신의 권위는 날로 가중되어 가는 것이다.

남쪽 끝의 월(越)나라는 분명 나라도 부유하고 군사도 강하다. 그러나 중원(中原)의 패자를 노리던 임금들은 월나라가 자기들의 이익과는 아무 관계가 없는 것으로 알고 있었다. 〈그렇게 먼 나라는 도저히 지배할 수가 없다.〉고 생각하기 때문이다.

하지만, 그들은 보다 중요한 것을 잊고 있었다. 아무리 땅이 넓고 인구가 많은 나라를 가지고 있댔자 그 자신이 이복이 가리워진 채 중신에게 권력을 내맡기고 있다면 자기가 가진 나라도 월나라와 다를 것이 없지 않은가. 월나라가 자기 나라가 아닌 것을 알고 있으면서도 자기 나라가 실은 자기 나라가 아니라는 것을 모르고 있다면 임금의 눈은 옹이구멍이나 마찬가지다.

사람들이 〈제(齊)나라가 망했다.〉고 해서 그것이 영토나 서울이 없어진 것을 가리키는 것은 아니다. 여씨*(呂氏)가 지배권을 잃고 신하였던 전씨*(田氏)에게로 그것이 옮겨갔다는 뜻이다.

마찬가지로 〈진(晉)나라가 망했다.〉는 것이 진나라 영토나 서울 그 자체가 없어졌다는 것을 말하지는 않는다. 희씨*(姬氏)의 손에서 육경*(六卿)의 손으로 지배권이 옮겨갔음을 뜻하는 것이다.

중신에게 정권을 주어 놓은 채 팔짱만 끼고 앉아 있는 임금은 현명한 임금일 수 없다. 죽은 자와 같은 병에 걸려 있다면 그 역시 죽을 것이 틀림없듯이 망한 나라와 똑같은 짓을 하면 그 나라 역시 반드시 망하고 만다. 제나라나 진나라의 전철을 밟으면서 나라의 안전을 꿈꾼다는 것은 어림없는 일이다.

[註釋] *呂氏 齊나라의 先祖는 呂尚이다.
*田氏 齊簡公 때에 田常이 簡公을 弑害함으로써 그로부터 齊나라 實權을 잡았고, 田常의 三代 後에는 田氏가 王이 되었다.

*姬氏 晉王室의 姓은 姬氏.
*六卿 韓, 魏, 趙, 范, 中行, 知의 六氏로, 晉나라의 實權을 잡았고, 뒤에 그 중 韓, 魏, 趙 三氏가 晉나라를 三分했다. (기원전 403년)

## 4. 人材 登用의 反對

> 凡法術之難行也, 不獨萬乘, 千乘亦然. 人主之左右, 不必智也. 人主於人, 有所智而聽之, 因與左右論其言. 是與愚人論智也. 人主之左右, 不必賢也, 人主於人, 有所賢而禮之, 因與左右論其行. 是與不肖論賢也. 智者決策於愚人, 賢士程行於不肖. 則賢智之士羞, 而人主之論悖矣.
>
> 人臣之欲得官者, 其修士且以精潔固身, 其智士且以治弁進業. 其修智之士不能以貨賂事人, 恃其精潔而更不能以枉法爲治. 則修智之士, 不事左右, 不聽請謁矣. 人主之左右, 行非伯夷也. 求索不得, 貨賂不至, 則精弁之功息, 而毁誣之言起矣. 治亂之功, 制於近習, 精潔之行, 決於毁譽. 則修智之吏廢, 而人主之明塞矣. 不以功伐決智行, 不以參伍審罪過, 而聽左右近習之言, 則無能之士在廷, 而愚污之吏處官矣. 萬乘之患, 大臣太重. 千乘之患, 左右太信, 此人主之所公患也.

【解釋】 무릇 법술이 행해지기 어려운 것은 큰 나라만이 아니고 작은 나라도 또한 그러하다. 임금의 좌우(左右)가 반드시 지혜로운 것은 아니다. 임금이 지혜로운 사람의 말을 들으려 하면서 먼저 좌우와 더불어 그에 대한 말을 하게 된다. 이것은 어리석은 사람과 더불어 지혜를 논하는 것이다. 임금의 좌우가 반드시 어진 것은 아니다. 임금이 어진 사람을 대우하려 하면서 먼저 좌우와 더불어 그의 행실을 논하게 된다. 이것은 어질지 못한 사람과 더불어 어진 것을 논하는 것이다. 지혜로운 사람이 어리석은 사람에 의해 판정을 받게 되고, 어진 선비가 어질지

못한 사람에 의해 행동의 가부를 질문당하게 되면, 어질고 지혜로운 선비는 모욕을 당하게 되고 임금의 이야기는 뒤틀어지게 된다.

　신하로서 승진을 원하는 사람이면 교양 있는 선비일 경우 우선 정결로써 몸을 가다듬게 되고, 지혜로운 선비일 경우 먼저 능력껏 일의 능률을 올린다. 교양 있고 지혜 있는 선비는 돈과 뇌물로써 사람을 섬기지도 못하며, 자신의 청백 하나만 믿고 새삼 법을 굽혀 다스리려 하지 않는다. 즉 교양있고 지혜 있는 선비는 임금의 좌우를 섬기지도 않으며 부탁을 들어주지도 않는다. 임금의 좌우는 행실이 백이(伯夷) 같지는 않다. 따라서 바라는 것을 들어 주지 않고 돈과 뇌물을 바치지도 않으면, 곧 알뜰히 일한 공이 사라지게 되고, 헐뜯는 말이 일어나게 된다. 올바로 하는 일은 내시들에게 방해당하고, 청렴한 행동은 비난의 대상이 되고 만다. 즉 교양 있고 지혜 있는 관리가 쫓겨나고 임금의 총명은 막히게 된다. 공로로써 지혜와 행동을 결정하지 못하고, 증거로써 죄와 허물을 살리지 않으며, 좌우 내시들의 말만을 들으면 무능한 선비가 조정에 서고 어리석고 더러운 관리가 벼슬에 있게 된다. 큰 나라의 근심은 대신의 권세가 지나치게 무거운 데 있고 작은 나라의 근심은 좌우를 너무 믿는 데 있다. 이는 임금의 공적인 근심이다.

【解說】〈법술〉을 나라 정치에 적용한다는 것은 여간 어려운 일이 아니다. 그것은 나라가 크건 작건 마찬가지다. 임금의 측근에 있는 사람이 대체로 재주와 지혜가 풍부하다고 단언할 수는 없다. 그렇지만 임금이 어떤 인물의 재주와 지혜를 인정하고 그의 의견을 받아들이고자 했을 경우, 그것의 가부를 결정하는 말상대가 되는 것은 그들 측근이다. 다시 말해 어리석은 사람을 상대로 재주와 지혜 있는 사람의 평가를 하는 셈이 된다.

　또 측근이 반드시 비범한 사람일 수는 없는 일인데도 누군가를 비범한 인물로 알아 특별히 대우하려는 임금이 측근과 더불어 그 인물의 행동을 평가하고 있다. 그것은 곧 범인이 비범한 인물을 평가하는 셈이 된다. 이와 같이 자기보다 아랫사람에게 평가를 받는다는 것은 재주와 지혜가 있는 인물이나 비범한 인물에게는 어처구니없는 일이어서 일할 생각이 나지 않게 된다. 이래서는 임금의 과오를 영영 바로잡을 수가 없다.

승진되고 싶은 신하들 가운데, 어떤 사람은 청렴 결백한 것으로 인정을 받으려 하고, 어떤 사람은 일에 재주와 지혜를 보임으로써 인정받으려 한다. 이러한 신하들은 뇌물로 남의 마음에 드는 일은 하지 못한다. 그들은 다같이 결백을 믿고 있으니 하물며 법을 굽혀 정치를 하는 일이 있겠는가. 그러므로 그들은 측근에 아부하는 일도 지위를 이용해서 남의 편의를 보아주는 일도 하지 않는다.

그런데 임금의 측근은 백이(伯夷)와 같이 청렴한 사람은 아니다. 자기의 요구도 들어주지 않고 뇌물도 갖다 주지 않는다면 그가 아무리 훌륭한 인격자나 재주와 지혜가 있는 사람이라도 무시해 버린 채 노상 중상만 해댈 것이다. 결국 재주와 지혜로써 이룩해 놓은 일은 측근에 의해 보람없이 되고 계속 지켜 온 청렴 결백은 중상하는 말로 인해 더럽혀지게 된다. 마침내 그들은 초야에 묻혀 살게 되고 임금의 눈은 끝내 뜨지 못하게 된다.

신하들의 일을 결과로써 평가하지 않으며 언행을 대조해 본 다음에 벌을 결정하지 않은 채 측근의 말만 따라가게 되면, 머지않아 조정은 무능한 신하와 부정을 일삼는 신하들로 차게 된다.

큰 나라든 작은 나라든 대신의 권한이 너무 무겁고 측근의 의견에만 치중하게 된다면 그것은 임금에 있어 화의 근본이 되는 것이다.


## 5. 임금과 신하의 矛盾

且人臣有大罪, 人主有大失. 臣主之利, 相與異者也. 何以明之哉. 曰, 主利在有能而任官. 臣利在無能而得事. 主利在有勞而爵祿. 臣利在無功而富貴. 主利在豪傑使能. 臣利在朋黨用私, 是以國地削而私家富, 主上卑而大臣重. 故主失勢而臣得國, 主更稱蕃臣, 而相室剖符. 此人臣之所以譎主便私也. 故當世之重臣, 主變勢而得固寵者, 十無二三. 是其故何也. 人臣之罪大也. 臣有大罪者, 其行欺主也, 其罪當死亡也.

　智士者遠見而畏於死亡, 必不從重人矣. 賢士者修廉而羞與姦臣欺其主, 必不從重人矣. 是當塗者之徒屬, 非愚而不知患者, 必汚而不避姦者也. 大臣挾愚汚之人, 上與之欺主, 下與之收利侵漁, 朋黨比周相與, 一口惑主, 敗法以亂士民, 使國家危削, 主上勞辱, 此大罪也. 臣有大罪, 而主弗禁, 此大失也. 使其主有大失於上, 臣有大罪於下, 索國之不亡者, 不可得也.

**【解釋】** 신하에게는 큰 죄가 있고 임금에게는 큰 실수가 있다. 신하와 임금의 이익은 서로가 다르기 때문이다. 무엇으로 알 수 있는가. 말하자면, 임금의 이익은 능력자에게 벼슬을 맡기는 데 있고, 신하의 이익은 능력 없이도 일을 얻는 데 있다. 임금의 이익은 공로가 있은 다음 작록을 주는 데 있고, 신하의 이익은 공을 세우지 않고도 부귀를 누리는 데 있다. 임금의 이익은 천하의 호걸을 능히 부리는 데 있고, 신하의 이익은 당파를 만들어 사리 사욕을 채우는 데 있다. 이리하여 나라의 땅은 깎이어도 관료들의 집은 부하게 되며, 임금은 지위가 낮아져도 대신의 권세는 무거워진다. 그러므로 임금은 세력을 잃고 신하는 나라를 얻는다. 임금은 다시 남의 나라에 쫓겨가 살게 되고 대신이 임금 자리에 오르게 된다. 이것이 신하가 임금을 속이고 자기를 꾀하는 원인이 된다. 그러므로 오늘날 중신으로서 임금이 세력을 다시 찾아도 사랑을 받을 사람은 열에 두셋도 못될 것이다. 그 까닭은 신하의 죄가 크기 때문이다. 신하로서의 큰 죄는 그 행동이 임금을 속여 온 일로서 죽여 마땅한 것이기 때문이다.

지혜로운 선비는 앞을 보고 죽음을 두려워하여 반드시 중인을 따르지 않는다. 어진 선비는 청렴하여 간신과 더불어 임금을 속이는 것을 부끄러워하기 때문에 중인을 좇지 않는다. 집권자의 일당들은 어리석어 화가 올 것을 알지 못하는 사람이 아니면, 반드시 더러워서 간악한 짓을 사양치 않는 자들이다. 대신들은 어리석고 더러운 사람들을 거느리고, 위로는 같이 임금을 속이고 아래로는 함께 이익을 거두어 긁어들이며 당파가 한통속이 되어 입을 모아 임금을 속이고, 법을 무시하고 백성들을 괴롭히며, 국가를 위태롭게 만들고 임금을 괴롭고 욕되게 만든다. 이것이 큰 죄다. 신하가 큰 죄가 있어도 임금이 금하지 못한다는 것은 커다란 실수다. 임금이 위에서 큰 실수를 범하고 신하는 아래에서 큰 죄를 범하면 아무리 나라가 망하지 않기를 바라도 소용이 없다.

【解說】 그것뿐이 아니다. 신하는 큰 죄를 짓고 있고 임금은 큰 실수를 저지르고 있다.
　　원래 신하의 이익과 임금의 이익은 서로 용납되지 않는 것이다. 왜냐하면 임금에겐 유능한 인물을 쓰는 것이 이익되지만 신하로서는 능력 없이도 일을 맡아 하는 것이 이익되기 때문이다.
　　임금은 공로 있는 사람에게 작록을 주는 것이 이익되지만 신하로서는 공로 없이 부(富)를 얻는 것이 이로운 것이다.
　　임금에게는 걸출한 인물이 제 능력을 발휘할 수 있게끔 해 주는 것이 이익이지만 신하로서는 패를 만들어 서로 덮어주는 것이 이로운 것이 된다.
　　그러므로 나라가 침략당해도 개인의 집은 번영하고, 임금의 권위는 땅에 떨어져도 대신의 권위는 무거워지기만 한다. 이리하여 임금은 권력을 잃고 신하가 나라를 앗는다. 쫓겨난 임금은 남의 나라에서 신하로서 살아가는 신세가 되고 신하였던 자는 임금의 자리에 올라 사람들에게 벼슬 자리를 주는 몸이 된다. 신하가 임금을 속여 자기의 이익을 꾀하는 것은 이러한 결과를 바라기 때문이다.
　　따라서 오늘의 중신들로서 임금이 자기 실권을 되찾아도 여전히 변함없는 총애를 받을 수 있는 사람은 열 명 중에 두세 명도 되지 못할 것이다.
　그들 중신이 저질러 온 죄가 크기 때문이다. 다시 말해 그동안 그들이 임금을 속이며 저질러 온 죄는 모두 사형에 해당되는 것이다.
　앞을 내다보는 사람은 사형이 두려워서도 중신의 부하가 되지 않는다. 자신을 청렴 결백하게 지켜 나가는 사람은 간신과 어울려 임금을 속이는 것을 부끄러워하기 때문에 역시 중신의 부하가 되지 않는다. 중신의 부하가 되는 사람들은 장차 이르게 될 환난을 살피지 못하는 어리석은 사람이거나 악한 짓을 예사로 알고 하는 몰염치한 자들이다.
　중신은 그런 무리들과 한패가 되어 위로는 임금을 속이고 아래로는 사복을 채우고 있다. 당파를 만들어 입을 모아 임금을 속이고, 법을 무시하여 세상을 어지럽게 만든다. 이리하여 마침내는 나라를 위태로운 지경으로 끌고 나가 영토는 줄어들게 되고 임금은 굴욕과 고통을 겪게 된다. 이야말로 큰 죄가 아니겠는가.
　신하가 큰 죄를 짓고 있는데도 임금이 그것을 내버려둔다는 것은 큰 실책이다. 위로는 임금이 큰 실책을 범하고, 밑으로는 신하가 큰 죄를 범하게 된다면 나라가 무사하기를 바라도 소용이 없는 일이 아니겠는가.

　한비는 〈법술〉을 채택하는 것이 한(韓)나라를 궁지에서 건져 내는 오직 유일한 길이란 것을 깨달았다. 그러나 그의 말은 자기 나라인 한나라에서는 받아들여지지 않았다. 그의 참을 길 없는 울분이 『고분』에서 풍겨 나오고 있다. 중신과 맞서 계속 죽음의 위험 속에 시달리면서 법술을 외치는 사람은 바로 한비 자신의 모습이다. 그는 이 글을 통해 자신의 울분을 직접 임금 안(安)에게 호소하려 한 것인지도 모른다. 아니면 혼자 남몰래 울분을 글 속에 담아 두려고 했는지도 모를 일이다. 그리고 또 한 가지, 이러한 추측도 성립될 수 있다.
　──한비는 자신이 말하는 법술이 자기 나라인 한나라에서 받아들여지기를 진정으로 바란 것은 아니다. 한나라는 작은 나라였고 국왕은 똑똑한 임금이 못되었다. 한비는 이미 자기 나라가 망하게 될 것을 알고 있었다. 그래서 그는 자기의 이상(理想)을 실천할 수 있는 나라, 법술을 받아들여 쓸 수 있는 안목을 가지고 있는 임금을 딴 곳에

서 찾으려 하고 있었다. 그것은 다름아닌 진(秦)나라로, 뒷날 시황제가 된 진왕 정(政)이었다. 그 증거로 진나라를 추켜 올린 말들이 《한비자》속에 되풀이해 나타나 있는 것이다. 한비는 자신을 진나라로 팔아 넘기기 위해 『고분』을 쓴 것이다. ──

　사실이 그렇지 않더라도 결과적으로 『고분』은 한비를 진나라로 팔아 넘기게끔 되었다. 이 한편의 『오두(五蠹)』와 더불어 뒷날 시황제가 된 진왕 정의 눈에 뜨이게 되었고, 이로 인해 한비가 진나라로 찾아가게 된 것은 이미 말한 바 있다.

# 説 難 篇

　상대가 누구이든 남을 설득한다는 것은 쉬운 일이 아니다. 그리고 상대의 지위가 높으면 높을수록 그 어려움이 더하다. 더구나 그가 말하고 있는 상대는 임금이다. 자칫 잘못하면 생명에까지 위협을 느낀다. 한비는 면밀히 임금된 사람의 심리를 분석했다. 이것은 그야말로 목숨을 건 설득술(説得術)인 것이다.
　"무릇 달래기 어려운 것은 듣는 사람의 마음을 알아내 말을 거기에 맞게끔 하는 데 있다."
　"용의 턱 밑에 역린(逆鱗)이 있다. 만일 그것을 건드리게 되면 용은 반드시 사람을 죽인다."

## 1. 進言의 어려움

　　凡説之難, 非吾知之有以説之之難也. 又非吾辯之能明吾意之難也. 又非吾敢橫佚而能盡之難也. 凡説之難,在知所說之心, 可以吾說當之.
　所說出於爲名高者也, 而說之以厚利, 則見下節而遇卑賤, 必棄遠矣. 所說出於爲厚利者也, 而說之以名高, 則見無心而遠事情, 必不收矣. 所說陰爲厚利顯爲名高者也, 而說之以名高, 則陽收其身, 而實疏之. 說之以厚利, 則陰用其言, 顯棄其身矣. 此不可不察也.

**【解釋】** 무릇 달래기 어려운 것은 내 아는 것이 부족한 데 어려움이 있는 게 아니다. 또 내 변론이 내 뜻을 밝히기가 어려운 것도 아니다. 또 내가 감히 대담하게 말을 더하기가 어려운 것도 아니다. 무릇 달래기 어려운 것은 듣는 사람의 마음을 알아내 말을 거기에 맞게끔 하는 데 있다.

　명성이 높아지기를 바라는 사람에게 큰 이익을 얻는 것으로 달래 보아야 자기를 천박하게 여긴다 하여 반드시 멀리하게 될 것이다. 또 이익을 얻는 데 골똘한 사람에게 명성을 높이는 데 대해 얘기해 보아야 세상 물정에 어둡다 하여 반드시 받아들이지 않을 것이다. 듣는 쪽이 속으로는 이익만을 밝히면서 겉으로는 명성을 바라는 사람이라면 명성을 높이는 것에 대해 얘기하면 겉으로는 받아들이는 척하며 속으로는 멀리할 것이며, 이익에 대해서만 얘기하면 그의 말만 듣고 공공연하게 그를 버릴 것이다. 이런 점을 살피지 않아서는 안 된다.

**【解說】** 진언하기가 어려운 것은 이런 까닭에서다. 말하는 사람이 충분한 지식을 가지고 있기가 어렵다는 것이 아니며, 또 자신의 의견을 말로 제대로 표현하기가 어려운 것도 아니다. 그리고 또 하고 싶은 말을 거침없이 해 버릴 만한 용기를 갖기가 어려운 것도 아니다. 말하기 어려운 것은 상대방의 마음을 알아낸 다음 이쪽의 의견을 그것에 맞게끔 하는 그 한 가지에 있는 것이다.

　예를 들어, 상대방이 명성을 바라는 임금이라고 하자. 이런 상대를 향해 큰 이익이 생기는 이야기를 해보았자, 오히려 자기를 재물이나 탐내는 천박한 인간으로 안다는 노여운 생각에서 불쾌하게 대할 것이 뻔하다. 반대로 재물만을 아는 임금에게 명성이 높아지는 이야기를 해보았자, 세상 물정에 어두운 사람이라 해서 멀리할 것이 틀림없다.

 속으로는 재물만 알면서 겉으로는 훌륭한 척하는 임금일 경우는 어떨까. 이런 상대를 보고 훌륭한 임금으로서 지켜야 할 일들을 말하게 되면 겉으로는 반겨 받아들일지 모르나 속으로는 멀리할 것이다. 그렇다고 이익이 되는 일을 말하면 그 의견만을 몰래 받아들일 뿐, 나머지는 물리쳐 버리고 말 것이다. 남을 설득하려는 사람은 이 정도의 일을 알고 있지 않으면 안 된다.

## 2. 說得의 危險

> 夫事以密成, 語以泄敗. 未必其身泄之也, 而語及所匿之事, 如此者身危.
>
> 彼顯有所出事, 而乃以成他故. 說者不徒知所出而已矣, 又知其所以爲, 如此者身危.
>
> 規異事而當, 知者揣之外而得之. 事泄於外, 必以爲己也. 如此者身危.
>
> 周澤未渥也, 而語極知, 說行而有功, 則德忘. 說不行而有敗, 則見疑. 如此者身危.
>
> 貴人有過端, 而說者明言禮義, 以挑其惡. 如此者身危.
>
> 貴人或得計, 而欲自以爲功, 說者與知焉. 如此者身危.

> 彊以其所不能爲, 止以其所不能已. 如此者身危.
> 故與之論大人, 則以爲間己矣. 與之論細人, 則以爲賣重. 論其所愛, 則以爲藉資. 論其所憎, 則以爲嘗己也. 徑省其說, 則以爲不智而拙之. 米鹽博辯, 則以爲多. 而史之. 略事陳意, 則曰怯懦而不盡. 慮事廣肆, 則曰草野而倨侮.
> 此說之難. 不可不知也.

【解釋】 대저 일이란 비밀리에 성공되고 말이 새어나감으로써 실패하게 된다. 반드시 그 자신이 누설하지 않았더라도 말이 비밀 내용에 미치게 되면 이같은 사람은 몸이 위태롭다.

그가 유달리 내세우고 있는 일은 곧 다른 것을 성공시키려 하기 때문이다. 말하는 사람이 다만 내세우고 있는 일만을 알고 있는 것이 아니라 그 까닭까지 알고 있으면 생명이 위태롭다.

몰래 하고 있는 특이한 일을 밖에서 짐작으로 알고 있더라도 그 일이 새어나가게 되면 반드시 자기가 누설시킨 것으로 오해받는다. 이런 사람도 생명이 위태롭다.

은총이 두텁지 못한 사람이 아는 말을 다해 버리면, 말이 채택되어 공을 세워도 보람이 없게 되고, 또 말대로 실행되지 않게 되면 의심만 받게 된다. 이런 사람은 생명이 위태롭다.

높은 사람의 잘못을 분명히 지적해 말하는 사람도 생명이 위태롭다.

하지 못할 일을 강요하거나 그만둘 수 없는 일을 굳이 말리면 이런 사람도 생명이 위태롭다.

그러므로 위대한 사람의 이야기를 하면 곧 자기를 타이르는 줄로 알고, 소인배를 논히면 곧 잘난 체한다고 생각한다. 그가 사랑하는 사람을 말하면 발판을 얻으려는 것으로 알고, 그가 미워하는 사람을 말하면 자기를 떠보려는 것으로 생각한다. 하는 말을 급히 끝내 버리면 지혜롭지 못한 줄로 알고 멀리하며, 쌀이니 소금이니 하며 변론을 늘어

놓으면 수다스럽다 하여 귀찮게 여긴다. 일을 간추려 요점만 말하면 겁이 많아 일을 다하지 못한다 하고, 깊이 생각하여 자세히 말하면 초야에 있었기에 거만하다고 한다.

이것이 설득의 어려운 점이니 알아두지 않으면 안 된다.

【解說】 계획은 비밀리에 추진해야만 성공을 거둘 수 있지 밖으로 말이 새면 실패하게 된다. 설사 그것을 누설시킬 생각이 없더라도 우연히 임금이 비밀리에 계획하고 있는 일을 언급하게 되면 말한 사람의 생명이 위태롭다.

상대방이 겉으로 무언가를 하고 있는 것처럼 내보이며, 실상 속으로는 전연 다른 일을 하고 있다고 하자. 상대방이 겉으로 하고 있는 일을 알고 있는 것만이라면 무사하다. 그렇게 내보이는 것이 다른 일을 꾀하기 위해서라는 것까지 알아 버린다면 말한 사람의 생명이 위태롭다.

이쪽 의견이 상대방 마음에 들어 그것이 채택되었더라도 그밖의 사람이 냄새를 맡고, 그 내용을 짐작만으로 외부에 흘려 보냈다면 비밀을 누설시킨 혐의는 반드시 의견을 말한 사람에게로 오게 된다. 그럴 경우 말한 사람의 생명은 위태롭다.

벼슬한 지 오래 되지도 않고 또 자신이 신임받고 있지도 않은데, 있는 지식을 모조리 다 드러내 보이면 설사 자기가 말한 계획이 성공해서 공적을 올렸더라도 상을 받기가 어렵게 된다. 더욱이 계획이 실패한다면 공연한 의심만을 받을 뿐 아니라 말한 사람의 생명마저도 위태롭게 된다.

임금에게 잘못이 있을 경우 예법(禮法)이 어떻고 도리(道理)가 어떻고 하며, 정면으로 이를 비판하게 되면 말한 사람의 생명이 위태롭다.

임금이 누군가의 의견을 채택해서 계획을 세운 다음, 그 공적을 독차지한다고 하자. 그러한 내막(內幕)까지 들여다 보면서 말하는 사람은 생명이 위태롭다.

힘에 벅찬 일을 강요하거나, 그만둘래야 그만둘 수 없는 일을 제지하려고 하면 말하는 사람의 몸이 위태롭다.

임금이란 훌륭한 사람의 이야기를 하면 자기를 빈정대고 있는 줄로 생각하고 덜된 인간의 이야기를 끄집어 내면 자기를 추커 올리려는 것이 아닌가 하고 경계를 한다.

　임금이 좋아하는 사람을 칭찬하면 자기 비위를 맞추려는 수단일 줄로 의심하고 덜 좋아하는 사람의 흉을 보면 자기 속을 떠보려는 것이 아닌가 하고 주의를 한다.

　요약한다면 아무것도 모르는 줄 알면 상대하려 하지 않고　빠짐없이 온갖 이야기를 다 하면 아는 체한다 하여 귀찮게 여긴다.

　조심스럽게 대강만을 이야기하면 겁이 많고 주변없는 사람으로 인정하고, 계획성 있게 널리 의견을 말하면 조심성 없는 사람이라 하여 업신여긴다.

　이것이 설득의 어려운 점이니 알아두지 않으면 안 된다.

## 3. 相對에 따라

　　凡說之務, 在知飾所說之所矜, 而滅其所恥.
　　彼有私急也, 必以公義示而强之.
　　其意有下也, 然而不能已, 說者因爲之飾其美, 而少其不爲也.
　　其心有高也, 而實不能及, 說者爲之擧其過, 而見其惡, 而多其不行也.
　　有欲矜以智能, 則爲之擧異事之同類者, 多爲之地. 使之資說於我, 而佯不知也, 以資其智.
　　欲內相存之言, 則必以美名明之, 而微見其合於私利也.
　欲陳危害之事, 則顯其毀誹, 而微見其合於私患也.
　譽異人與同行者, 規異事與同計者.
　有與同汚者, 則必以大飾其無傷也. 有與同敗者, 則必以明飾其無失也.
　彼自多其力, 則毋以其難槪之也. 自勇其斷, 則無以其謫怒之. 自智其計, 則毋以其敗窮之.
　大意無所拂忤, 辭言無所繫縻, 然後極騁智辯焉. 此道所親近不疑, 而得盡辭也.
　伊尹爲宰, 百里奚爲虜, 皆所以干其上也. 此二人者, 皆聖人也. 然猶不能無役身以進, 如此其汚也. 今以吾言爲宰虜, 而可以聽用而振世, 此非能士之所恥也. 夫曠日彌久, 而周澤旣渥, 深計而不疑, 引爭而不罪, 則明割利害, 以致其功, 直指是非, 以飾其身, 以此相持. 此說之成也.

【解釋】 무릇 설득하는 데 있어서는 듣는 사람이 자랑스럽게 여기는 것을 빛나게 해 주고 부끄러워하는 점을 없애 주는 것이 중요하다.

　그가 혼자 속으로 조바심 치는 것이 있으면 반드시 공의(公義)로써 마음 든든하게 해 주라.

　그 생각에 못마땅한 점이 있으나 차마 그만두지 못하는 것이 있으면 그것의 좋은 점을 추어주고 그만두는 것이 좋지 못하다고 한다.

　그 뜻은 높으면서도 실력이 미치지 못하면 잘못된 점을 지적하고 일이 옳지 못한 것을 보여주어 실행하지 않는 것이 옳은 것임을 말한다.

　지혜가 능한 것으로 자랑을 삼고자 하거든 그를 위해 같은 일의 예를 들어 많은 자료를 주고 그가 할 말을 내게서 얻게 하며, 모른 체하며 그 지혜를 보태어 준다.

함께 살아가는 의견을 받아들이게 하려거든 반드시 그것이 명예로운 일임을 밝히고 또한 사사로운 이익과 합치되는 것임을 비춘다.

위태롭고 해로운 일을 말하고자 하면 그 불명예를 밝혀 말하고 어렴풋이 그것이 사사로운 근심과 합치됨을 보여준다.

다른 사람으로서 그와 같은 행동을 한 사람을 칭찬해 주고, 다른 예로써 그와 꾀를 같이 한 것을 일깨워 준다. 추한 일로 고민하는 사람에겐 비슷한 예를 들어 그것이 해가 될 것이 없음을 과장해서 말해 주고, 실패를 뉘우치고 있는 사람에겐 비슷한 예를 들어 그것이 손해가 아님을 분명히 설명해 준다.

그가 스스로 그 능력을 자부하거든 여의치 못한 점을 들어 누르려 하지 말고, 스스로 그 결단력을 용기로 알거든, 잘못된 점을 들어 노엽게 말 것이며, 스스로 그 꾀를 지혜롭다고 하거든 그것이 실패하리라는 이유를 들어 궁지로 몰지 말라.

큰 뜻을 거슬리게 하지 않고 말이 서로 충돌하는 일이 없어야 이 지혜와 변론을 다 쓸 수 있다. 이것이 친근해지고 의심받지 않으며 말을 다 할 수 있는 길이다. 이윤이 재부(宰夫)가 되고 백리해가 포로가 된 것은 다 그 윗사람을 얻기 위해서이다. 이 두 사람은 다 성인이다. 그러나 몸을 더럽히지 않고는 출세를 할 수가 없었다. 내 말로 재부와 포로를 삼아 이를 실행함으로써 세상을 건질 수 있다면 능력 있는 선비로서 부끄러워할 바가 못된다. 오랜 날이 지나 은총이 두터워지고, 깊이 일을 꾀해도 의심받지 않으며 고집부려 다투어도 죄주지 않게 되면, 분명히 이해를 밝혀 공을 이루게 되고, 똑바로 시비를 가려 몸을 빛내게 된다. 이리하여 서로가 의지하게 되면 완전한 설득을 이룬다.

【解說】 그러면 임금에게 말하는 사람이 알아두어야 할 일은 무엇인가. 먼저 상대방이 자랑으로 알고 있는 것은 칭찬해 주며 수치로 알고 있는 것은 잊게 만드는 것이다.

내 욕심만 채우려는 것이 아닌가 하고 행동을 주저하는 상대에게는 대의 명분(大義名分)을 주어서 자신을 갖도록 할 일이다.

마음내키지 않으면서도 차마 그만두지 못하는 상대에게는 그다지 나

뿐 일도 아니니까 그만둘 것까지는 없다고 안심을 시킬 일이다.
 높은 이상(理想)을 품고 고민하는 상대에게는 그 이상이 참된 것이 못됨을 지적해 줘 실행하지 않는 편이 좋다고 말해 줄 일이다.
 자신의 재주를 내세우기 좋아하는 상대에게는, 상대가 계획하고 있는 그 자체를 직접 말하지 말고, 다른 것을 예로 들어 참고 자료로 제공할 뿐, 이쪽에선 아무것도 모르는 척하며 일깨워 줄 일이다.
 다른 나라와의 공존(共存) 정책을 권하려거든, 먼저 그것이 나라의 명예를 높이게 되는 것임을 말한 뒤에 임금 자신에게도 이득이 있는 것임을 암시(暗示)해 주는 것이 좋다.
 위험한 일을 그만두도록 깨우쳐 줄 경우에는, 그것이 명예에 관계되는 것임을 설명한 다음, 임금 자신에게도 이익되지 않는다는 것을 암시하는 게 좋다.
 상대방이 하는 일을 칭찬할 때에는 다른 사람이 한 같은 일을 예로 들 것이며, 나무랄 때에도 같은 내용의 다른 예를 들어서 말할 일이다.
 부도덕한 행위로 인해 고민하는 임금에게는 같은 예를 들어 그리 대단한 것이 아님을 들려주어 마음을 편케 해 줄 일이다. 실패로 인해 낙심하고 있는 임금에게는 다른 예로써 실패가 아니라는 것을 밝혀 줌으로써 용기를 되찾게 해 줄 일이다.
 또한 스스로의 능력에 자신을 가지고 있는 상대에게는, 그 능력의 한계점을 말함으로써 상대의 기분을 상케 해서는 안 된다. 결단력이 있다고 자부하는 상대에게는, 그 판단이 잘못임을 지적하여 상대를 노엽게 만들어서는 안 된다. 뛰어난 계략을 자랑하는 상대에게는 그 계략이 실패하기 쉬운 점을 들어 상대를 궁지에 빠지게 해서는 안 된다.
 이같이 상대방의 처지를 잘 생각해 가며 의견을 펴고, 상대방을 자극하는 일이 없게끔 말을 조심하여, 자신의 지식과 변론을 마음껏 털어놓게 되면 의심받는 일 없이 가까워질 수 있으며 자연 자신이 생각하고 있는 말을 다 할 수 있게 된다.
 옛날 이윤(伊尹)이 요리사로 들어간 것이나, 백리해(百里奚)가 포로가 되어 간 것도 임금에게 접근하기 위해서였다. 이들 두 사람은 성인인데도 불구하고 임금에게 접근하기 위해 스스로 천한 몸이 되었던 것이다. 그것은 임금을 설득시키려는 사람이 임금에게 접근하기 위해 자신의 말에 높낮이를 두는 것이나 마찬가지 일이다. 그렇게 함으로써 자기 의견이 임금의 귀에 들어가고 세상을 건지게 된다면 조금도 부끄러워할 일이 못된다.

이렇게 해서 접근해 있는 동안에, 끝내는 신임을 얻게 된다. 비밀에 가담해서 꾀를 말하더라도 의심받지 않으며, 임금에게 반대 의견을 말해도 벌을 받지 않게 된다. 이해 관계를 낱낱이 파헤쳐 좋은 성과를 거둘 수 있고, 시비를 칼로 자르듯 분명히 밝혀 냄으로써 도리어 이쪽의 이름이 올라가게 된다. 이리하여 상대와 이쪽이 다같이 이익을 얻게끔 된다면, 설득은 완전한 경지에 달하게 된다.

## 4. 같은 말이라도

> 昔者鄭武公欲伐胡. 故先以其女妻胡君, 以娛其意, 因問於羣臣, 吾欲用兵, 誰可伐者. 大夫關其思對曰, 胡可伐. 武公怒而戮之, 曰, 胡兄弟之國也, 子言伐之, 何也. 胡君聞之, 以鄭爲親己, 遂不備鄭. 鄭人襲胡取之.
>
> 宋有富人. 天雨牆壞. 其子曰, 不築必將有盜. 其隣人之父亦云. 暮而果大亡其財. 其家甚智其子, 而疑隣人之父.
>
> 此二人說者皆當矣. 厚者爲戮, 薄者見疑. 則非知之難也. 處知, 則難也. 故繞朝之言當矣, 其爲聖人於晋, 而爲戮於秦也. 此不可不察也.

**【解釋】** 옛날 정무공이 되를 치고자 했다. 먼저 자기의 딸을 되 임금의 아내로 삼아 그의 마음을 즐겁게 하고, 이어 뭇 신하들에게 물었다. "내가 전쟁을 일으키고 싶은데 누구를 쳤으면 좋겠는가." 대부 관기사가 대답하기를 "되를 치는 것이 좋습니다." 했다. 무공은 성을 내어 그를 죽이며 말하기를 "되는 형제의 나라다. 치자고 하다니 무슨 소리냐." 했다. 되 임금은 이를 듣고 정나라가 자기와 친하다 하여 마침내는 정나라를 경계하지 않게 되었다. 그러자 정나라는 되를 습격해 차지했다.

송나라에 부자가 있었다. 비가 와서 담이 무너졌다. 그 아들이 말하기를 고쳐 쌓지 않으면 반드시 도둑이 들 것이라 했다. 그 이웃 사람도 역시 같은 말을 했다. 날이 저물자 과연 도둑이 들어 크게 재물을 잃었다. 그 집에선 그 아들을 몹시 지혜롭다 했지만 이웃 사람은 의심했다.

위 두 사람이 말한 것은 다 옳았다. 그러나 심한 경우는 죽음을 당하고 가벼운 경우는 의심을 받았다. 아는 것이 어려운 게 아니라 아는 것을 쓰기가 어렵다. 요조의 말이 맞자, 그는 진(晋)나라에서는 성인이 되고 진(秦)나라에선 죽음을 당했다. 이 점을 생각하지 않으면 안 된다.

**【解說】** 옛날 정무공(鄭武公)이 되[胡]를 칠 때의 일이다. 그는 우선 자기 딸을 되 임금에게 주어 그의 마음을 산 다음, 신하들에게 물었다.

"나는 전쟁을 하고 싶다. 어느 나라를 치는 것이 좋겠는가?"

"되가 좋을 줄로 아옵니다."

대부인 관기사(關其思)가 대답했다.

"되는 혼인한 사이가 아닌가. 그것을 치다니 무슨 소리인가?"

무공은 격분해 하며 관기사를 죽였다.

되 임금은 그 말을 전해 듣자 마음을 탁 놓고 정나라에 대한 방비를 풀어 버렸다. 그 틈을 타서 정나라는 되를 쳐서 차지하였다.

또 이런 이야기가 있다.

송(宋)나라 어느 부잣집에서 어느 날 비로 인해 담이 무너졌다.

"이대로 두면 도둑이 들게 됩니다."

아들이 하는 말이다.

똑같은 이야기를 이웃집 사람도 말했다.

그들이 말한 대로 그날 밤 도둑이 들어와 몰래 도둑질을 해 갔다. 도둑이 들어오리라는 것을 미리 알고 있었으니 얼마나 슬기로운 아들인가. 부자는 자기 아들의 선견지명에 감탄했다. 한편 이웃집 사람은 담이 무너진 것을 알고 있었으므로 그가 범인이 아닌가 하고 의심을 받게 되었다.

관기사의 경우나 이 이웃집 사람의 경우 그들이 한 말은 제대로 들어맞았다. 그런데 그 결과는 죽임을 당하고 의심을 받게 되었다. 말하자면 일을 안다는 것은 어려울 것이 없다. 어려운 것은 안 다음에 어떻게 처신하느냐 하는 데 있다.

진(晋)나라의 계략을 꿰뚫어본 진(秦)나라 요조*(繞朝)가 적국에서는 성인이란 평을 들으면서도 자기 나라에서는 죽임을 당한 것도 똑같은 예다.

상대를 달랠 때는 이러한 것도 잊어서는 안 된다.

〔註釋〕 *繞朝 《左傳》에 의하면 晋나라 士會가 秦나라와 싸우다 포로가 되었을 때, 晋나라는 自國에서 처벌하겠으니 士會를 돌려 달라 했다. 이에 그 말을 곧이들은 秦나라가 士會를 晋나라로 돌려보내게 되자 繞朝는 士會에게 "秦나라에 사람이 없다 생각 말라. 다만 내 계책이 쓰이지 않았을 뿐이다."고 말했다. 이 때문에 繞朝는 秦나라에서 死刑을 받았다.


## 5. 逆鱗을 건드리지 마라

昔者彌子瑕, 有寵於衛君. 衛國之法, 竊駕君車者罪刖. 彌子瑕母病. 人間往, 夜告彌子. 彌子矯駕君車以

出. 君聞而賢之曰, 孝哉. 爲母之故, 忘其刖罪. 異日
與君遊於果園. 食桃而甘, 不盡, 以其半啗君. 君曰,
愛我哉. 忘其口味, 以啗寡人. 及彌子色衰愛弛, 得罪
於君. 君曰, 是固嘗矯駕吾車, 又嘗啗我以余桃.

　故彌子之行, 未變於初也, 而以前之所以見賢, 而後
獲罪者, 愛憎之變也. 故有愛於主則智當而加親, 有憎
於主則智不當, 見罪而加疎. 故諫說談論之士, 不可不
察愛憎之主, 而後說焉.

　夫龍之爲虫也, 柔可狎而騎也. 然其喉下有逆鱗徑尺.
若人有嬰之者, 則必殺人. 人主亦有逆鱗. 說者能無嬰
人主之逆鱗, 則幾矣.

**【解釋】** 옛날 미자하가 위나라 임금에게 사랑을 받았다. 위나라 법에, 몰래 임금의 수레를 탄 사람은 다리를 끊게 되어 있다. 미자하의 어머니가 위독함을 누가 가만히 밤에 미자에게 전했다. 미자는 속여 임금의 수레를 타고 나갔다. 임금은 그를 어질게 여겨 말하기를 "효자다, 어미를 위하는 마음에서 제 다리 잘리는 것마저 잊었으니." 했다. 그 뒤 임금과 함께 과원에서 놀았다. 복숭아를 먹다가 맛이 단지라 그 반을 임금에게 주었다. 임금이 말하기를 "나를 사랑하는구나, 제가 먹은 생각도 잊고 과인을 먹이니." 했다. 그러나 얼굴이 시들고 사랑이 식어 가자 임금에게 죄를 얻게 되었다. 임금이 말하기를 "이놈은 일찍이 내 수레를 속여서 탔고, 또 나에게 먹다 남은 복숭아를 먹였다."고 했다.

　미자의 행동은 처음과 달라지지 않았건만 앞서 귀엽게 보이던 것이 뒤에 죄가 된 것은 사랑이 미움으로 변한 까닭이다. 그러므로 임금에게 사랑이 있으면 지혜로움이 받아들여져 친함이 더하고, 임금에게 미움이 있으면 지혜로움이 받아들여지지 않고 죄를 얻어 구박이 더해진다. 그러므로 간하고 달래고 말하는 것은 사랑하고 미워하는 임금의 마음을 살핀 뒤가 아니면 안 된다.

용이란 순하기가 사귀어 올라 탈 수도 있다. 그러나 그 턱 밑에 거슬러 난 비늘이 직경 한 자나 되어, 만일 사람이 건드리기만 하면 반드시 사람을 죽인다. 임금에도 또한 거슬러 난 비늘이 있다. 달래는 사람이 임금의 역린을 건드리지 않을 수 있다면 성공할 수 있다.

【解説】 미자하(彌子瑕)라는 어여쁜 소년이 위영공(衛靈公)의 사랑을 받고 있었다.

위나라 법에는, 임금의 수레를 몰래 탄 사람은 용서없이 발을 끊는 형을 받게 되어 있었다. 그런데 미자하는 어느 날 밤 어머니가 병이 위독하다는 소식을 받고 임금의 명령이라 속이고서 임금의 수레를 타고 나갔다.

그것을 들은 영공은 죄를 묻기는커녕 크게 칭찬을 하는 것이었다.

"효성이 지극하구나. 어머니를 생각한 나머지 제 발이 잘리는 것도 잊고 있었으니."

또 어느 날 영공을 모시고 과일밭으로 산책을 나간 일이 있었다. 복숭아를 먹던 미자하는 너무도 복숭아가 맛있는지라 먹다 남은 반을 영공에게 권했다. 그러자 영공이 말했다.

"임금을 사랑하는 마음이 극진하구나. 제가 먹던 것도 잊어버리고 나를 먹으라고 권하니."

그러나 이윽고 미자하의 얼굴이 못해져 가자 영공의 사랑도 식어 갔다. 그렇게 되자 영공은 미자하가 앞서 한 일들이 괘씸해졌다.

"이놈은 거짓말로 내 수레를 타고 나간 적이 있었다. 또 언젠가는 먹다 남은 복숭아를 먹인 일도 있다."

미자하가 한 행동은 하나뿐이다. 그런데 그것이 앞서는 칭찬을 받고 뒤에는 죄를 쓰게 되었다. 단지 영공의 사랑이 미움으로 바뀐 까닭이다.

말하자면 상대방이 나를 좋아할 때에는 옳은 말을 하면 금방 마음에 들어 더욱 가까이 하게 된다. 그러나 처음부터 미워하고 있다면 옳은 말을 해도 받아들이지 않고 더욱 멀어질 뿐이다. 의견을 말하고 일깨워 주려거든 먼저 상대방이 나를 어떻게 생각하고 있는가를 안 다음에 그것을 실행해야 한다.

용이라는 동물은 길만 잘 들이면 사람이 타고 다닐 정도로 순한 짐승이다. 그런데 턱 밑 언저리에 직경이 한 자나 되는 비늘이 거슬러 나 있어서 이를 건드리기만 하면 당장 물어 죽이고 만다.

임금에게도 이같은 거슬러 난 비늘이 있다. 이것을 〈역린〉이라고 한다. 이 역린을 건드리는 일이 없이 달랠 수만 있다면 성공했다고 볼 수 있다.

『이병』과 『비내』는 한비가 임금의 편에 서서, 말하자면 강자(强者)의 입장에서 법술(法術)의 필요성을 말한 것이다. 그러나 한비 자신은 임금이 아니고 한낱 신하에 불과하다. 이 『세난(說難)』은 신하로서의 한비가 약자(弱者)의 입장에서 쓴 문장이다.

신하의 입장에서 임금을 보았을 때, 한비의 날카로운 관찰은 임금의 입장에서 신하를 보았을 때와 변함이 없다.

상대는 임금인 것이다. 나를 살리고 죽이는 것은 임금의 자유다.

아무리 자신이 정당하다 해도 그의 역린에 부딪치면 목숨이 없다. 생명의 위험 앞에서 자칫 서투른 짓을 하게 되면 자기의 목숨을 양보하여야 된다. 그 위험 속을 용케 헤치고 들어가 상대방에게 인정을 받게끔 하려면 어떻게 해야 하나?

한비는 임금의 심리(心理)를 깊은 속까지 읽어내고, 상대방의 태도와 이쪽에서 대하는 방법들을 세밀히 말하고 있다.

그러나 모든 경우에 다 완전할 수는 없는 일이다. 진(秦)나라로 가서 이사(李斯)의 참소를 만나 죽게 된 한비 자신의 운명이 『세난』의 한계점을 보여주고 있다고 할 수도 있을 것이다. 그러나 그의 그러한 운명을 염두에 두고 읽을 때, 한층 『세난』의 박력이 더해지는 것도 사실이다.

사마천(司馬遷)은 《사기(史記)》 속에 『세난』의 전문을 기록하고 나서 다음과 같이 덧붙였다.

"한비가 『세난』을 썼으면서도 그 자신의 화를 면하지 못한 것을 나는 슬프게 생각한다."

## 和 氏 篇

  누군가 옥(玉)을 발견하여 이를 왕에게 바쳤다. 그러나 옥으로 인정받지 못했을 뿐 아니라, 임금을 속였다 하여 발을 자르는 형을 당했다. 원래 옥이란 임금이 갖고 싶어하는 것인데도 그것을 바친 사람이 이런 불행을 맛보게 되었다. 그렇다면 임금이 싫어하는 〈법술〉을 바친 사람의 운명은 장차 어떻게 될 것인가.
  "옥은 임금이 애써 찾는 것이다. 화씨(和氏)가 바친 구슬돌〔璞〕이 비록 아름답지 못해도, 왕에게 해가 되는 것은 아니다. 그런데도 오히려 두 발이 끊기고 나서야 보배라는 것을 말하게 되었다. 보배를 말하는 것도 이토록 어렵다."


### 1. 眞理가 認定되려면

  楚人和氏得玉璞楚山中, 奉而獻之厲王. 厲王使玉人相之. 玉人曰, 石也. 王以和爲誑, 而刖其左足.
  及厲王薨, 武王卽位. 和又奉其璞而獻之武王. 武王

使玉人相之. 又曰, 石也. 王又以和爲誑, 而刖其右足
　武王薨, 文王即位. 和乃抱其璞而哭於楚山之下. 三
日三夜, 涙盡而繼之以血. 王聞之, 使人問其故, 曰,
天下之刖者多矣, 子奚哭之悲也. 和曰, 吾非悲刖也,
悲夫寶玉而題之以石, 貞士而名之以誑. 此吾所以悲也.
王乃使玉人理其璞, 而得寶焉. 遂命曰, 和氏之璧.

**【解釋】** 초나라 사람 화씨가 옥을 초산 속에서 얻어 여왕에게 받들어 바쳤다. 여왕은 옥인에게 감정케 했다. 옥인이 말하기를 돌이라 했다. 왕은 화씨를 거짓말한다 하여 그의 왼쪽 발을 자르게 했다.

여왕이 죽고 무왕이 즉위하자, 화씨는 또 구 구슬을 받들어 무왕에게 올렸다. 무왕이 옥인에게 감정을 시키자 또 말하기를 돌이라고 했다. 왕은 화씨가 거짓말한다 하여 그의 오른쪽 발을 자르게 했다.

무왕이 죽고 문왕이 즉위했다. 화씨는 그 구슬을 안고 초산 밑에서 울었다. 사흘 낮 사흘 밤에 눈물이 마르자 피가 이어 나왔다. 왕이 듣고 사람을 시켜 그 까닭을 묻기를 "천하에 발 잘린 사람이 많은데 어찌 울기를 슬퍼하느냐."했다. 화씨가 말하기를 "나는 발 잘린 것이 슬퍼서가 아니고, 보옥이 돌로 불리고 곧은 선비가 거짓말쟁이로 오인받은 것을 슬퍼합니다. 이것이 내가 슬퍼하는 까닭입니다."했다. 왕은 곧 옥인으로 하여금 그 옥을 다듬게 한 결과 보배를 얻을 수 있었다. 그것을 이름하여 '화씨의 벽(璧)'이라 불렀다.

**【解説】** 옛날 초나라에 화씨(和氏)라는 사람이 있었다. 어느 날 그는 초산(楚山) 속에서 돌 모양으로 된 옥 덩어리[璞玉]를 발견하고, 초여왕(楚厲王)에게 바쳤다. 이에 여왕이 옥인*(玉人)에게 그것을 감정시킨 결과 보통 돌에 지나지 않는다는 판정이 나왔다.

그러자 여왕은 거짓말한 죄로 화씨의 왼쪽 발을 자르게 했다.

여왕이 죽고 무왕(武王)이 임금에 오르자 화씨는 또다시 같은 옥덩어리를 바쳤고 무왕 역시 옥인에게 감정을 시킨 결과 전과 같이 "돌이옵니다." 하는 대답이 나왔다.
 무왕은 화씨가 거짓말한다 하여 그의 남은 오른쪽 발을 또 자르게 했다.
 무왕이 죽고 문왕(文王)이 즉위했다. 화씨는 발이 없어 갈 수 없었으므로 품에 안은 채 매일같이 초산 기슭에서 울고 있었다. 사흘 낮 사흘 밤을 계속 울고 나자 눈물은 말라 버리고 피가 뒤따라 흘렀다. 이때 문왕이 그 소식을 듣고서 사람을 보내어 까닭을 묻게 했다.
 "이 세상에는 다리 자르는 형을 받은 사람이 많은데 유독 너만이 그렇게 슬피 우는 이유가 무엇이냐?"
 "저는 다리가 잘린 것이 원통해서 우는 것은 아닙니다. 보석이 돌덩이 취급을 당하고 정직한 사람이 거짓말쟁이가 되었으므로 그것이 슬퍼서 우는 것입니다."
 문왕이 옥인에게 그 돌덩어리를 갈아 보도록 시킨 결과 과연 그것은 보석이었다. 이로부터 그 보석은 그의 이름을 따라 화씨의 옥, 즉 〈화씨벽(和氏璧)〉이라 부르게 되었다.

〔註釋〕 *玉人  지금의 寶石鑑定家.

## 2. 어째서 法術이 싫은 것일까

 夫珠玉人主之所急也. 和雖獻璞而未美, 未爲王之害也. 然猶兩足斬, 而寶乃論. 論寶若此其難也. 今人主之於法術也, 未必和璧之急也, 而禁羣臣士民之私邪. 然則有道者之不僇也, 特帝王之璞未獻耳.

主用術, 則大臣不得擅斷, 近習不敢賣重. 官行法, 則浮萌趨於耕農, 而遊士危於戰陳. 則法術者, 乃羣臣士民之所禍也. 人主非能倍大臣之議, 越民萌之誹, 獨周乎道言也, 則法術之士, 雖至死亡, 道必不論矣.

昔者吳起教楚悼王以楚國之俗. 曰, 大臣太重, 封君太衆. 若此則上偪主, 而下虐民. 此貧國弱兵之道也. 不如使封君之子孫三世而收爵祿, 絕滅百吏之祿秩, 損不急之枝官, 以奉選練之士. 悼王行之期年而薨矣. 吳起枝解於楚.

【解釋】 옥은 임금이 애써 찾는 것이다. 화씨가 바친 구슬돌이 비록 아름답지 못해도 왕에게 해가 되는 것은 아니다. 그런데도 오히려 두 발을 끊기고 나서야 보배란 것을 말하게 되었다. 보배를 말하는 것도 이토록 어렵다. 오늘날 임금이 법술을 원하는 것이 반드시 화씨처럼 시급한 것이 아니니, 신하와 백성들의 이행과 그릇됨을 금하겠는가. 그렇다면 올바른 사람이 죽지 않는 것은 다만 제왕의 보옥을 아직 바치지 않았기 때문이다.

임금이 술을 쓰면, 대신은 제멋대로 하지 못하고, 근시들이 감히 함부로 놀지 못한다. 관이 올바로 법을 행하면 떠돌이 패들은 농삿일로 돌아가게 되고 노는 선비들은 싸움터로 뛰어들게 된다. 법술이란 곧 신하와 사민(士民)들이 무서워하는 바다. 임금이 능히 대신의 방해를 물리치고 백성들의 비난도 아랑곳없이 과감히 진리의 말에 귀 기울이지 않는다면, 법술을 지닌 선비가 비록 죽음을 당한다 해도 진리는 기필코 논의되지 못할 것이다.

옛날 오기가 초나라 도왕을 타이르며 초나라 실정을 들어 말하기를 "대신은 권세가 너무 강하고, 군을 봉한 사람이 너무 많다. 이같이 되면 위로는 임금을 핍박하고 아래로는 백성을 모질게 한다. 이것은 나라를 가난하게 하고 군사를 약하게 하는 길이다. 군을 봉한 사람의 자손은 삼 대로서 작록을 거두게 하고, 모든 관리들의 녹을 약간씩 내리며, 불필요한 벼슬들을 없애고 그것으로 군사들을 훈련하는 것이 옳다."고 했다. 도왕이 그것을 행한 지 일 년 만에 죽자 오기는 초나라에서 몸이 찢기어 죽었다.

【解説】 보석이란 것은 목구멍에서 손이 내밀어질 정도로 임금이 탐내는 것이다. 또한 〈화씨벽〉이 설사 보석이 아니었더라도, 임금으로서는 아무런 손해가 없는 일이다. 그런데도 화씨가 두 발을 잘리운 다음에야 그 구슬돌이 보석이란 것을 인정받게 되었다. 임금이 탐내는 보석조차도 그 인정을 받는다는 것은 이토록 어려운 일이다.

그런데 법술의 경우, 임금은 화씨벽과 달리 갖고 싶어하지도 않는다. 결국 임금은 신하들이나 백성들의 숨은 악을 뿌리뽑고 싶지 않다는 것인가. 법술을 주창하는 사람이 아직 임금에게 죽지 않은 것은 다만 그가 아직 법술이란 구슬돌을 바치지 않았기 때문이다.

만일 임금이 술을 쓰게 되면, 대신은 독재를 하지 못하고, 측근은 임금의 위엄을 빌릴 수 없게 된다.

법이 나라에 행해지면, 떠돌이 백성 따위는 모습을 감추어 마침내는 모든 백성들이 농삿일로 돌아가게 되며, 변이 있을 때면 싸움터에서 생명의 위험을 무릅쓰게 될 것이다. 말하자면 법술은 신하와 백성들에 있어서도 재난이 된다 할 수 있다.

따라서 임금이 대신의 반대와 백성의 비난을 물리치고 법술에 귀를 기울이지 않는 한, 설사 목숨을 걸고 의견을 말해 보았자, 법술이 임금에게 채택될 희망은 없다.

옛날 오기(吳起)는 초도왕(楚悼王)에게 나라의 현황을 이렇게 말했었다.

"대신은 지나친 권력을 가지고 있으며, 영지를 가진 신하는 너무 많습니다. 이대로 가면 그들이 위로는 국왕의 권력을 침범하고, 아래로는 백성들을 괴롭히게 될 것입니다. 나라는 가난해지고 군사는 약해질 뿐입니다. 영지를 가진 신하에게는, 손자 삼 대만으로 그 작록을 반환시키는 것이 좋을 겁니다. 모든 관리들의 봉급을 깎고, 불필요한 벼슬을 폐지시켜 그 녹을 선발되어 훈련받는 사병들에게 돌려야 되 옵니다."

도왕은 이 말을 실천했으나 불과 일년 만에 죽고 말았는데, 도왕이 죽자 오기는 피살되어 손과 발이 각각 떨어져 나갔다고 한다.

## 3. 亂世가 平定되지 않는 理由

　商君敎秦孝公, 以連什五設告坐之過, 燔詩書而明法令, 塞私門之請而遂公家之勞, 禁遊宦之民, 而顯耕戰之士. 孝公行之, 主以尊安, 國以富强. 八年而薨. 商君車裂於秦. 楚不明吳起而削亂, 秦行商君法而富强. 二子之言也已當矣. 然而枝解吳起, 而車裂商君者, 何也. 大臣苦法, 而細民惡治也.
　當今之世, 大臣貪重, 細民安亂, 甚於秦楚之俗. 而人主無悼王孝公之聽, 則法術之士, 安能蒙二子之危也, 而明己之法術哉. 此世所以亂無霸王也.

【解釋】 상군(商君)이 진효공을 가르치기를, 열 집과 다섯 집을 한 조로 하여 서로 고발하며 책임을 같이 지는 제도를 만들어 두고, 시(詩)와 글을 불태워 법령을 분명히 하며, 개인의 청을 막고 나라를 위해 노력하며, 벼슬을 구해 돌아다니는 일을 금하고, 농부와 병사들을 대우하도록 했다. 효공이 이를 행하자 임금의 권세는 높아지고 나라는 부

하고 강해졌다. 팔 년 만에 임금이 죽자, 상군은 진나라에서 거열형을 받고 죽었다. 초나라는 오기를 쓰지 못해 약하고 어지러워졌고, 진나라는 상군의 법을 행해 부강해졌다. 두 사람의 말은 다 옳았다. 그런데 오기의 손발을 떼어내고 상군을 수레로 찢은 것은 무엇 때문인가. 대신은 법을 괴로워하고 백성은 정치를 미워했기 때문이다.

오늘날 세상은, 대신이 권세를 탐하고 백성이 어지러운 것을 편하게 아는 것이 진나라나 초나라 풍습보다도 더하다. 또한 도왕과 효공 같은 임금이 없은즉 법술의 선비가 어찌 능히 두 사람과 같은 위험을 무릅쓰고 자기의 법술을 밝히겠는가. 이것이 세상이 어지럽고 패왕(霸王)이 없는 까닭이다.

【解說】 또 하나의 예가 있다.

상앙(商鞅)은 진효공(秦孝公)에게 정치의 요점을 이렇게 설명했다.

다섯 집과 열 집을 한 조로 만들어, 서로가 서로의 잘못을 고발하여 연대 책임을 지도록 할 것. 문학이니 역사니 하는 책들을 불살라 버리고 법령을 분명히 할 것. 대신의 청원을 듣지 말고 나라를 위해 일하는 사람을 소중히 할 것. 백성이 집을 떠나 벼슬을 찾아다니는 것을 금하고, 변이 있을 때 병역(兵役)에 종사하는 농민을 표창할 것.

효공이 이를 실행하자, 임금의 지위는 높아져 안정되고, 나라는 풍족하여 군사가 강하게 되었다. 그러나 팔 년 뒤, 효공이 죽자, 상앙은 거열형(車裂刑)을 받고 죽었다.

초나라는 오기가 말한 정책을 폐지한 것만으로도 외환에 위협당하고 내란에 시달렸다. 진나라는 상앙이 말한 〈법〉의 정책에 의해 부강한 나라가 되었다.

두 사람이 한 말은 정당한 것이었음에도 초나라에서는 오기를 죽여 손발을 끊고, 진나라에서는 상앙을 수레로 찢어 죽이고 말았다. 왜 그런가. 대신들은 자기를 괴롭힌 〈법〉을 방해물로 알고, 백성들은 빈틈 없는 정치를 싫어했기 때문이다.

오늘날 세상은, 당시의 진나라, 초나라에 비교가 안 될 정도로 대신은 세력을 뻗고 있고, 백성들은 난에 익숙해 있다. 그런데도 임금은 도왕이나 효공과는 달리 사람들의 의견을 들으려 하지 않는다. 이래 가지고서는 오기나 상앙의 재판(再版)이 되고 말 위험을 무릅써 가면서 〈법술〉을 말할 사람이 나올 리 없다. 이 어지러운 세상을 평정할 패왕(霸王)이 나타나지 않는 것은 이 때문이다.

한비는, 대신과 귀족들이 실권을 쥐고 사리 사욕을 꾀하는 정치에 맞서, 그들의 권리를 누르는 군권 강화(君權强化)의 정치를 주창했다. 그 수단이 〈법〉이고, 임금이 이것을 써서 통치하는 기술이 바로 〈술〉이다. 따라서 〈법술〉은 대신들의 저항을 받는다.

또 법술은 어디까지나 지배자의 입장에 서서, 백성들을 원자화(原子化)하여 다루는 것이므로, 그들로부터도 비난을 받는다. 뿐만 아니라 법술을 가장 필요로 하는 임금이 아예 관심조차 보이지 않는다.

이러한 상황 속에서 오로지 부국(富國)의 방책을 말하는 〈법가(法家)〉의 논객들의 운명은 하나의 비극이기도 했다. 《오자》라는 병서를 남긴 오기, 《상자》를 지은 상앙, 모두가 그러하다. 그리고 한비 자신도 이 운명에서 벗어날 수 없었다.

지금까지 보아 온 바와 같이, 한비는 공리 공론을 일삼고 있는 학자들을 몹시 경멸하고 있었으나, 그 자신은 학자 이상으로 고금의 학문과 역사 이야기, 일화 등등 모르는 것이 없었다. 만일 그의 저술에 그것들의 다채로운 인용이 없었다고 한다면, 설득력도 그만큼 줄어들었을 것이다.

그가 인용한 예들이 언제나 적절한 것은 아니나, 『화씨』는 역사적인 이야기가 교묘하게 살려져 있는 작품이다. 원래 화씨벽이란, 조혜문왕(趙惠文王)이 손에 넣었을 때, 당시의 진나라 왕이, "바라건대 열 다섯 성으로 그것과 바꾸고 싶다."고 제안해 왔다고 할 정도로 유명한 옥이다. 한비는 이 유명한 옥이 세상에 나오기까지의 일화를 교묘하게 인용해서 독자들을 끌어당기고 다시 오기, 상앙의 예를 들어 법술이 채택되지 않는 불운(不運)을 이야기하고 있다. 이것은 물론 『고분』에서 취급된 것과 같은 내용이지만 그 필치를 바꾸었기 때문에 전혀 다른 인상을 줄 뿐 아니라 설득력 또한 깊이를 달리하고 있다.

# 亡 徵 篇

 넘어지지 않는 나무가 없고, 망하지 않는 나라가 없다. 여러 나라들의 흥망 성쇠(興亡盛衰)의 발자취를 더듬어 가며 한비(韓非)는 망국의 징조가 어디에 나타나 있는지, 그 구체적인 예를 열거했다. 병(病)에 비유한다면, 초기에 적절한 치료를 베풀어야 목숨을 건지게 된다. 반대로 적국의 〈망징(亡徵)〉을 더욱 확대시킨다면 승리를 얻기란 아주 쉬운 일일 것이다.
 "두 사람의 요(堯) 임금이 다같이 왕이 될 수 없고, 두 사람의 걸(桀)을 똑같이 망하게 하지 못한다."

## 1. 學問 · 道樂 · 優柔不斷

 凡人主之國小而家大, 權輕而臣重者可亡也.
 簡法禁而務謀慮, 荒封內而恃交援者可亡也.
 羣臣爲學, 門子好辯, 商賈外積, 小民右仗者可亡也.
 好宮室臺榭陂池, 事車服器玩好, 罷露百姓, 煎靡貨財者可亡也.

用時日, 事鬼神, 信卜筮, 而好祭祀者可亡也.
聽以爵, 不待參驗, 用一人爲門戶者可亡也.
官職可以重求, 爵祿可以貨得者可亡也.
緩心而無成, 柔茹而寡斷, 好惡無決, 而無所定立者可亡也.
饕貪而無饜, 近利而好得者可亡也.
喜淫刑而不周於法, 好辯說而不求其用, 濫於文麗而不顧其功者可亡也.

**【解釋】** 무릇 임금의 나라는 작고, 신하의 사삿집이 크며, 임금의 권세는 가볍고 신하의 권세가 크면 망한다.

법과 금령을 소홀히 하고 꾀에 힘쓰며, 나라 안을 거칠게 만든 채 외교의 도움만을 믿으면 망한다.

뭇 신하들이 학문을 하고, 문객들이 변론을 즐기며, 장사치는 외국에 물건을 쌓고 서민들은 힘에 의존하게 되면 망한다.

궁실과 대사(臺榭)와 못 만들기를 좋아하며, 거복 기완(車服器玩)을 즐기어 백성을 못살게 굴고 재물을 낭비하면 망한다.

시(時)와 날을 가리고 귀신을 섬기며, 점을 믿고 제사를 좋아하면 망한다.

마음에 들면 벼슬을 주어 참험(參驗)을 기다리지 않으며, 한 사람을 써서 문호를 만들게 하면 망한다.

관직을 중신에게서 구할 수 있고 작록(爵祿)을 재물로 얻을 수 있으면 망한다.

마음이 느려 이룩함이 없고, 유약해서 과단성이 부족하며, 좋고 나쁜 것을 결정하는 일이 없고, 제 주장을 세워 두지 못하면 망한다.

재물을 탐하여 싫어함이 없고, 이(利)를 가까이 하여 얻기를 좋아하면 망한다.

못된 형벌을 즐겨 법에 따르지 않고, 변설(辯說)을 좋아하여 그 실속을 찾지 않으며, 겉치레에 빠져 공(功)을 돌보지 않으면 망한다.

【解説】 망국의 징조는 어떤 곳에 나타나는가.
 1. 대신(大臣)의 집 규모가 임금의 집보다 크고, 신하의 권위가 임금의 권위를 능가한다.
 2. 임금이 법치(法治)를 가볍게 알고 책략(策略)에만 의존하다가 마침내 내정(內政)의 혼란을 가져와서 외국의 원조에만 의존하려 한다.
 3. 신하들이 학문에 힘을 쓰고, 재능 있는 청년들이 공리 공론(空理空論)을 일삼는다. 또 상인들은 탈세(脫稅)를 위해 재산을 외국으로 도피시키고 일반 백성들은 그저 주먹에 의존한다.
 4. 임금이 궁전과 정원을 만드는 데 열중하고, 수레와 의복, 골동품 수집 등 도락에 빠진 결과, 백성들로부터 재물을 짜내어 낭비한다.
 5. 시(時)가 어떻고 일진(日辰)이 어떻고 하는 데 신경을 쓰며 귀신 섬기기를 좋아하고, 사주니 점이니 하는 것을 그대로 믿어 제사지내기를 좋아한다.
 6. 신하들의 진언(進言)이 마음에 든다고 서둘러 작록(爵祿)을 내릴 뿐, 일의 성과는 고려해 보지 않는다. 연락 책임을 특정된 신하에게 주어 외부와의 접촉을 일임해 버린다.
 7. 중신(重臣)에게 잘 보이면 관직에 오를 수가 있고, 뇌물을 바치면 작록을 얻게 된다.
 8. 임금이 어둡고 무능하여 무슨 일에나 우유 부단하며 남의 의사에 이끌릴 뿐 자기 주장이 없다.
 9. 터무니없는 욕심꾸러기로, 이익되는 것이라면 분별 없이 뛰어든다.
 10. 법에 따르지 않고, 원칙 없이 형벌을 내린다. 공리 공론에 귀를 기울일 뿐, 그것이 현실에 도움이 되는지 어떤지를 생각하지 않는다. 겉치레만을 일삼고 실용적인 것을 무시한다.

## 2. 수다스런 임금

> 淺薄而易見, 漏泄而無藏, 不能周密, 而通羣臣之語者可亡也.
> 狠剛而不和, 愎諫而好勝, 不顧社稷, 而輕爲自信者可亡也.
> 恃交援而簡近鄰, 怙强大之救, 而侮所迫之國者可亡也.
> 羈旅僑士, 重帑在外, 上間謀計, 下與民事者可亡也.
> 民信其相, 下不能其上, 主愛信之, 而弗能廢者可亡也.
> 境內之傑不事, 而求封外之士, 不以功伐課試, 而好以名問擧錯, 羈旅起貴, 以陵故常者可亡也.
> 輕其敵正, 庶子稱衡, 太子未定, 而主即世者可亡也.

**【解釋】** 천박하여 드러나기 쉽고 말을 함부로 하여 감춤이 없고, 주밀(周密)하지 못해서 뭇 신하들이 말을 전하게 되면 망한다.

사납고 굳세어 불화하고, 간하는 말에 고집을 세우며 이기기를 좋아해 사직(社稷)을 돌보지 않고, 가볍게 자신을 믿으면 망한다.

교류(交流)만 믿고 가까운 이웃을 소홀히 하며, 강국의 구원에 의지한 채 위협이 되는 나라를 업신여기면 망한다.

뜨내기 선비가 소중한 처자들을 외국에 둔 채, 위로 모계(謀計)에 간여하고 아래로 민사(民事)에 참여하면 망한다.

백성들이 재상을 믿지 않고 아랫사람이 그 윗사람을 착하게 대하지 않는데, 임금이 그를 사랑하고 신임하여 그만두게 하지 못하면 망한다.

경내(境內)의 인물을 쓰려 하지 않고 봉외(封外)의 선비를 찾으며, 공로를 살펴보지 않고 뜬소문만을 좇아 결정하기를 좋아하며, 나그네가 일어나 귀하게 되고 늘 있던 사람이 눌리게 되면 망한다.
 그 정실(正室) 아들을 가볍게 하여 서자(庶子)들과 똑같이 하여, 태자(太子)를 정하지 못한 채 임금이 세상을 뜨면 망한다.

【解説】 11. 임금이 가볍고 속이 얕아 있는 대로 털어놓고 감춰 두는 일이 없으며, 입이 가벼워 비밀을 지키지 못해 신하들이 말한 내용을 밖으로 새어 나가게 한다.
 12. 독선적이고 협조심이 없어, 간하는 말만 들으면 화를 낸다. 국가 전체를 생각지 못한 채 가볍게 움직이며 그러고도 자신 만만하다.
 13. 먼 곳에 있는 우호국(友好國)만을 믿고 가까운 이웃 나라들과의 외교를 등한히 한다. 강대국의 원조에만 의존하여 이웃 나라의 위협을 가볍게 생각한다.
 14. 다른 나라 사람이 가족도 데려오지 않고 재산도 가지지 않은 채 홀몸으로 와서 신임을 얻은 결과, 국가의 비밀 계획과 정책에 이르기까지 모든 국정(國政)에 관여한다.
 15. 민심(民心)이 이미 임금을 떠나 재상에게로 쏠리고 있는데도 그 재상을 신뢰하여 사임시키려 하지 않는다.
 16. 국내의 인재(人材)를 무시하고 다른 나라 사람을 등용하며, 그 경우에도 실제 공적을 참작하지 않은 채 명성 따위 여부로 채용 여부를 결정한다. 그 결과, 낯익은 신하를 제쳐놓고, 다른 나라 사람이 높은 자리에 오르게 된다.
 17. 정실(正室)의 공자(公子)를 정당하게 대우하지 않은 결과, 다른 공자들이 동등한 세력을 갖게 된다. 더욱이 이런 상태에서, 정식으로 태자를 세우기 전에 임금이 죽고 만다.

## 3. 敵의 輕視와 內部分裂

> 大心而無悔, 國亂而自多, 不料境內之資, 而易其鄰敵者可亡也.
> 國小而不處卑, 力少而不畏强, 無禮而悔大鄰, 貪愎而拙交者可亡也.
> 太子已置, 而娶於强敵, 以爲后妻, 則太子危, 如是則羣臣易慮. 羣臣易慮者可亡也.
> 怯懾而弱守, 蚤見而心柔懦, 知有謂可斷而弗敢行者可亡也.
> 出君在外而國更置, 質太子未反而君易子. 如是則國攜. 國攜者可亡也.
> 挫辱大臣而狎其身, 刑戮小民而逆其使, 懷怒思恥而專習則賊生. 賊生者可亡也.
> 大臣兩重, 父兄衆强, 內黨外援, 以爭事勢者可亡也.

【解釋】 마음이 크고 뉘우침이 없으며, 나라가 어지러워도 스스로 능한 체하고, 나라의 실력을 생각하지 않고, 이웃의 적을 소홀하게 여기면 망한다.

나라가 작은데도 낮게 처하지 아니하고, 힘이 적은데도 강한 것을 두려워하지 않으며, 무례하게 큰 이웃을 업신여기고, 욕심 많고 고집세어 외교에 서투르면 망한다.

태자가 이미 있는데도 강한 적의 여자를 왕후로 삼으면 태자는 위태로워진다. 그러면 뭇 신하들이 생각을 달리하게 되고, 생각을 달리하면 망한다.

겁이 많아 약하게 지키기만 하고, 알고는 있어도 마음이 부드럽고 약하여 결단을 내려야 할 줄 알면서도 과감히 행하지 못하면 망한다.

쫓겨난 임금이 외국에 있는데 나라 안에 새 임금을 두며, 볼모로 간

태자가 돌아오지 않아서 임금이 태자를 바꾸면 나라가 흔들리고, 나라가 흔들리면 망한다.

　대신(大臣)을 꺾어 욕되게 하고 그를 소홀히 하며, 백성들을 함부로 벌하고 마구 부리어 노엽고 창피하게 하기를 버릇처럼 하면 적이 생기고, 적이 생기면 망한다.

　두 대신이 권세를 잡은데다 부형(父兄)들이 많고 강하여, 안으로 당을 만들고 밖으로 외세를 빌려 세력을 다투면 망한다.

【解説】 18. 임금이 태만하고 반성할 줄 모르며, 아무리 나라가 어지러워도 자신 만만해 하며, 나라 안의 경제력을 돌보지 않은 채 이웃한 적국을 가볍게 본다.

　19. 약소국임에도 강대한 척하면서 강국을 경계하지 않는다. 국경을 맞대고 있는 대국을 내려다보며 예(禮)로 대하려 하지 않는다. 자기 나라의 이익만 알 뿐 외교를 모른다.

　20. 이미 태자를 세워 두었으면서도 임금이 강국에서 새 부인을 맞아 정실(正室)을 삼으면 자연 태자의 지위가 위태로워진다. 이 때문에 신하들은 태자파와 부인파 어느 쪽에 붙을 것인가 하고 동요하게 된다.

　21. 임금이 겁이 많고 일정한 신념이 없다. 즉 짐작은 하면서도 결단을 내리지 못하고, 해야 되겠다고 생각만 할 뿐 실천을 못한다.

　22. 임금이 망명해 있는데 그 사이에 반대 세력이 새 임금을 세운다. 또는 태자가 다른 나라에 인질로 가 있는 동안 임금이 태자를 바꿔 버린다. ──이리하여 국내에 두 세력이 대립하게 된다.

　23. 대신(大臣)에게 모욕을 주어 자존심을 상하게 한다. 또는 백성들에게 엄한 형벌을 더하고, 가혹한 사역(使役)에 시달리게 한다. 이처럼 상대에게 굴욕을 주어 노여움을 품게 하고도 이것을 당연한 것처럼 되풀이하면 반란을 꾀하는 자가 반드시 나타난다.

　24. 유력한 대신 두 사람이 서로 세력을 겨루며 양보하지 않는다. 쌍방에 다 같이 유력한 친척들이 많고, 서로가 당파를 만들어 외국의 원조를 받아 자기 세력을 키워 나가려 한다.

## 4. 輿論無視·好戰者

> 婢妾之言聽, 愛玩之智用, 外內悲惋, 而數行不法者可亡也.
> 簡侮大臣, 無禮父兄, 勞苦百姓, 殺戮不辜者可亡也.
> 好以智矯法, 時以私雜公, 法禁變易, 號令數下者可亡也.
> 無地固, 城郭惡, 無蓄積, 財物寡, 無守戰之備, 而輕功伐者可亡也.
> 種類不壽, 主數即世, 嬰兒爲君, 大臣專制, 樹羈旅以爲黨, 數割地以待交者可亡也.
> 太子尊顯, 徒屬衆强, 多大國之交, 而威勢蚤具者可亡也.
> 偏褊而心急, 輕疾而易動, 發心惜忿, 而不訾前後者可亡也.
> 主多怒而好用兵, 簡本敎而輕戰攻者可亡也.

**【解釋】** 비첩(婢妾)들의 말을 잘 듣고, 총애하는 자들의 지혜를 잘 채택하며, 나라 안팎이 비탄해 하는데도 자주 불법을 행하는 자는 망한다.

대신을 업신여기고 부형에 예(禮)가 없으며 백성을 괴롭히고 무고한 사람을 살육하면 망한다.

지혜로써 법을 고치기를 좋아하고 때때로 공사(公私)를 혼돈하여 법금(法禁)을 바꾸며 자주 호령(號令)을 내리면 망한다.

지리의 견고함도 없고 성곽도 허술하며, 축적도 없고, 재물도 적으며, 지키고 싸울 준비도 없이 가볍게 공벌(攻伐)을 하면 망한다.

대대로 수명이 짧아 임금이 자주 죽는 바람에 어린 임금 아래 대신이 전제(專制)하며 타국 사람을 세워 당을 만들며, 자주 영토를 떼어주면서도 외교의 힘만을 믿는 자는 망한다.

　태자가 두각을 나타내어 도속(徒屬)이 많고 강하며, 큰 나라와 사귐이 많아 일찍부터 그 위세가 갖춰져 있으면 망한다.

　편협하고 조급하며 경망(輕妄)해서 발작적으로 일을 저지르고 신경질적으로 앞뒤를 분별치 못하면 망한다.

　임금이 노여움을 잘 타 군사 쓰기를 좋아하며 농사를 소홀히 한 채 전쟁과 공격을 가볍게 알면 망한다.

【解説】 25. 여자들의 부탁을 무작정 들어주고 아첨하는 무리들의 말을 그대로 받아들여, 세상의 비난이 높아 가는데도 법에 벗어난 짓을 거듭한다.

　26. 대신을 모욕하고, 손윗사람에게 무례한 짓을 하며, 백성을 혹사하고, 무죄(無罪)한 사람을 사형에 처한다.

　27. 형편이 여의치 못하면 구실을 붙여 법을 굽히게 하며, 기회만 있으면 공적(公的)인 일에 사사로운 정(情)을 개입시킨다. 그 결과, 아침의 영(令)을 저녁에 고치고, 연달아 새로운 법령을 만들어 낸다.

　28. 원래 지리적인 혜택을 받지 못한 데다가, 성곽도 견고하지 못하고 물자의 축적도 없으며 생산 능력도 부족하다. 즉 오랜 전쟁을 견뎌 나갈 만한 힘이 없는데도 경거 망동해 싸움 걸기를 좋아한다.

　29. 임금의 집안이 대대로 단명(短命)하여 즉위한 뒤에 곧 죽고, 필경은 철없는 어린 임금이 즉위하게 된다. 이리하여 실권이 중신에게로 넘어간다. 이렇게 되면 그들은 자기들 마음대로 할 수 있게 하기 위해 다른 나라 사람을 등용시켜 파벌을 만든다. 그 결과, 특정된 나라와의 관계가 깊어져서 결국은 영토를 떼어주고 원조를 얻기에 이른다.

　30. 후계자인 태자의 명성이 높아짐에 따라 강력한 파벌이 생겨나, 큰 나라와 결탁하는 등, 일찍부터 태자의 세력이 강대해진다.

　31. 시야가 좁고 성질이 급해서 사소한 일로 쉽게 행동을 일으키고, 금새 발끈하여 화를 내며 앞뒤를 분간하지 못한다.

　32. 화를 잘 내는 데다가 전쟁을 즐기며, 근본인 농삿일에 힘쓰지 않고, 가볍게 군사를 움직인다.

## 5. 大臣의 抗爭・內殿의 混亂

> 貴臣相妒, 大臣隆盛, 外藉敵國, 內困百姓, 以攻怨讎, 而人主弗誅者可亡也.
>
> 君不肖而側室賢, 太子輕而庶子伉, 官吏弱而人民桀, 如此則國躁, 國躁者可亡也.
>
> 藏怒而弗發, 懸罪而弗誅, 使羣臣陰憎而愈憂懼, 而久未可知者可亡也.
>
> 出軍命將太重, 邊地任守太尊, 專制擅命, 徑爲而無所請者可亡也.
>
> 后妻淫亂, 主母畜穢, 外內混通, 男女無別, 是謂兩主, 兩主者可亡也.
>
> 后妻賤而婢妾貴, 太子卑而庶子尊, 相室輕而典謁重, 如此則內外乘. 內外乘者可亡也.

【解釋】 존귀한 신하들이 서로 시기하고 대신이 강해져서 밖으로 적국(敵國)을 등지고 안으로 백성을 괴롭히며 원수를 치는데도 임금이 벌을 주지 않으면 망한다.

임금이 착하지 못하고 측실이 어질며, 태자가 가볍고 서자가 강하며, 관리가 약하고 백성이 사납다. 이같이 되면 나라가 시끄럽고, 나라가 시끄러우면 망한다.

노여움을 품어도 망하지 않고, 죄를 씌워 놓고도 벌을 주지 않음으로써 뭇 신하들로 하여금 숨어서 미워하며 근심과 두려움을 더하게 하고 오래도록 갈피를 잡지 못하게 하면 망한다.

출군한 장수에게 준 권한이 너무 크고, 변지(邊地)의 태수에게 맡긴 소임이 너무 많아서, 혼자 결정을 내리고 멋대로 명령을 내리며 미리 허락을 받는 일이 없게 되면 망한다.

왕후가 음란하고, 태후가 지저분한 사람들을 가까이해 안팎이 섞이어 통하며 남녀가 구별이 없는 것을 양주(兩主)라고 부른다. 양주가 되면 망한다.

본부인이 천하고 첩이 귀하며, 태자가 낮고 서자가 높으며, 정승의 집이 초라하고 내시의 집이 좋으면, 이것은 안팎이 어긋난 것이다. 안팎이 어긋나면 망한다.

【解説】 33. 대신 고관(大臣高官)들이 기세를 부리며 서로 반목한 나머지, 마침내 다른 나라의 힘을 얻고 영내의 백성들을 움직여 사사로운 전쟁을 하는데도 처벌하지 않고 바라보고만 있다.

34. 임금보다도 그 형제가 인물이 뛰어나 있다. 태자에게 권위가 없고 다른 공자가 이에 대항하여 세력을 편다. 관리보다도 백성들이 더 강하다.──어느 경우에나 나라의 질서는 혼란에 빠진다.

35. 임금이 성을 내고도 아무런 조처를 취하지 않는다. 신하들의 죄가 뚜렷한데도 벌을 가하지 않는다. 따라서 신하들은 어떻게 되는 영문인지 갈피를 못잡아 혹은 근심하고 혹은 두려워하게 된다. 이런 식으로 임금이 신하들을 불안정한 상태에 빠뜨린다.

36. 군(軍) 지휘관이나 변경(邊境)에 있는 수비대장에게 큰 권한을 주어 임금과 아무 상의 없이도 멋대로 명령을 내릴 수 있게 한다.

37. 왕후와 태후가 다같이 음탕해서 난행(亂行)을 거듭하고 또한 이 때문에 내전에서 정치에 간섭을 하고 마침내는 왕후파와 태후파가 맞서게 되어, 이른바 주인이 둘인 상태를 출현시킨다.

38. 정실보다도 측실(側室)의 권세가 중하다. 태자보다도 서자 쪽이 더 존경을 받는다. 대신이 무시되고 측근이 실권을 잡는다. 이리하여 내전과 조정에 다같이 대립이 생긴다.

## 6. 大臣專橫 · 不當人事

> 大臣甚貴, 偏黨衆强, 壅塞主斷而重, 擅國者可亡也.
> 私門之官用, 馬府之世絀, 鄕曲之善擧, 官職之勞廢, 貴私行而賤公功者可亡也.
> 公家虛而大臣實, 正戶貧而寄寓富, 耕戰之士困, 末作之民利者可亡也.
> 見大利而不趨, 聞禍端而不備淺薄於爭守之事, 而務以仁義自飾者可亡也.
> 不爲人主之孝, 而慕匹夫之孝, 不顧社稷之利, 而聽主母之令, 女子用國, 刑餘用事者可亡也.
> 辭辯而不法, 心智而無術, 主多能而不以法度從事者可亡也.
> 新臣進而故人退, 不肖用事而賢良伏, 無功貴而勞苦賤. 如是則下怨. 下怨者可亡也.
> 父兄大臣, 祿秩過功, 章服侵等, 宮室供養太侈, 而人主弗禁, 則臣心無窮, 臣心無窮者可亡也.
> 公壻公孫與民同門, 暴傲其鄰者可亡也.

**【解釋】** 임금의 결단을 막을 만큼 대신의 권세가 심히 높고, 편당(偏黨)이 많고 강하여 나라를 마음대로 하게 되면 망한다.

　사문(私門)의 관리가 등용되고 공신(功臣)의 자손이 밀려나며, 향곡(鄕曲)의 착한 것이 알려지고 관직의 수고는 몰라주며, 사사로운 행동을 소중히 알고 공적인 일을 천하게 여기게 되면 망한다. 공가(公家)는 비어 있고, 대신의 집은 차 있으며, 전통 있는 집은 가난하고 뜨내기들이 잘 살며, 농민과 병사는 어렵게 지내고 하찮은 일을 하는 백성이 이익을 얻게 되면 망한다.

큰 이(利)를 보고도 달려가지 않고, 화(禍)의 조짐을 알고도 대비하지 않으며, 싸우고 지키는 일에는 어두우면서 인의의 가면을 쓰기에 급급한 자는 망한다.

임금으로서의 효도를 하지 않고 필부(匹夫)의 하는 일을 하며, 사직(社稷)의 이익을 돌보지 않은 채 주모(主母)의 명령에만 좇아 여자가 국정을 맡고, 내관들이 국사에 참여하면 망한다.

말은 잘하나 옳지 못하고, 마음은 슬기로우나 수완이 없으며, 임금으로 능한 것은 많으나 법도로써 일을 하지 않으면 망한다.

새 사람이 승진을 하고 옛사람이 물러나며, 어질지 못한 자들이 득세를 하고 현량(賢良)이 눌려 지내며, 공이 없는 사람이 귀하게 되고 일 많이 한 사람이 천하게 되면 아랫사람이 원망하게 되고, 아랫사람이 원망하게 되면 망한다.

부형과 대신의 작록이 공(功)보다 지나치며, 옷차림이 등급을 벗어나고 저택과 생활하는 것이 너무 사치스러운데도 임금이 금하지 않으면 신하의 마음에 절제가 없게 되며, 신하에게 절제가 없으면 망한다.

임금의 사위와 임금의 손자들이 백성들과 함께 살며, 그 이웃에게 냉정하고 거만하게 대하면 망한다.

【解說】 39. 대신의 권력이 지나치게 커 강력한 파벌을 이룩하고, 임금의 결재가 있기도 전에 마음대로 국정을 요리한다.

40. 대신을 비롯해 유력한 배경이 있는 신하만이 등용되고, 공신(功臣)들의 자제가 냉대를 받는다. 항간의 사소한 선행만이 표창을 받고, 관직에 있는 사람들의 노고는 평가되지 않는다. 즉 〈사적〉인 것이 존중되고, 〈공적〉인 것은 무시당한다.

41. 국가의 재정은 바닥이 나 있는데도 대신의 집에서는 돈을 주체 못한다. 호적이 있는 자기 나라 농민과 병사들은 혜택을 못받고, 이익을 찾아 떠돌아다니는 장사치와 하찮은 일에 종사하는 자들만 이익을 얻는다.

42. 전쟁에서 큰 이익을 눈앞에 놓고도 이를 못본 체하며, 화(禍)가 닥쳐올 것을 예측하면서도 대책을 세우지 않는다. 이같이 임금이 공격

에서나 수비에서나 별로 아는 것이 없으면서도 〈인의(仁義)〉에 의해 자신의 행동을 꾸미려 한다.

43. 임금이 임금으로서의 효도를 생각하지 않고, 일반 백성들과 같은 효도에만 사로잡혀 있다. 즉 국가의 이익을 앞세우지 않고 어머니인 태후의 말에 순종함으로써, 결과적으로 여자가 국정을 움직이게 되고 환관(宦官)들이 권력을 잡게 된다.

44. 말은 잘하나 〈법〉에 어긋나 있고, 총명하기는 하나 소중한 〈술(術)〉을 알지 못한다. 능력은 있으나 법에 의해 일을 이끌어나가지 않는다.

45. 고참(古參) 신하들이 푸대접을 받고 풋나기들이 승진을 한다. 우수한 인재가 배척을 당하고 무능한 자들이 실권을 잡는다. 실지로 수고하는 사람의 지위는 낮고, 공이 없는 사람이 높은 지위에 앉는다. 이리하여 밑에 있는 사람들의 원한이 쌓이게 된다.

46. 임금의 가까운 친족이나 대신들이 그들의 공로에 벗어난 높은 녹과 작위를 받고, 생활하는 모습이 분수에 벗어나게 사치스러운 데도 임금이 그것을 내버려둔다. 그 결과, 신하들의 욕망이 점점 그 한계를 벗어난다.

47. 임금의 사위나 손자가 민간(民間)에 살고 있을 경우, 그들이 배경을 내세워 이웃 주민들을 거만하게 대한다.

## 7. 機會를 주라

亡徵者, 非曰必亡, 言其可亡也. 夫兩堯不能相王, 兩桀不能相亡. 亡王之機, 必其治亂其强弱相踦者也. 木之折也必通蠹, 牆之壞也必通隙. 然木雖蠹, 無疾風

不折. 牆雖隙, 無大雨不壞. 萬乘之主有能服術行法,
以爲亡徵之君風雨者, 其兼天下不難矣.

【解釋】 망징이란 반드시 망한다는 뜻이 아니다. 그 가능성을 말한 것이다. 무릇 두 사람의 요 임금이 다 같이 왕이 될 수 없고, 두 사람의 걸을 똑같이 망하게 하지 못한다. 망하고 왕이 되는 것은 반드시 그 치란(治亂)과 강약에 따라 결정된다. 나무가 부러지는 것은 반드시 좀 먹은 곳에서 시작되고, 담이 무너지는 것은 반드시 벌어진 틈에 의해서 된다. 그러나 나무가 비록 좀 먹어도 강풍이 없이는 부러지지 않고, 담에 비록 틈이 가도 호우가 없으면 무너지지 않는다. 능히 술을 알고 법을 행하는 만승의 임금이 이들 망징 있는 임금에게 비바람이 된다면 천하를 통일하기도 어렵지 않다.

【解説】 이상은 망국(亡國)의 조짐(兆朕), 즉 〈망징(亡徵)〉을 열거한 것이다. 망징이란 그것이 나타났다고 해서 반드시 망한다는 뜻은 아니다. 다만 망할 가능성이 있다는 것이다.
　우리가 생각해 볼 때, 저 성왕(聖王)인 요(堯)가 가령 같은 시대에 두 사람이 있었다고 한다면 어느 누가 왕이 되었을지 알 수 없는 일이다. 또 못된 임금으로 유명한 걸(桀) 시대에 그와 같은 사람이 둘 있었다고 한다면 어느 쪽이 망하게 되었을지 모른다. 누가 왕이 되고 누가 망하고 하는 것은, 각각 그들의 정치와 세력의 정도에 따라 결정지어지는 상대적인 문제에 불과하다.
　벌레먹은 나무는 부러지게 마련이고 틈이 벌어진 담은 무너지게 마련이다. 그러나 아무리 벌레가 속을 먹고 틈이 크게 벌어져 있더라도, 그것은 부러지고 무너지고 할 가능성을 지니고 있을 뿐, 그것이 실지로 부러지고 넘어지려면 강풍을 맞는다든가 호우가 내린다든가 하는 하나의 계기가 필요한 것이다.
　따라서 법술을 몸소 체득한 대국의 임금이 이들 망징이 나타난 나라에게 강풍을 불어넣거나 호우를 쏟는다면 천하를 손에 넣는 일쯤은 어렵지 않은 것이다.

『이병편』에서 『오두편』까지, 한비 사상의 근본은 논문체 문장으로 되어 있는데, 이 『망징편』은 전혀 다른 경향의 문장이다. 즉 망국의 조짐으로 한비가 인정하고 있는 상황을 아무런 논평 없이 47개 항목에 걸쳐 열거함으로써, 읽는 사람으로 하여금 전혀 뜻밖의 취향을 지니게 한다.

하기야, 같은 식의 필치가 지금까지 전혀 없었던 것은 아니다. 예를 들면 『세난편』에서 설득하기 어려운 점을 열몇 개 항으로 나열한 부분은 분명 『망징편』과 통하는 점이 있다. 이것은 단순한 형식의 문제가 아니라 한비의 사고법(思考法)을 풀이하는 하나의 열쇠가 되지 않을까 한다. 즉 법술이라는 이론적 근거를 가지고 있으면서 어디까지나 구체적인 예에 의해 그것을 전개해 나가는 것이 그의 강점이 되어 있다. 말하자면 〈공리 공론(空理空論)〉과는 정반대인 실리 실론(實理實論)인 것이다. 그리고 그러한 한비류(韓非流)의 사고법이 이렇듯 색다른 문장을 남긴 것이리라. 일종의 박력과 나아가서는 〈미(美)〉까지도 그곳에서 풍겨 나오고 있어, 논문체와는 다른 독특한 설득력을 지니게 된다. 번역에서 어느 정도 표현이 되었는지는 알 수 없으나, 어떤 이는 굴원(屈原)의 《초사(楚辭)》와 그 아름다움을 비기기도 한다는 것을 염두에 두기 바란다.

# 備內篇

사람을 믿어서는 안 된다. 특히 가까이 있는 사람에게 속을 주어서는 안 된다. 그것이 여자일 경우 더욱 그렇다. 정실이 됐든 측실이 됐든 가까이하고 있는 여자들은, 실은 그대들 임금이 죽기를 바라고 있다. 그것은 무엇 때문인가. 한비(韓非)는 냉혹하게 인간의 일면을 그려내어 임금들에게 경고하고 있다. "안을 방비하라."고.

"남자는 쉰 살에도 여전히 색(色)을 좋아하는데, 여자는 서른이면 고운 얼굴이 시들어 버린다."

"미워하는 곳을 대비하나, 화는 사랑하는 곳에 있다."

## 1. 임금은 사람을 믿지 마라

人主之患在於信人. 信人則制於人. 人臣之於其君, 非有骨肉之親也. 縛於勢而不得不事也. 故爲人臣者, 窺覘其君心也, 無須臾之休. 而人主怠傲處其上. 此世所以有劫君弑主也.

爲人主而大信其子, 則姦臣得乘於子以成其私. 故李兌傅趙王而餓主父. 爲人主而大信其妻, 則姦臣得乘於妻以成其私. 故優施傅驪姬殺申生而立奚齊. 夫以妻之近與子之親, 而猶不可信, 則其餘無可信者矣.

且萬乘之主, 千乘之君, 后妃夫人適子爲太子者, 或有欲其君之蚤死者. 何以知其然. 夫妻者, 非有骨肉之親也. 愛則親, 不愛則疏. 語曰, 其母好者, 其子抱. 然則其爲之反也, 其母惡者, 其子釋. 丈夫年五十而好色未解也, 婦人年三十而美色衰矣. 以衰美之婦人, 事好色之丈夫, 則身見疏賤而疑子不爲後. 此后妃夫人之所以冀其君之死者也. 唯母爲后而子爲主, 則令無不行, 禁無不止, 男女之樂, 不減於先君, 而擅萬乘不疑. 此鴆毒扼昧之所以用也.

故桃左春秋曰, 人主之疾死者, 不能處半. 人主弗知, 則亂多資. 故曰, 利君死者衆, 則人主危.

【解釋】 임금의 근심은 남을 믿는 데 있다. 남을 믿으면 남에게 지배당한다. 신하는 임금과 골육 관계가 있는 게 아니다. 형세에 얽매여 마지못해 섬기는 것이다. 그러므로 신하는 그 임금의 마음 엿보기를 잠시도 게을리하는 일이 없다. 그런데도 임금은 게으름을 피우며 그 위에 앉아 있다. 이래서 세상에는 임금을 누르고 임금을 죽이고 하는 것이다.

임금이 지나치게 아들을 믿으면 간악한 신하는 아들과 손을 잡고 자기 욕심을 채우게 된다. 그러기에 이태는 조왕의 스승으로 있으면서 주부[武靈王]를 굶어 죽게 했다. 임금이 지나치게 그 아내를 믿으면 간신은 아내를 업고 자기 욕심을 이루게 된다. 그러기에 우시는 여회를 가르쳐 신생을 죽이고 해제를 세우게 했다. 아내처럼 가깝고 자식처럼 친한 사이도 오히려 믿어서는 안 되거늘 그 밖에 믿을 사람이 어디 있겠는가.

또 만승(萬乘)의 임금[天子]과 천승의 임금[諸侯]의 후비나 부인으로 맏아들이 태자가 될 수 있는 사람이면 그 임금이 빨리 죽기를 바라는 경우가 있다. 무엇으로 그렇다는 것을 알 수 있는가. 아내란 골육의 친분이 있는 것이 아니다. 사랑하면 친하고 사랑하지 않으면 멀어지게 된다. 말에 이르기를 〈그 어미가 좋으면 그 아들이 안긴다.〉고 했다. 그것을 뒤집으면 〈그 어미가 미우면 그 아들이 버려진다.〉는 것이 된다. 남자는 쉰 살에도 여전히 색을 좋아하는데 여자는 서른이면 고운 얼굴이 시들어 버린다. 그런 부인이 남편을 섬기면 자연 사이가 멀어지게 되어 아들이 뒤를 잇지 못할까 의심을 갖게 된다. 이에 후비나 부인이 그 임금의 죽음을 바란다. 어머니는 후(后), 아들은 임금이 되면 명령이 이행되지 않는 것이 없고, 금하면 그치지 않는 것이 없으며, 남녀의 즐거움은 전(前) 임금에 덜하지 않고, 나라를 마음대로 해도 의심받지 않으니, 이래서 짐독(鴆毒)을 써서 죽이게 되는 것이다.

그러므로 《도좌춘추》에 말하기를 "임금으로서 병들어 죽은 사람은 반도 되지 않는다."고 했다. 임금이 알지 못하는 사이에 난(亂)의 바탕이 이루어진다. 그러므로 이르기를 "임금의 죽음을 이로워하는 사람이 많으면 임금은 위태롭다."고 했다.

【解説】 임금이 남을 믿는다는 건 해로운 일이다. 남을 믿으면 자신이 남에게 눌리게 된다.

그것은 신하가 임금과 핏줄로 맺어진 것이 아니라, 다만 임금의 권위에 눌려 마지못해 복종하고 있기 때문이다. 따라서 신하는 언제나 임금에게 끼어들 기회만 엿보고 있지만, 무관심한 임금은 그런 신하들을 버려두고 있다.

이 때문에 임금은 지위를 위협당하기도 하고 살해당하게도 되는 것이다.

임금이 아들을 덮어놓고 믿을 경우에 속 검은 신하는 그 아들을 이용하여 사욕을 채우려 든다. 이태(李兌)가 조(趙)나라 혜문왕(惠文王)을 섬기면서 그 아버지 무령왕(武靈王)을 굶어 죽게 만든 예가 그것이다.

임금이 왕비를 덮어놓고 믿을 경우에도 역시 그 왕비를 이용해서 사욕을 채우려 든다. 우시(優施)가 진헌공(晋獻公)의 총희인 여희(驪姬)를 섬기면서 태자 신생(申生)을 죽이고 여희의 아들 해제(奚齊)를 대신 세웠던 예가 그것이다.

　이렇듯 임금은 자기 부인과 아들까지도 믿어선 안 된다. 하물며 달리 또 믿어도 좋을 사람이 어디 있겠는가.

　뿐만 아니라 다른 사람 아닌 왕후 자신이, 자기 남편인 임금이 빨리 죽기를 바라고 있을지도 알 수 없는 일이다. 나라가 크건 작건 나라에 뒤를 이을 사람이 서게 되었을 경우 이런 위험성이 생기게 된다.

　그 이유는 무엇일까.

　아내란 원래가 핏줄에 의해 남편과 맺어진 것이 아니기 때문이다. 사랑을 받는 동안은 가까이 지내게 되지만 싫어지게 되면 그것으로 끝장이 난다. 즉〈어미가 사랑을 받을 때 그 아들은 아비의 품에 안긴다.〉는 속담 대로라고 할 수 있다.

　바꿔 말하면,〈어미가 미움을 받으면 그 아들도 아비에게 버림을 당한다.〉는 뜻이다.

　다시 부연하면 남자란 쉰이 되어도 색(色)을 좋아하는 데는 변함이 없지만 여자는 서른만 되면 어여쁜 빛이 시들어지게 마련이다. 그 시들어진 얼굴로는 아무래도 색을 좋아하는 남편의 마음을 끌 수가 없으므로 아내는 차츰 시기심을 일으키게 되고, 드디어는

　"내 아들이 뒤를 잇지 못하게 되지는 않을까……."

하고 조바심을 갖게 되는 것이다. 이런 이유로 정실 부인과 측실은 임금이 죽기를 바라게 된다.

　아내로서는 자기가 낳은 아들이 임금 자리에 앉기만 하면 모든 것이 뜻대로 된다. 하고 싶은 것은 무엇이고 명령할 수 있다. 싫은 것은 무엇이고 못하게 할 수 있다. 남녀의 즐거움은 남편이 죽은 뒤에도 전과 다름없이 즐길 수 있다. 나라 전체를 자기 마음대로 움직여도 누구 한 사람 시비하지 못한다. 따라서 끝내는 독약을 먹이고 암살하는 집안 소동을 일으키게 되는 것이다.

　그래서《도좌춘추*(桃佐春秋)》에도 "올바른 죽음을 한 임금은 전체의 반도 되지 않는다."고 써 있는 것이다. 임금들이 이것을 깨닫지 못

하는 한, 집안 소동의 실마리는 끊이지 않을 것이다.

그러므로 임금은 "임금의 죽음으로 이익을 얻는 사람이 많을수록 그 임금이 위태롭다."는 말을 명심해 둬야 한다.

〔註釋〕 *桃佐春秋 《春秋》의 一種인 데 現存하지 않는다.

## 2. 禍는 사랑하는 者로부터

故王良愛馬, 越王句踐愛人, 爲戰與馳. 醫善吮人之傷, 含人之血, 非骨肉之親也, 利所加也. 故輿人成輿, 則欲人之富貴, 匠人成棺, 則欲人之夭死也. 非輿人仁而匠人賊也. 人不貴則輿不售, 人不死則棺不買. 情非憎人也. 利在人之死也.

故后妃夫人太子之黨成, 而欲君之死也, 君不死, 則勢不重. 情非憎君也. 利在君之死也. 故人主不可以不加心於利己死者. 故日月暈圍於外, 其賊在內. 備其所憎, 禍在所愛.

是故明主不擧不參之事, 不食非常之食. 遠聽而近視, 以審內外之失, 省同異之言, 以知朋黨之分. 偶參伍之驗, 以責陳言之實, 執後以應前, 按法以治衆, 衆端以參觀. 士無幸賞, 無踰行. 殺必當, 罪不赦. 則姦邪無所容其私矣.

【解釋】 왕량이 말을 사랑하고 월왕 구천이 사람을 사랑하는 것은 싸움을 하고 달리는 것 때문이며, 의원이 흔히 상처를 빨고 남의 피를 머금는 것은 골육의 친함이 있어서가 아니라 이익이 더해지기 때문이다. 그러므로 수레를 만드는 사람은 사람들이 부귀하기를 바라고, 널 짜는 사람은 사람들이 일찍 죽기를 원한다. 수레 만드는 사람이 착하고 널 짜는 사람이 악해서가 아니다. 사람이 귀(貴)해지지 않으면 수레가 팔리지 않고 사람이 죽지 않으면 널을 사지 않는다. 사람을 미워하는 감정 때문이 아니라 이익이 사람의 죽음에 있기 때문이다.

그러므로 후비와 태자의 당파가 생겨나서 임금이 죽기를 바라는 것은, 임금이 죽지 않으면 세력이 더해지지 않기 때문이다. 감정이 임금을 미워하는 것이 아니라 이로움이 임금의 죽음에 있는 것이다. 그러므로 임금은 자기의 죽음을 이익으로 할 사람에게 주의하지 않으면 안 된다. 해와 달이 밖으로 무리를 짓지만 그 적은 안에 있는 것으로, 미워하는 곳을 대비하나 화는 사랑하는 곳에 있다.

이런 까닭에 어진 임금은 드러나지 않은 일은 들먹이지 아니하며, 떳떳하지 않은 음식은 먹지 아니하고, 멀리 듣고 가까이 보아 안과 밖의 잘못됨을 살피며, 말의 서로 같고 다름을 살펴 붕당(朋黨)의 나누임을 안다. 참오(參伍)의 경험에 맞추어 보아 말한 것이 참된가를 따지고, 행동과 말을 비교해 보며, 법에 비추어 뭇 사람들을 다스려, 일체를 직접 살핀다. 부하들에게 요행스런 상이 없게 하고 벗어난 행동을 못하게 한다. 죽일 놈만 반드시 죽이고 죄를 용서하지 않는다. 그러면 간악과 사특이 발 들일 곳이 없게 된다.

【解説】 수레 잘 몰기로 유명한 왕량(王良)은 말을 사랑했고 월왕(越王) 구천(句踐)은 사람을 사랑했다. 말은 달리고 사람은 싸우기 때문이다. 의사가 환자의 상처를 빨고 피를 입에 머금는 것은 육친의 애정이 우러나서가 아니라 다만 돈을 더 벌 수 있기 때문이다.

수레를 만드는 사람은 사람들이 부자가 되기를 바라고, 널을 짜는 사람은 사람들이 빨리 죽기를 바라는 것 역시 같은 이치다. 앞사람이 착하고 뒷사람이 악해서 바라는 바가 다른 것은 아니다. 다만 부자가 되지 않으면 수레를 살 수가 없고 죽지 않으면 널을 사 주지 않기 때문이다. 사람을 미워해서가 아니라 그래야만 자신이 이익을 얻기 때문이다.

후비와 태자의 파(派)가 나뉘게 될 때 그들이 임금이 죽기를 바라는 것도 그가 죽지 않으면 자기들의 세력이 뻗어나가지 못하기 때문이다. 임금을 미워하는 것이 아니라 그것이 자기들의 이익이 되기 때문이다.

따라서 임금이 경계해야 할 것은 자기가 죽을 경우 이익을 얻게 될 사람들이다. 아무리 바깥 도둑을 경계한다 해도 도둑은 안에 있고, 미운 자들만을 조심해 본들 화는 오히려 아끼는 자들로부터 생기기 때문이다.

이런 까닭에 현명한 임금은 확증이 없는 것은 문제삼지 않으며 늘 먹는 음식 외에는 입에 대지 않는다. 또한 먼 사람의 말에 귀를 기울이고 가까운 사람의 행동을 살펴, 신하가 어느 곳에 있든 항상 그의 수상한 점을 그냥 지나치는 일이 없도록 한다.

나아가 말이 서로 어긋나는 점을 살펴 신하들의 파벌을 찾아내고, 신하들이 임금 앞에서 한 말과 그들이 행한 결과를 비교함으로써 사전에 책임 없는 말을 함부로 하지 못하게 하는 한편, 일단 한 말에 대해서는 그 결과가 항상 일치하도록 만든다. 그 기준은 법에 의지함으로써 신하를 통솔할 수 있다. 그리하여 우연히 요행수로 얻어진 성과에 상을 주는 일이 없으며 직책에서 벗어난 행동은 마땅히 문책하지만 공평하여 죄인이 도망치지 못하도록 해야 한다.

이렇게 하면 간교한 무리들의 사욕을 억제할 수 있다.

『이병편』에서 신하를 본 한비의 눈은 다시 그 날카로운 시선을 임금의 처첩에게로 돌렸다. 너무 가까이 있는 사람에게는 아무래도 경계를 게을리하기 쉽다. 남이 아니라는 그런 착각에 빠지기 때문이다. 그러나 실상 가까이 있는 사람일수록 한번 그의 그릇됨이 있으면 미치는 해독이 크다. 그래서 한비는 특히 이『비내편』을 따로 만들어 임금에게 경고했다.

하나, 한비가 임금의 아내 그 자체를 특별히 나쁘다고 말하는 것은 아니다. 의사나 목공과 마찬가지로 임금의 아내 역시 자기 이익에 따르뿐이란 것을 말한 것 뿐이다. 한비는 사람이 이기심에 의해서만 움직인다고 생각한 것이다. 나쁘다면 인간 모두가 다 나쁜 것이다.

　이러한 인간관(人間觀)은 순자(荀子)의 〈성악설(性惡說)〉의 영향을 받은 것으로 보인다. 그것은 아마도 한비가 순자에게 배운 적이 있다고 전해져 오기 때문일까.

　그러나 한비와 순자는 인간관에 많은 차이점이 있다.

　분명 순자는 〈인간의 성품은 악하다.〉고 말하고 있다. 이 점에서는 인간이 자기를 위해서만 행동한다는 한비와 큰 차이가 없다.

　그러나 순자가 말하고 싶은 것은 그것만은 아니다.

　〈어떤 범상한 사람이라도 착한 일을 쌓아 그것을 완전히 몸에 담게 되면 성인(聖人)이 된다.〉

　순자는 이 말이 하고 싶은 것이다. 그의 말에 따르면, 결국 인간의 타고난 성질은 악한 것이지만 노력에 따라서는 선(善)으로 바뀔 수가 있다는 것이다. 그러므로 사람을 교화(敎化)시키는 것이 필요하다는 것이다.

　이 점에서는 한비는 전연 견해를 달리한다. 인간을 선으로 이끈다는 것에 한비는 생각조차 없다. 중요한 것은 인간은 현실적으로 욕망에 의해서만 움직이므로 이에 대한 대책을 강구하는 일이다. 그 대책이 법술(法術)인 것이다. 한비의 목적은 군주에 의한 백성이 통치였을 뿐 백성의 교화는 아니었다. 이 점이 또한 유가(儒家)의 덕치주의(德治主義)와 반대되는 견해이기에 《한비자》는 유가에게 이단시(異端視)되는 것이다.

　한편 원문의 『비내편』은 좀 더 긴 것이지만 마지막 삼분의 일 정도는 뒤섞여진 글이 들어 있기도 하고 이론의 줄거리가 일관성이 없기 때문에 여기서는 생략해 버렸다.

# 説林 上篇

　옛날의 일화(逸話)나 사화(史話) 등을 추려 모은 것이다. 재치가 넘쳐 흐르는 경쾌한 단문(短文)들이 많아, 한비(韓非)의 재주가 다방면인 것을 보여주고 있다. 곳곳에 날카로운 익살과 비평 명언들이 빛나고 있다. 논문과는 다른 종류의 노작(勞作)이다. 〈설림〉이란 이야기의 숲이란 뜻으로 곧 설화집이란 말이다.

　"이익이 있는 곳에서는 모두 맹분과 전저가 된다."
　"모든 일이 뒤에 다시 고쳐 할 수 있다면 실패가 적다."
　"훌륭했던 관중도 포숙의 도움을 기다려야만 했다."

## 1. 紹 介

> 　子圉見孔子於商太宰. 孔子出. 子圉入請問客. 太宰曰, 吾已見孔子, 則視子. 猶蚤蝨之細者也. 吾今見之於君. 子圉恐孔子貴於君也. 因謂太宰曰, 君已見孔子, 君亦將視子猶蚤蝨也. 太宰因弗復見也.

【解釋】 자어가 공자를 상의 태재에게 보였다. 공자가 가자 자어가 들어가 손으로 청하겠느냐고 물었다. 태재가 말했다. "공자를 보다 그대를 보니, 벼룩과 이처럼 작게 보인다. 내 곧 임금에게 그를 만나게 하리라." 자어는 공자가 임금에게 소중히 되는 것이 두려웠으므로 이렇게 태재에게 말했다. "임금이 공자를 보시면 임금 또한 당신을 벼룩이나 이처럼 보시게 될 것이오." 태재는 그래서 공자를 임금께 보이지 않았다.

【解説】 자어(子圉)가 송(商)나라 대신에게 공자(孔子)를 소개했다. 공자가 돌아간 뒤에 자어는 대신에게로 가서 공자를 만난 인상을 물었다. 그러자 대신은
"공자를 만나고 나서 당신을 보니, 당신이 마치 벼룩이나 이처럼 보이는구려. 내 곧 공자를 임금에게 소개할 생각이오."
자어는 공자가 자기보다 더 임금에게 중하게 쓰여질까 겁이 나서 이렇게 말했다.
"임금께서 공자를 만나 보시면, 이번에는 당신이 벼룩이나 이처럼 보이게 될 것이오."
이에 대신은 다시는 그런 생각을 품지 않았다.

## 2. 相對의 弱點

> 子胥出走, 邊候得之. 子胥曰, 上索我者, 以我有美珠也. 今我已亡之矣. 我且曰子取吞之. 候因釋之.

【解釋】 자서가 달아나다가 변경의 척후에게 잡혔다. 자서는 말했다.

"위에서 나를 찾는 것은, 내게 아름다운 구슬이 있기 때문이다. 지금 나는 그것을 잃어버렸다. 잡히면 나는 그대가 앗아 삼켰다 하리라."고 했다. 척후는 곧 풀어 주었다.

【解説】 오자서(伍子胥)가 초나라에서 망명해 나올 때, 국경에서 경비 중인 군사에게 잡혔다. 자서는 얼른

"임금이 나를 쫓고 있는 것은 내가 보석을 가지고 있기 때문이다. 그러나 오다가 그것을 잃어버리고 말았다. 만일 나를 잡으면, 네가 그것을 앗아 입으로 삼켰다고 말할 테다."

하고 위협을 했다. 경비병은 겁이 나서 자서를 놓아 보냈다.

## 3. 強敵의 除去法

> 嚴遂不善周君, 周君患之. 馮沮曰, 嚴遂相, 而韓傀貴於君. 不如行賊於韓傀. 則君必以爲嚴氏也.

【解釋】 엄수는 주군과 사이가 좋지 못했다. 주군은 걱정이었다. 풍저가 말했다. "엄수는 재상이지만 임금에게 신임받는 것은 한괴요. 한괴를 해치는 것이 득책입니다. 그러면 임금은 반드시 엄씨가 해쳤다고 생각할 거요."

【解説】 주군(周君)은 한(韓)나라 엄수(嚴遂)와 사이가 좋지 않아 항상 엄수를 해치려 했다.

그를 안 풍저(馮沮)가 이렇게 주군을 깨우쳐 주었다.

"엄수는 한나라 재상이오. 그런데 한나라 임금은 한괴(韓傀)란 인물

을 엄수보다도 더 소중하게 알고 있소. 그러니까 먼저 한괴를 암살하시오. 그러면 한왕은 엄수가 한 짓으로 생각하고 엄수를 퇴치하게 될 것입니다."

## 4. 그 꾀엔 속지 않는다

> 曾從子善相劍者也. 衛君怨吳王. 曾從子曰, 吳王好劍. 臣相劍者也. 臣請爲吳王相劍, 拔而示之, 因爲君刺之.
> 衛君曰, 子爲之是也, 非緣義也, 爲利也. 吳强而富, 衛弱而貧. 子必往, 吾恐子爲吳王用之於我也. 乃逐之.

【解釋】 증종자는 칼을 잘 감정하는 사람이었다. 위나라 임금은 오나라 왕을 원망하고 있었다. 증종자가 말했다. "오나라 왕이 칼을 좋아하는데, 신은 칼을 감정하는 사람입니다. 신이 청컨대 오왕 앞에서 칼을 감정하여 뽑아 보이며, 그 기회에 임금을 위해 찌르겠습니다." 위나라 임금이 말했다. "그대의 그런 생각은 의리를 위해서가 아니고 이익을 위해서다. 오나라는 부강하며, 위나라는 빈약하다. 그대가 만일 그리로 가서 이번에는 오왕을 위해 내게 그 꾀를 쓰게 될까 두렵다." 하고 곧 쫓아 버렸다.

【解說】 증종자(曾從子)는 칼을 잘 공정하기로 이름이 나 있었다. 그는 위(衛)나라 임금이 오(吳)나라 왕에게 원한을 품고 있는 것을 알고, 위나라 임금에게 이런 안을 제시했다.

"오왕은 칼을 좋아하나 칼을 볼 줄 모릅니다. 신은 칼을 감정하는 데는 자신이 있습니다. 신을 오나라 임금에게 보내 주십시오. 그러면 오나라 임금 앞에서 칼을 뽑아 감정하는 척하고 임금을 대신해 원수를 갚아 드리겠습니다."
그러나 위나라 임금은 한 마디로 거절하고 그를 쫓아 버렸다.
"그대가 그런 생각을 하게 된 것은 충의를 위해서가 아니고 자신의 이익을 위해서일 것이다. 오나라는 부강한 나라요, 우리 위나라는 빈약한 나라다. 그대가 오나라로 갔다가, 이번엔 오나라 임금을 위해 그런 수법을 내게 쓸 것이 두렵다."

## 5. 지나치게 알고 있는 사람

> 紂爲長夜之飮. 懼以失日. 問其左右盡不知也. 乃使問箕子. 箕子謂其徒曰, 爲天下主而一國皆失日, 天下其危矣. 一國皆不知而我獨知之, 吾其危矣. 辭以醉而不知.

【解釋】 주왕은 밤새워 술 마시기를 즐기다가 날 가는 걸 잊었다. 그 좌우에게 물었으나 모두 알지 못했다. 그래서 기자에게 물었다. 기자는 자기 부하들에게 말했다. "천하의 주인이 되어 온 조정이 날 가는 것을 잊었으니 천하가 위태로울 것이다. 온 조정이 다 알지 못하는 것을 나 홀로 알면 나도 위태할 것이다." 그러고는 취해 알지 못한다고 거절했다.

【解説】 은(殷)나라 주(紂)왕은 밤을 새워 가며 잔치를 벌이고 즐겨 노는 바람에 날이 가는 것도 모르고 있었다. 어느 날 "오늘이 며칠이냐."

하고 옆에 있는 신하에게 물었으나 누구 한 사람 아는 사람이 없었다. 그래서 기자(箕子)에게로 사람을 보내 물어 보게 했다. 기자는 가신(家臣)들을 돌아보며 이렇게 말했다.

"천하의 주인으로 있으면서, 온 나라가 날 가는 걸 모르고 있었으니, 이래 가지고는 천하를 보존하지 못한다. 온 나라가 다 모르는 것을 나 혼자 알고 있다면, 내 몸이 위태롭다."

그래서 자신도 술이 취해 날을 모른다고 사자에게 대답해 보냈다.

## 6. 慾心은 눈을 어둡게 한다

> 衛人嫁其子而敎之曰, 必私積聚. 爲人婦而出常也.
> 其成居幸也. 其子因私積聚. 其姑以爲多私, 而出之.
> 其子所以反者, 倍其所以嫁. 其父不自罪於敎子非也,
> 而自知其益富. 今人臣之處官者, 皆是類也.

【解釋】 위나라 사람이 그 딸을 시집보내며 가르쳐 말했다. "반드시 몰래 쌓아 모아라. 남의 며느리가 되어 쫓겨나는 것은 보통이고, 제대로 사는 것은 다행한 일이니까." 그 딸이 그 말을 따라 몰래 쌓아 모았다. 그 시어미가 숨김이 많다 하여 쫓아내었다. 그 딸이 가지고 돌아온 것은 시집갈 때 가지고 간 것의 배나 되었다. 그 아비는 자식을 잘못 가르친 것을 스스로 허물하지 않은 채 그 재물이 불게 된 것을 스스로 지혜롭다 했다. 지금 신하로서 벼슬에 있는 자는 모두가 이런 부류들이다.

【解說】 위(衛)나라의 어떤 사람이 그 딸을 시집보내면서 이렇게 가르

쳤다.

"할 수 있는 데까지 남몰래 재물을 모아야 한다. 남의 집 며느리가 되면 쫓겨나는 것이 보통으로 끝까지 눌러 있는 일은 드무니까 말이다."

딸은 시집에서 몰래 재물을 모으고 있다가 결국 탄로가 나서 시어머니한테 쫓겨나고 말았다.

그러나 딸이 집에 돌아올 때 가지고 돌아온 것은, 시집갈 때 가지고 간 것의 배나 되었다. 아버지는 딸에게 가르친 것이 잘못 되었음을 깨닫기는커녕 재산을 불리게 된 자신의 지혜를 자랑하였다.

오늘날 벼슬자리에 있는 사람들은 모두 이런 부류들이다.

# 説林 下篇

## 1. 利益이라면

> 鱣似蛇, 蠶似蠋. 人見蛇則驚駭, 見蠋則毛起. 漁者持鱣, 婦人拾蠶. 利之所在, 皆爲賁諸.

【解釋】 뱀장어는 뱀과 같고, 누에는 뽕나무 벌레와 같다. 사람이 뱀을 보면 놀라고, 뽕나무 벌레를 보면 소름이 끼친다. 고기잡이는 뱀장어를 주무르고, 부인은 누에를 기른다. 이익이 있는 곳에서는 모두 맹분과 전저가 된다.

【解説】 뱀장어는 뱀을 닮았고, 누에는 뽕나무 벌레와 비슷하다. 뱀을 보면 누구나 다 놀라고, 뽕나무 벌레를 보면 소름이 오싹 끼친다. 그런데도 고기잡이들은 손으로 뱀장어를 만지고, 여자들은 손으로 누에를 만진다.
  결국 이익이 된다면 누구나가 맹분(孟賁)과 전저(專諸)와 같은 용사가 된다.

## 2. 千里馬와 짐말

> 伯樂教其所憎者, 相千里之馬, 教其所愛者, 相駑馬. 千里之馬時一, 其利緩, 駑馬日售, 其利急. 此周書所謂下言而上用者也.

【解釋】 백락은 그가 미워하는 사람에게는 천리마 보는 법을 가르치고, 사랑하는 사람에게만 짐말 보는 법을 가르쳤다. 천리마는 어쩌다가 하나 있을 뿐으로 이익이 적으나 짐말은 날마다 팔리는 것이라 이익이 많았다. 이것이《주서》에 말한 바, "낮은 말로 높게 쓰인다."의 뜻이다.

【解說】 백락(伯樂)은 그가 미워하는 사람에게는 천리마 감정법을 가르치고, 마음에 드는 사람에게는 짐말의 감정법을 가르쳐 주었다.
천리마라는 것은 그렇게 흔하게 있는 것이 아니므로 감정하는 사람은 벌이가 적다. 그러나 짐말의 경우는 매일처럼 사고 팔기 때문에 벌이가 많게 된다. 이것이 바로《주서(周書)》에서 말한 "명색은 천해도 쓰이기는 크게 쓰인다."는 것이다.

## 3. 彫刻의 마음가짐

> 桓赫曰, 刻削之道, 鼻莫如大, 目莫如小. 鼻大可小, 小不可大也. 目小可大, 大不可小也. 舉事亦然. 爲其後可復者也, 則事寡敗矣.

【解釋】 환역이 말했다. "조각하는 도(道)는 큰 코만한 것이 없고, 작은 눈만한 것이 없다. 코가 큰 것은 작게 할 수 있으나 작은 코는 크게 하지 못한다. 눈이 작은 것은 크게 할 수 있으나 큰 눈은 작게 못한다." 고 했다. 모든 일이 다 그렇다. 그 뒤에 다시 고쳐 할 수 있다면 일에 실패가 적다.

【解説】 환혁(桓赫)은 이렇게 말했다.

"조각을 할 때에는, 코는 클수록 좋고 눈은 작을수록 좋다. 너무 큰 코는 작게 만들 수가 있지만, 너무 작은 코는 크게 할 수가 없다. 너무 작은 눈은 크게 만들 수 있지만, 너무 큰 눈은 작게 만들 수 없다."

다른 것도 역시 마찬가지다. 바로잡을 수 있도록 주의해 가며 행동하면 실패하는 일은 적다.

### 4. 富의 限界

> 桓公問管仲, 富有涯乎. 答曰, 水之以涯, 其無水者也. 富之以涯, 其富已足者也. 人不能自止於足而亡. 其富之涯乎.

【解釋】 환공이 관중에게 물었다. "부는 끝이 있는가?" 이렇게 답했다. "물의 끝은 곧 물이 없는 것이고, 부의 끝은 곧 그 부를 만족해 하는 것입니다. 사람이 능히 스스로 만족한 데 그치지 못하고 망하게 되니 그것이 부의 끝이라 할는지요."

【解説】 환공(桓公)이 관중(管仲)에게 물었다.

"부에도 한계가 있소?"
"물의 한계는 물 없는 것이 되고 부의 한계는 사람이 그것에 만족하는 것이 됩니다. 그런데 사람은 만족할 줄 모르고 부를 탐하여 마침내는 몸을 망칩니다. 어쩌면 이것이 부의 한계일지도 모릅니다."


## 5. 失敗보다는 뒷처리

> 宋之富賈, 有監止子者. 與人爭買百金之璞玉. 因佯失而毀之, 負其百金. 而埋其毁瑕, 得千溢焉. 事有擧之而有敗, 而賢其毋擧之者. 負之時也.

【解釋】 송나라 부상(富商) 중에 감지자란 사람이 있었다. 사람들과 함께 백 금의 박옥을 경매로 사게 되었다. 도중 짐짓 실수인 척 깨뜨리고 그 백 금을 물어 주었다. 그리고 그 깨진 홈을 없애어 순금 천 일을 얻었다. 일이란 하다가 실패가 있어도 하지 않는 것보다 나은 수가 있다. 책임지는 것을 제때 제때에 하는 것이다.

【解說】 송(宋)나라의 부자 중에 감지자(監止子)라는 자가 있었다. 어느 날 다른 상인들과 시가 백 금(金)의 박옥(珀玉)을 두고 경쟁이 붙었다. 이때 감지자는 짐짓 실수를 한 것처럼 원석을 떨어뜨려 한쪽 귀를 부스러뜨리고 말았다.
 그는 백 금을 물어 주고 그것을 차지한 다음, 떨어져나간 곳을 깨끗이 갈아 없앴다. 그리고 천 금이 넘는 거금에 그것을 팔았다.
 일반적으로 무엇인가 하다가 실패를 보더라도 아무것도 하지 않고 있는 것보다 나은 경우가 있다. 감지자와 같이 때맞추어 책임을 진 경우가 그것이다.

## 6. 이들의 團結

> 三虱食彘相與訟. 一虱過之曰, 訟者奚說. 三虱曰, 爭肥饒之地. 一虱曰, 若亦不患臘之至而茅之燥耳, 若又奚患. 於是乃相與聚, 嘬其身而食之. 彘臞, 人乃弗殺.

【解釋】 세 마리의 이가 돼지의 피를 빨아먹으며 서로 다투었다. 이 하나가 지나가다가 물었다. "다투는 것은 무엇 때문이냐?" 세 마리의 이가 말했다. "살찐 곳을 다투고 있다." 그 이가 말하기를 "너희는 섣달에 짚불에 타는 것을 걱정하지 않고 무엇을 걱정하느냐." 했다. 그래서 다 함께 모여 돼지 몸뚱이를 빨아먹었다. 돼지는 여위었다. 그리하여 사람들은 돼지를 잡지 않았다.

【解說】 돼지에 붙어 있는 이(虱) 세 마리가 서로 말다툼을 하고 있었다. 그 옆을 지나가던 다른 이 한 마리가 물었다.

"뭘 가지고 그렇게 옥신각신하냐?"

"맛있는 곳을 서로 차지하려는 거다."

하고 이 세 마리가 대답했다.

"너희들은 섣달 제사 때가 되면, 사람들이 짚불을 피워 놓고 돼지를 통째로 구워 먹는 그 걱정은 하지 않고 무슨 딴 걱정들이냐?"

이 말을 듣자 싸움을 그만두고 함께 모여들어 돼지를 빨아먹기 시작했다. 이로 인해 돼지는 바싹 여위게 되고, 섣달 제사 때가 와도 사람들은 그 돼지를 잡아먹지 않았다.

## 7. 管鮑之交

> 管仲鮑叔相謂曰, 君亂甚矣. 必失國. 齊國之諸公子, 其可輔者, 非公子糾則小白也. 與子人事一人焉, 先達者相收. 管仲乃從公子糾, 鮑叔從小白.
> 國人果弑君. 小白先入爲君. 魯人拘管仲而效之. 鮑叔言而相之.
> 故諺曰, 巫咸雖善祝, 不能自祓也, 秦醫雖善除, 不能自彈也. 以管仲之聖, 而待鮑叔之助.

【解釋】 관중과 포숙이 서로 일러 말하기를 "임금의 어지러운 짓이 심하니 반드시 나라를 잃을 것이다. 제나라 여러 공자 중 도울 만한 사람은 공자 규와 소백뿐이다. 그대와 함께 각각 한 사람씩 섬기다가 먼저 잘된 사람이 서로 이끌어 주기로 하자." 관중은 곧 공자 규를 모시고 포숙은 소백을 모셨다.

 나라 사람들이 과연 임금을 죽였다. 소백이 먼저 들어가 임금이 되었다. 노나라 사람이 관중을 묶어 보냈으나 포숙의 도움으로 재상이 되었다.

 그러므로 속담에 말하기를 〈무당 함이 비록 빌기를 잘해도 제굿을 못하고, 진나라 의원이 비록 병을 잘 고쳐도 능히 스스로 침을 놓지 못한다.〉고 했다. 훌륭했던 관중도 포숙의 도움을 기다려야만 했다.

【解說】 관중(管仲)과 포숙(鮑叔)이 서로 상의했다.

 "임금이 저토록 행동이 난잡하니 언젠가는 나라를 잃게 될 것이다. 제(齊)나라 공자들 가운데서 장래를 기대할 수 있는 사람은 공자 규(糾)와 소백(小白)뿐이다. 우리 각각 한 사람씩 섬기고 있다가 먼저 출세하는 사람이 다른 사람을 끌어 주기로 하자."

 이리하여 관중은 공자 규를 섬기고, 포숙은 소백을 섬기게 되었다.

과연 그뒤 임금인 제희공(齊僖公)은 반란을 당해 죽고 소백이 먼저 들어가 임금이 되었다. 공자 규와 함께 노나라로 망명가 있던 관중은, 노나라에 의해 체포되어 제나라로 넘겨졌다. 그러나 포숙의 주선으로 재상이 되었다.

그러기에 이런 속담이 있다.

〈무당이 제 굿 못하고, 의원이 제 침 못 놓는다.〉

결국, 관중 같은 위대한 인물도 포숙의 도움이 있어야만 했던 것이다.

## 8. 죽는 것이 더 좋다

> 荊王伐吳. 吳使沮衛蹷融犒於荊師. 而將軍曰, 縛之, 殺以釁鼓. 問之曰, 汝來卜乎. 答曰, 卜, 卜吉. 荊人曰, 今荊將欲女釁鼓, 其何也.
>
> 答曰, 是故其所以吉也. 吳使臣來也, 固視將軍怒. 將軍怒, 將深溝高壘. 將軍不怒, 將懈怠. 今也將軍殺臣, 則吳必警守矣. 且國之下, 非爲一臣卜. 夫殺一臣而存一國, 其不言吉何也. 且死者無知, 則以臣釁鼓無益也. 死者有知也, 臣將當戰之時, 臣使鼓不鳴.
>
> 荊人因不殺也.

**【解釋】** 형왕이 오를 쳤다. 오는 저위와 궐융을 시켜 초의 군사를 위문케 했다. 장군이 말하기를 "묶어 죽여서 북에 피칠을 하리라." 하고, 그들에게 물었다. "너희들이 올 때 점을 쳤느냐?" 대답하기를 "점을 쳤는데 점이 좋았다." 했다. 형나라 사람이 말했다. "지금 형나라가 장

차 너희들을 죽여 북에 피칠을 하려는데도 좋으냐?"

이에 답하기를 "그런 까닭에 그것이 좋은 것이다. 오나라가 신들을 보내 온 것은, 원래 장군의 노함을 보려 한 것이다. 장군이 성을 내면 장차 해자를 깊이 하고 성을 높이 쌓을 것이며, 장군이 성을 내지 않으면 방비를 서두르지 않을 것이다. 이제 장군이 신을 죽이면 오나라는 반드시 조심해 지킬 것이다. 또 나라의 점은 한 신하를 위한 점이 아니다. 한 신하를 죽여 한 나라를 보존한다면, 그것을 좋다고 말하지 않고 어쩌겠는가? 죽은 사람에게 혼이 없다면 우리의 피로 북을 칠해야 유익함이 없을 것이며, 죽은 사람에게 혼이 있다면, 우리는 싸울 때에 북을 울지 않게 할 것이다." 했다.

형나라 사람은 그들을 죽이지 않았다.

【解説】 초나라 왕〔荊王〕이 오나라를 치게 되었는데 오나라에서는 저위(沮衛)와 궐융(蹶融)을 위문 사자로 초나라 진(陣)으로 보냈다. 초나라 장군은

"이 두 놈을 당장 묶어라. 죽여서 그 피를 북에 바르리라."
하고 두 사람을 묶어 달아매고 물었다.
"오나라는 점을 쳐 본 뒤에 너희들을 보냈으렸다?"
"그렇소."
"점괘가 좋다고 나왔더냐?"
"물론이지."
"죽은 다음, 피를 북에 바르는데도 좋단 말이냐?"
"그래서 좋은 것 아니오. 오나라가 우리를 보낸 근본 의도가 장군의 태도를 보기 위한 것. 장군이 노여워하면 오나라는 해자를 깊이 파고 성을 높이 쌓을 것이며, 장군이 성을 내지 않으면 서두르지 않을 것이오. 그러므로 우리들이 죽게 되면 오나라는 수비를 튼튼히 할 것이오. 또 나라에서 점을 치는 것은 한 신하를 위해서가 아니오. 한 신하가 죽음으로써 한 나라가 무사하다면 그보다 더 좋은 일이 또 어디 있겠소. 또 죽은 사람에게 혼이 없다면 그 피로 북을 발라 보아야 무슨 소용이 있겠소. 만일 혼이 있다면 막상 싸움이 시작되었을 때 우

리는 북이 울지 않도록 할 것이오."
이 말을 들은 초나라 장군은 두 사람을 죽이지 않았다.


## 9. 勝利의 機會

> 荊伐陳, 吳救之. 軍間三十里, 雨十日, 夜星. 左史
> 倚相謂子期曰, 雨十日, 甲輯而兵聚. 吳人必至. 不如
> 備之. 乃爲陳. 陳未成也而吳人至, 見荊陳而反. 左史
> 曰, 吳反覆六十里, 其君子必休, 小人必食. 我行三十里
> 擊之必可敗也. 乃從之, 遂破吳軍.

【解釋】 형나라가 진나라를 치자 오나라가 원병을 보냈다. 서로 삼십 리 떨어져 있었다. 비가 열흘 오다가 밤에 별이 보였다. 좌사 의상이 자기에게 말했다. "비 오는 열흘 사이에 갑옷이 준비되고 군사가 다 모였으니, 오나라 사람이 반드시 쳐들어올 것이오. 대비를 하는 것이 좋소." 이리하여 진을 쳤다. 역시 진을 다 치기도 전에 오나라 군사가 공격하러 왔으나 형나라의 진을 보고 돌아갔다. 좌사가 말했다. "오나라가 육십 리를 내왕했으니 그 장수들은 반드시 쉴 것이며 병졸들은 밥을 먹을 것입니다. 우리가 가는 것은 삼십 리니, 지금 치면 반드시 깨뜨리게 될 것입니다." 곧 뒤쫓아 드디어 오나라 군사를 깨뜨렸다.

【解說】 초〔荊〕나라가 진(陳)나라를 치게 되자, 오나라가 진나라를 도왔다. 초와 오 두 나라 군사는 삼십 리 간격을 두고 대치해 있었다.
　어느 날 밤, 열흘이나 계속되던 비가 개고 별이 보였다. 초나라 좌사

(左史) 의상(倚相)은 장군 자기(子期)에게 이렇게 말했다.

"열흘이나 비가 계속되는 동안, 오나라 군사는 준비를 갖추었을 겁니다. 오늘밤은 틀림없이 공격해 올 것이니 대비를 하고 있는 것이 좋을 겁니다."

그래서 초나라 군사는 진세를 바로잡고 있었는데, 과연 준비가 미처 끝나기도 전에 오나라 군사가 밀어 닥쳤다. 그러나 초나라 군사가 미리 대비하고 있음을 보고 그대로 돌아갔다.

그러자 좌사가 또 말했다.

"오나라 군사는 왕복 육십 리를 걷지 않으면 안 됩니다. 돌아가면 장수들은 쉬게 되고, 병사들은 밥을 먹게 될 것입니다. 한편 우리 쪽은 삼십 리만 걸으면 되므로 지금 곧 치게 되면 이길 것입니다."

그래서 초나라 군사는 오나라 군사를 뒤쫓아가 이를 쳐서 이겼다.

## 10. 信用이 重하다

> 齊伐魯索讒鼎. 魯以其贋往. 齊人曰, 贋也. 魯人曰, 眞也. 齊曰, 使樂正子春來. 吾將聽子. 魯君請樂正子春. 樂正子春曰, 胡不以其眞往也. 君曰, 我愛之. 答曰, 臣亦愛臣之信.

【解釋】 제나라가 노나라를 치고 참이란 솥을 요구했다. 노나라는 가짜를 가지고 가게 했다. 제나라 사람이 말했다. "가짜다." 이에 노나라 사람은 말했다. "진짜다." 제나라에서 말했다. "악정자춘을 보내 오라. 내가 장차 그에게 들으리라." 노군이 악정자춘에게 청했다. 악정자춘이 말했다. "어째서 진짜를 가지고 가지 않았습니까?" 임금이 말했

다. "아까워서다." 대답해 말했다. "신도 또한 신의 진실을 아낍니다."

【解説】 제나라는 노나라를 쳐서 이긴 다음 노나라의 국보(國寶)인 참(讒)이라는 솥(鼎)을 요구했다. 노나라는 가짜를 대신 보내 주었다.
　이를 알아차린 제나라에서는
　"이건 가짜가 아니냐?"
하고 따져 물었고, 노나라에서는
　"이건 진짜다."
하고 고집을 부렸다.
　"그렇다면 귀국의 악정자춘(樂正子春)을 데리고 오라. 그의 말이라면 믿겠다."
　노나라 임금은 악정자춘에게 적당히 거짓말을 해 줄 것을 부탁했다.
　"왜 참 물건을 가지고 가지 않았습니까?"
　악정자춘이 임금에게 물었다.
　"보내기가 아까워서."
　"신도 또한 신의 참됨을 아끼고 있습니다."

## 11. 사람을 죽이려면

> 闔廬攻郢, 戰三勝. 問子胥曰, 可以退乎. 子胥對曰, 溺人者, 一飲而止, 則無遂者. 以其不休也. 不如乘之以沈之.

【解釋】 합려가 영을 쳐서 싸워 세 번 이기고, 자서에게 물었다. "물

러나도 좋을까?" 자서가 대답했다. "물에 빠뜨린 사람을 한 번 물마시게 하고 그만두면 뜻을 이루지 못합니다. 그것은 쉬지 않음으로써 성공하는 것이니, 기회를 타서 빠뜨리는 것만 같지 못합니다."

【解説】 오왕 합려(闔廬)가 초나라 서울 영(郢)을 쳐서 세 번 싸워 세 번 이겼다. 오왕은 오자서(伍子胥)에게 물었다.

"이 정도로 그만두는 것이 어떨까?"

"안 됩니다. 사람을 물에 빠뜨려 죽이려면 한 번만 물을 먹게 하고 그만두어서는 실패합니다. 끝까지 내리누르고 있어야만 성공합니다. 지금 상대방이 약해진 기회를 타서 완전히 쳐부숴야 합니다."

한비가 자기 시대 이전의 학문이나 역사(歷史), 전기(傳記), 일화(逸話) 등을 더듬어 본다는 것은 쉬운 일이 아니었다. 도서관(圖書館) 은 말할 것도 없고, 종이라는 것도 없었으므로 자연 사전(辭典)이니 원고 지니 하는 것도 없었다. 글을 쓰는 어려움은 상상할 수조차 없는 일이었다. 따라서 한비의 설화집은 분명 이야기를 모은 것임에 틀림없으나 간단히 그렇게만 말할 수도 없다. 글쓰기가 어렵다는 것은 그만큼 생각할 시간이 많다는 것이 되며, 창조적인 요소가 강하게 된다. 아마도 한비는 이 이야기들을 머리 속에서 쌓아올리다가는 허물고, 허문 뒤에 다시 쌓아올리고 하며 신중하게 썼을 것이 틀림없다.

그러나 한비에게 있어 이 어려운 작업은 무슨 일이 있더라도 이룩해 내지 않으면 안 되었다. 한비는 그의 계책들을 군왕들에게 팔아 넘기지 않으면 안 되었다. 팔아 넘긴다고는 하지만 그야말로 목숨을 걸고 하는 일이었으므로, 오늘날 우리들이 대하는 유행 작가(流行作家)들의 어려움과는 다르다. 첫째로는 내용이 중요했고, 자신이 확신을 가지고 있는 것이 아니면 안 되었다. 그리고 둘째로 군왕들의 흥미를 끌지 않으면 안 된다.

그러기 위해서는 풍부한 실례(實例)와 증거가 필요하다. 각 경우마다 적절한 예를 들고 있는 데 한비 문장의 강한 설득력이 있다.

# 內儲說 上篇

『내저설』은 상과 하, 둘로 나눠져 있는데 상이 〈칠술(七術)〉이고 하가 〈육미(六微)〉다. 칠술, 즉 일곱 가지 방법이란, 『이병편(二柄篇)』에서 말한 임금이 신하를 조종하는 법으로, 일곱 가지 조목으로 나눈 다음 각각 신하를 속여 시험하는 구체적인 예를 몇 가지 더하고 있다. 여기서는 알기 쉬운 예를 골라 번역했다. 한편 〈저설(儲說)〉이란 〈간직해 둔 이야기〉란 뜻이다.

"사랑이 많으면 법이 서지 못하고, 위엄이 적으면 아랫사람이 윗사람을 침범한다."

"상과 명예가 박하고 믿을 수 없으면 아랫사람이 힘을 쓰지 않고 상과 명예가 후하고 이에 믿음이 있으면 아랫사람은 죽음을 가벼이 여긴다."

"아는 것을 감추고 물어 보면 모르는 것을 알게 되고 깊이 한 가지를 알면, 여러 숨은 것을 다 알게 된다."

### 七術이란

主之所用也七術. 所察也六微. 七術, 一曰, 衆端參觀. 二曰, 必罰明威. 三曰, 信賞盡能. 四曰, 一聽責

> 下. 五曰, 疑詔詭使. 六曰, 挾知而問. 七曰, 倒言反事. 此七者, 主之所用也.

【解釋】 임금이 쓰는 일곱 술은 첫째, 중단(衆端)을 참관하는 것, 둘째, 반드시 벌하여 위엄을 분명히 하는 것, 셋째, 상을 틀림없이 주어 능력을 다하게 하는 것, 넷째, 일일이 말을 들어 부하를 살피는 것, 다섯째, 그럴 듯한 명령으로 속여서 일을 시켜 보는 것, 여섯째, 아는 것을 감추고 묻는 것, 일곱째, 거짓을 꾸미고 일을 뒤집는 것이다. 이 일곱은 임금이 쓰는 것이다.

【解說】 임금이 쓰는 〈술(術)〉엔 일곱 가지가 있다.
임금이 경계해야 할 〈미(微)〉에는 여섯 가지가 있다.
일곱 가지 술이란 다음과 같은 것들이다.
1. 신하들의 말을 사실과 맞추어 볼 것.
2. 법을 어긴 자는 반드시 벌을 주어 위엄을 보여 줄 것.
3. 공로자에게는 반드시 상을 주어 있는 힘을 다 발휘하게 할 것.
4. 한 사람 한 사람의 말에 주의하고, 말한 것에 대해 책임을 갖게 할 것.
5. 속임수를 쓸 것.
6. 모른 체하며 상대방을 시험해 볼 것.
7. 헛말과 거짓 사실로 상대방을 시험해 볼 것.
위에 말한 일곱 가지가 임금이 쓰는 방법이다.

## 1. 臣下의 말을 事實과 맞추어 볼 것〔參觀〕

> 觀聽不參, 則誠不聞. 聽有問戶, 則臣壅塞.

【解釋】 보고 듣는 것을 확인해 보지 않으면 참된 것을 들을 수 없고, 듣는 것에 일정한 길이 있으면 신하가 길을 막는다.

【解說】 신하의 말을 듣더라도 그것을 사실과 맞추어 보지 않으면 진실을 알지 못한다. 또 한 사람의 말만을 믿게 되면, 임금의 눈이 가리워진다.


1. 아들을 죽인 宰相

> 叔孫相魯. 貴而主斷. 其所愛者曰豎牛, 亦擅用叔孫之令. 叔孫有子, 曰壬. 豎牛妬而欲殺之. 因與壬遊於魯君所. 魯君賜之玉環. 壬拜受之而不敢佩, 使豎牛請之叔孫. 豎牛欺之曰, 吾已爲爾請之矣. 使爾佩之. 壬因佩之.
> 
> 豎牛因謂叔孫, 何不見壬於君乎. 叔孫曰, 孺子何足見也. 豎牛曰, 壬固已數見於君矣. 君賜之玉環, 壬已佩之矣. 叔孫召壬見之. 而果佩之. 叔孫怒而殺壬.
> 
> 壬兄曰丙. 豎牛又妬而欲殺之. 叔孫爲丙鑄鐘. 鐘成

丙不敢擊, 使豎牛請之叔孫. 豎牛不爲請. 又欺之曰, 吾已爲爾請之矣, 使爾擊之. 丙因擊之. 叔孫聞之曰, 丙不請而擅擊鐘. 怒而逐之. 丙出走齊.

居一年, 豎牛爲謝叔孫. 叔孫使豎牛召之. 又不召而報之曰, 吾已召之矣, 丙怒甚, 不肯來. 叔孫大怒, 使人殺之.

二子已死. 叔孫有病. 豎牛因獨養之. 而去左右不內人. 曰, 叔孫不欲聞人聲. 因不食而餓殺. 叔孫已死. 豎牛因不發喪也, 徙其府庫重寶, 空之而奔齊.

夫聽所信之言, 而子父爲人僇. 此不參之患也.

【解釋】 숙손은 노나라 재상이었다. 높은 자리에서 결재를 맡고 있었다. 수우는 그가 사랑하는 자로서 숙손의 명을 제멋대로 썼다. 숙손에게 임이라는 아들이 있었다. 수우가 시기하여 죽이려 했다. 어느 날 수우는 임과 함께 노나라 임금의 궁중에서 놀았다. 임금이 옥가락지를 주었다. 임은 절하고 받았으나 감히 차지 못하고, 수우로 하여금 숙손에게 물어 보게 했다. 수우가 속여 "내 너를 위해 물어 보았더니 차라 하더라." 했다. 임은 그걸 찼다.

수우가 숙손에게 말했다. "어째서 임을 임금에게 보이지 않습니까?" 숙손이 말했다. "어린 아이를 어찌 보이리." 수우가 말했다. "임은 이미 여러 번 임금을 뵙고, 임금이 옥가락지까지 주어 이미 그것을 차고 있습니다." 했다. 숙손이 임을 불러 보니 옥가락지를 정말로 차고 있었다. 숙손이 노하여 임을 죽였다.

임에게 병이라는 형이 있었다. 수우가 또 시기하여 죽이려 했다. 숙손이 병을 위해 종을 만들었다. 종이 완성되자 병은 감히 치지 못하고 수우로 하여금 숙손에게 물어 보게 했다. 수우는 물어 보지도 않고 또 속여 말했다. "내 너를 위해 물어 보았더니 종을 치라 하더라." 했다. 그리하여 병이 종을 쳤다. 숙손이 듣고 "물어 보지도 않고 멋대로 종을 친다." 하여 성내에서 쫓아냈다. 병은 제나라로 피해 갔다.

일 년 후에 수우가 병의 일을 숙손에게 사죄했다. 숙손이 수우로 하여금 부르게 했다. 그러나 병을 부르지도 않고 보고하기를 "불렀으나 병의 노여움이 심해 오려 하지 않습니다." 했다. 숙손이 크게 노하여 사람을 시켜 병을 죽였다.

두 아들이 죽고 숙손은 그 후 병으로 누웠다. 수우가 혼자 받들며, 좌우를 물리치고 사람을 들이지 않으며 말하기를 "숙손은 사람의 소리를 듣기 싫어한다." 하며 그 뒤로 먹이지 않고 굶겨 죽였다. 숙손이 죽자 수우는 초상도 치러 주지 않고, 그의 부고(府庫)의 귀한 보물을 있는 대로 다 꺼내어 제나라로 달아났다.

믿는 사람의 말만 듣고 아들과 아비가 남에게 죽임을 당했으니 이는 사실을 확인해 보지 않은 재난이다.

**【解説】** 숙손표(叔孫豹)는 노(魯)나라 재상으로 실권을 쥐고 국정을 마음대로 움직이고 있었다. 또한 숙손의 총애를 받고 있던 수우*(豎牛)는 숙손의 이름을 빌어 제멋대로 행동하고 있었다.

뿐만 아니라 숙손의 아들 임(壬)을 미워하여 늘 해칠 기회를 노리고 있었다. 그리하여 그는 어느 날 꾀를 써서 임을 데리고 노나라 임금이 있는 곳으로 놀러 갔다. 그때 노나라 임금은 임에게 옥가락지를 주었다. 임은 그것을 받기는 했으나 즉시 몸에 차는 것을 삼가고, 수우를 통해 숙손의 허락을 청했다. 그런데 수우는 숙손에게 전하지도 않은 채 "말씀을 드렸더니 좋다고 하셨습니다."
하고 임을 속였다. 임이 옥가락지를 몸에 차고 있는 것을 보자, 수우는 숙손에게로 가서 이렇게 말을 꺼냈다.

"이제 임 공자를 임금님께 데리고 가 뵈시는 것이 어떻겠습니까?"
"아직 어린 아이인데 너무 이르지 않을까."
"아닙니다. 공자께선 벌써 몇 번이나 임금님을 뵈온 적이 있습니다. 먼젓번에는 옥가락지를 주셔서 공자께서는 지금 그것을 차고 다니십니다."

숙손이 임을 불러 보니, 과연 옥가락지를 차고 있었다. 숙손은 화를 내고 임을 죽였다.

임에게는 병(丙)이라는 형이 있었다. 수우는 그 병을 또 미워하여 죽였으면 하고 있었다. 마침 숙손이 병에게 종(鐘)을 만들어 주게 했다. 종이 다 되었으나 병은 그것을 즉시 울리는 일이 없이 먼저 수우를 통해 숙손의 허락을 청했다. 그런데 수우는 임의 경우와 마찬가지로 병을 속였다.

"말씀을 드렸더니 좋다고 하셨습니다."

병은 종을 울렸다. 그것을 들은 숙손은 성을 냈다.

"내 승낙도 없이 멋대로 종을 울리다니!"

그러고는 병을 나라 밖으로 내쫓았다. 병은 제나라로 달아났다. 그로부터 일 년쯤 지나서 수우는 병을 대신해서 용서를 빌었다. 숙손은 수우에게 말했다.

"그러면 병을 불러 오너라."

그런데 수우는 병을 불러 오지 않고 숙손에게 이렇게 고해 바쳤다.

"부르러 보냈더니, 공자께선 몹시 노여워하며 돌아오려 하지 않았습니다."

숙손은 크게 성이 나서 사람을 보내 병을 죽이고 말았다.

이리하여 두 아들이 죽은 다음, 숙손은 병이 들었다. 그러자 수우는 자기 혼자서 병 간호를 하며

"숙손님은 사람 소리를 듣기 싫다고 하십니다."

하고 아무도 병실로 들어오지 못하게 했다.

그러고는 숙손에게 먹을 것을 주지 않아 마침내 굶어 죽게 만들었다.

이리하여 숙손마저 죽자, 수우는 장례식도 치르지 않고 창고에서 귀중한 보물들을 훔쳐 내어 제나라로 도망쳤다.

—— 신용하는 사람의 말을 그대로 받아들여 부자가 모조리 죽음을 당하는 결과도 역시 신하의 말을 확인해 보지 않았기 때문이다.

## 2. 장바닥의 호랑이

> 龐恭與太子質於邯鄲. 謂魏王曰, 今一人言市有虎, 王信之乎. 曰, 不信. 二人言市有虎, 王信之乎. 曰, 不信. 二人言市有虎, 王信之乎. 曰, 不信. 三人言市有虎, 王信之乎. 王曰, 寡人信之.
> 龐恭曰, 夫市之無虎也明矣. 然而三人言而成虎. 今邯鄲之去魏也遠於市. 議臣者過於三人. 願王察之. 龐恭從邯鄲反. 竟不得見.

【解釋】 방공이 태자와 더불어 한단으로 인질로 가며 위왕에게 말했다. "지금 한 사람이 시장에 호랑이가 있다고 말하면 믿겠습니까?" 말했다. "믿지 않는다." "두 사람이 시장에 호랑이가 있다고 하면 믿겠습니까?" "믿지 않는다. "세 사람이 시장에 호랑이가 있다고 하면 왕은 믿겠습니까?" 임금은 말했다. "과인은 믿게 되리라."

방공이 말하기를 "시장에 호랑이가 없을 것은 분명한데도 세 사람이 같은 말을 함으로써 호랑이가 있는 것이 되었습니다. 지금 한단은 위나라와 떨어진 것이 시장보다 멀고, 신을 비방하는 사람은 세 사람뿐이 아니니 바라옵건대 살피옵소서." 그러나 한단에서 돌아온 방공은 끝내 임금을 만나지 못했다.

【解說】 방공(龐恭)은 위(魏)나라 태자와 함께 조나라 서울 한단(邯鄲)에 인질로 가게 되었다. 출발에 앞서 그는 위나라 임금에게 이런 질문을 했다.

"만일 누군가가 장바닥에 호랑이가 나타났다고 하면 믿으시겠습니까?"

"믿을 수 없지."

"그러면, 또 한 사람이 똑같은 말을 하면 믿으시겠습니까?"

"믿을 수 없지."
"만일 또 한 사람이 나타나 똑같은 말을 하면 어떻게 하시겠습니까?"
"그렇게 되면 역시 믿어야겠지."
"장바닥에 호랑이가 나타나지 않는다는 것은 누구나가 다 아는 일입니다. 그런데도 세 사람이 똑같은 말을 하면 믿게 됩니다. 한단은 아주 먼 외국입니다. 그만큼 한단의 일은 똑똑히 알기가 어렵습니다. 그 한단을 우리들이 다녀오는 동안 이러쿵저러쿵 말할 사람은 세 사람 정도가 아닙니다. 바라옵건대 이 점을 깊이 생각하여 주옵소서."
그러나 다시 한단으로부터 돌아온 방공은 이미 많은 사람들의 말을 곧이듣고 있는 임금을 두 번 다시 볼 수가 없었다.

〔註釋〕 *豎牛 豎牛의 이야기는《左傳》昭公四年 項目에 나오는 것으로 거기에 의하면, 豎牛는 叔孫이 젊은 날의 亡命 도중에 사귄 여자와의 사이에 난 아들이라 한다.


## 2. 法을 어긴 자를 반드시 罰하여 威嚴을 보일 것〔必罰〕

> 愛多者則法不立. 威寡則不侵上. 是以刑罰不必, 則禁令不行.

【解釋】 사랑이 많으면 법이 서지 못하고, 위엄이 적으면 아랫사람이 윗사람을 침범한다. 그러므로 형벌을 어김없이 내리지 못하면 금령이 행해지지 않는다.

【解説】 사랑이 지나치면 법은 시행되지 않는다. 위엄을 보여주지 못하면 아랫사람이 윗사람을 업신여긴다. 형벌을 엄격히 시행하지 않으면 금령(禁令)이 행해지지 않는다.


## 빠져나갈 길

> 荊南之地, 麗水之中生金. 人多竊采金. 采金之禁,
> 得而輒辜磔於市. 甚衆, 壅離其水也, 而人竊金不止.
> 夫罪莫重辜磔於市. 猶不止者, 不必得也.
> 故今有人於此曰, 矛汝天下, 而殺汝身, 庸人不爲也.
> 夫有天下, 大利也. 猶不爲者, 知必死.
> 故不必得也, 則雖辜磔, 竊金不止. 知必死, 則天下
> 不爲也.

【解釋】 형남 땅 여수 가운데서 금이 났다. 사람들이 많이 몰려 금을 캤다. 금 캐는 것을 금하여 잡히면 곧 시장에 내다 못박아 죽였다. 하도 많이 죽어 물이 흐르지 못했으나 사람들은 몰래 금 캐는 것을 그치지 않았다. 시장에서 못박혀 죽는 것보다 더한 벌이 없거늘, 그래도 그치지 않는 것은, 반드시 잡히는 것은 아니기 때문이다.

어떤 사람이 "네게 천하를 주겠으나 그 대신 너를 죽이겠다."고 하면, 아무리 못난 사람도 하려 들지 않는다. 천하를 갖는 것은 곧 큰 이익인데도 그래도 가지려 들지 않는 것은 죽는다는 것을 알기 때문이다.

그러므로 반드시 잡히는 것이 아니면 아무리 못박혀 죽어도 금 훔치기를 그치지 않으나, 반드시 죽는다는 것을 알면 천하라도 가지려 하지 않는다.

【解說】 형남(荊南) 지방의 여수(麗水)에 금이 났다. 그 금을 몰래 캐는 사람이 많았다. 금을 캐는 것은 법령으로 엄격히 금지되어 있고, 붙잡히면 사람들이 보는 곳에서 못박혀 죽게 된다. 처형된 무수한 시체들로 강물이 흐르지 못할 정도였으나 금을 캐는 사람은 여전히 뒤를 이었다.

사람들이 보는 앞에서 못박혀 죽는 것보다 더 중한 형벌은 없는데도 여전히 금 캐는 사람이 있는 것은 반드시 붙잡히지는 않기 때문이다.

예를 들어,

"네게 천하를 준다. 그 대신 네 생명을 바쳐라."

했다고 하자. 그래도 천하를 받겠다고 할 바보는 없을 것이다. 천하를 얻는 것보다 더 큰 이익이 없는데도 그것을 받으려는 사람이 없는 것은 반드시 죽는다는 것을 알고 있기 때문이다.

결국 이런 결론이 된다.

〈만에 하나라도 붙잡히지 않는 경우가 있다고 하면, 못박혀 죽는 위험이 있어도 금을 캐는 사람은 생긴다. 반드시 죽게 된다고 하면, 천하를 준다고 해도 받을 사람은 없다.〉

## 3. 功勞者에게는 반드시 賞을 주어 있는 힘을 다 發揮하게 할 것〔賞譽〕

賞譽薄而謾者, 下不用. 賞譽厚而信者, 下輕死.

【解釋】 상과 명예가 박하고 믿을 수 없으면 아랫사람이 힘을 쓰지 않

고, 상과 명예가 후하고 이에 믿음이 있으면 아랫사람은 죽음을 가벼이 여긴다.

【解說】 상이 박하고 믿을 수 없으면 신하들은 일을 하려 하지 않는다. 상이 후하고 분명히 행해지면 신하들은 목숨도 아끼지 않는다.

## 1. 吳起의 攻擊

> 吳起爲魏武侯西河之守. 有小亭臨境. 吳起欲攻之. 不去則秦甚害田者. 去之則不足以微甲兵.
> 於是乃倚一車轅於北門之外, 而令之曰, 有能徙此南門之外者, 賜之上田上宅.
> 人莫之徙也. 及有徙之者, 還賜之如令.
> 俄又置一石赤菽東門之外. 而令之曰, 有能徙此於西門之外者, 賜之如初. 人爭徙之.
> 乃不令曰, 明日且攻亭. 有能先登者, 任之國大夫, 賜之上田上宅. 人爭趨之. 於是攻亭, 一朝而拔之.

【解釋】 오기가 위무후의 서하 태수가 되었다. 진나라의 작은 성채가 국경에 임해 있으므로 이를 치고자 했다. 없애지 않으면 몹시 농부를 괴롭히게 되나, 그렇다고 군대를 징발할 일은 못되었다.

그래서 손잡이나무 하나를 북문 밖에 세워 두고, 영을 내리기를 "능히 이것을 남문 밖으로 옮기는 사람에겐 좋은 밭과 좋은 집을 상으로 주리라." 했다.

옮기려 하는 사람이 없었다. 뒤에 옮기는 사람이 나타나자 그에게 약속한 상을 주었다.

　이윽고 또 팥 한 섬을 동문 밖에 놓고 영을 내리기를 "이를 서문 밖에 옮기는 사람에겐 처음과 같이 주리라." 했다. 사람들이 서로 다투어 옮기려 했다.

　다시 영을 내리기를 "내일은 성채를 치겠다. 제일 먼저 오르는 자에게는 대부의 벼슬을 주고 좋은 밭과 좋은 집을 주리라." 했다. 사람들은 앞을 다투어 달려가 성채를 쳐서 하루 아침에 점령했다.

【解説】　위무후(魏武侯) 때 오기(吳起)는 서하 태수(四河太守)가 되었다.

　그런데 국경 가까이 적국인 진(秦)나라의 작은 성채가 있었으므로 오기는 어떻게든지 이것을 없애야 하겠다고 궁리하였다.

　그대로 두자니 농민들의 농삿일에 지장이 있었으나 그렇다고 그 때문에 군사를 징발할 수도 없는 일이었다.

　생각 끝에 오기는 수레의 손잡이나무 하나를 북문 밖에 세워 두고 포고를 내렸다.

　"이 손잡이나무를 남문까지 옮기는 사람에게는 좋은 땅과 좋은 집을 상으로 준다."

　그러나 포고를 믿기 어려워 옮기려는 사람이 좀처럼 나타나지 않았다. 겨우 한 사람이 나타나 그것을 옮겨 놓았으므로 포고한 대로 상을 내리고, 뒤이어 이번에는 팥을 한 섬 동문 밖에 놓아두고 다시 포고를 내렸다.

　"이 팥을 서문까지 옮기는 사람에게 먼저와 똑같은 상을 내리겠다."

　그러자 사람들은 앞을 다투어 이를 옮겨 놓았다.

　오기는 마침내 목적한 바 포고를 내렸다.

　"내일 적의 성채를 공격한다. 먼저 성채에 오른 사람에겐 대부의 벼슬을 내리고 좋은 땅과 좋은 집을 상으로 주겠다."

　사람들은 앞을 다투어 성채로 쳐들어가 순식간에 이를 점령했다.

## 2. 恩賞의 效果

> 宋崇門之巷人, 服喪而毀, 甚瘠. 上以爲慈愛於親.
> 擧以爲官師. 明年人之所以毀死者, 歲十餘人. 子之服
> 親喪者, 爲愛之也. 而尙可以賞勸也. 況君上之於民乎.

【解釋】 송나라 숭문 거리의 사람이 상을 입고 슬퍼하여 몹시 여위었다. 나라에서 효성이 지극하다 하여 관사(官師)로 뽑아 썼다. 이듬해 상을 입고 여위어 죽은 사람이 한 해 동안에 십여 명이나 되었다. 자식이 부모의 상을 입는 것은 사랑하기 때문이다. 그런데도 상을 주어야만 진실로 한다. 더구나 임금과 백성의 사이에야 오죽하겠는가.

【解說】 송(宋)나라 숭문(崇門) 거리에, 어찌나 부모의 상(喪)을 참되게 입었던지 몸이 몹시 쇠약해진 사람이 있었다.
 부모를 생각하는 마음이 놀랍다 하여 나라에서 그를 관리로 등용했다.
 그러자 그 다음 해에 상주 노릇을 하느라고 몸이 여위어 죽은 사람이 열도 넘었다.
 자식이 부모의 상을 입는 것은 육친의 애정에서 나온 것이다.
 그런데도 은상으로 인해 이토록 장려된다. 더구나 신하나 백성들이 임금을 위해 일하는 데 있어서는 은상에 의한 효과가 대단히 크다.


## 4. 한 사람 한 사람의 말에 注意하여 자기 말에 責任을 지게 할 것〔一聽〕

> 不一聽則愚知不分, 無責下則人臣不參.

【解釋】 일일이 듣지 않으면 어리석음과 지혜로움을 분간하지 못하고 아랫사람에게 책임을 주지 않으면 신하를 비교할 수 없다.

【解說】 한 사람 한 사람의 말을 잘 주의하지 않으면, 신하가 유능한지 무능한지를 분간 못 한다. 신하의 말에 책임을 갖게 하지 않으면 확실한 비교를 할 수 없다.

## 合奏團 속의 한 사람

齊宣王使人吹竽, 必三百人. 南郭處士請爲王吹竽. 宣王說之, 廩貧以數百人. 宣王死, 湣王立. 好一一聽之. 處士逃. 一曰. 韓昭侯曰, 吹竽者衆, 吾無以知其善者. 田嚴對曰, 一一而聽之.

【解釋】 제선왕은 반드시 삼백 명으로 생황을 불게 했다. 남곽의 처사가 왕을 위해 생황 불기를 청하니, 선왕이 기뻐하여 그에게 녹을 주자 수백 명이 잇달았다. 선왕이 죽고 민왕이 임금이 되자 그는 독주(獨奏)를 좋아했다. 그러자 처사는 도망했다. 한편에서는 말하기를 한소후가 "생황을 부는 사람이 하도 많아서 누가 잘 부는지 알 도리가 없다."고 하니 전엄이 대답해 말하기를 "하나 하나 들어 보십시오." 했다고 한다.

【解說】 제선왕(齊宣王)은 큰 생황(竽)을 불게 할 때면 언제나 삼백 명에게 합주를 시켰었다. 어느 날 남곽(南郭)의 처사(處士) 한 사람이 선왕을 위해 생황을 불고 싶다고 청해 왔다. 선왕은 이를 기뻐하며 그에게 녹을 주었다. 잇달아 생황을 불겠다고 자원한 처사가 수백 명에

이르렀다. 이윽고 선왕이 죽고 민왕(湣王)이 임금이 되었다. 민왕은 합주보다는 독주를 즐겨 했다. 그러자 처사는 그만 도망치고 말았다.

이 이야기는 이렇게 전해지기도 한다. 한소후(韓昭侯)가 말했다.
"부는 사람이 많아서는 누가 잘 하는지 알지 못한다."
그러자 전엄(田嚴)이 대답했다.
"독주를 시켜 보면 알게 됩니다."


## 5. 속임수를 쓸 것〔詭使〕

> 數見久待而不任, 姦則鹿散. 使人問他, 則不鬻私.

【解釋】 자주 만나 보며 오래도록 일을 맡기지 않으면, 간악한 사람은 사슴처럼 달아나 버린다. 사람을 부릴 때 엉뚱한 것을 물으면, 거짓 자랑을 하지 못한다.

【解說】 자주 만나면서도 오래도록 벼슬을 맡기지 않으면, 속 검은 신하들은 재빨리 흩어져 버린다. 신하들에 대해 엉뚱한 것을 물어 보면 속이지를 못하게 된다.


### 뜻밖의 말

> 商太宰使少庶子之市. 顧反而問之曰, 何見於市. 對

> 曰, 無見也. 太宰曰, 雖然何見也. 對曰, 市南門之外, 甚衆牛車, 僅可以行耳. 太宰因誡使者, 無敢告人吾所問於女.
>
> 因召市吏, 而誚之曰, 市門之外, 何多牛屎. 市吏甚怪太宰知之疾也, 乃悚懼其所也.

【解釋】 상나라 태재가 소서자를 시장에 다녀오게 하고, 돌아오자 물어 보았다. "무엇을 보았느냐?" 그는 "본 것이 없습니다." 했다. 태재가 말했다. "그러나 무엇인가 보았을 것이다." "시장 남문 밖에 소수레가 심히 많아 겨우 다닐 정도였습니다."고 대답했다. 태재가 곧 사자를 타이르기를 "감히 다른 사람에게 내가 물은 말을 이르지 마라." 했다.
이어 시리를 불러 꾸짖어 말하기를 "시장 문 밖에 왜 그리 쇠똥이 많으냐." 했다. 시리는 태재가 아는 것을 이상히 여기며 그 뒤로는 직책을 소홀히 하지 않았다.

【解說】 송[商]나라 재상이 소서자(少庶子)를 시켜 시장을 돌아보고 오게 했다. 그가 돌아오자 물었다.
"시장에서 무엇을 보았느냐?"
"아무것도 볼 수 없었습니다."
"그렇지만 무엇이든 본 것이 있었겠지?"
"하기는 시장 남문 밖에 소수레들이 밀려 있어서, 겨우 빠져나왔습니다."
"그래? 내가 지금 물은 말은 누구에게도 말하지 마라."
이렇게 당부하고, 재상은 곧 시리(市吏)를 불러 야단을 쳤다.
"시장 문 밖이 쇠똥으로 가득차 있으니 뭘 하고 있는 거냐!"
책임자는 재상이 어느 새 그것까지 알고 있는가 하고 놀란 나머지 다시는 직무에 소홀하지 못했다.

## 6. 모르는 척 相對를 試驗할 것〔挾智〕

> 挾智而問, 則不智者至. 深智一物, 衆隱皆變.

【解釋】 아는 것을 감추고 물어 보면 모르는 것을 알게 되고, 깊이 한 가지를 알면 여러 숨은 것을 다 알게 된다.

【解說】 알고 있는 것이라도 모르는 척하고 물어 보면, 알지 못한 것까지 알게 된다. 하나를 깊이 알게 되면 다른 숨어 있는 것까지 차례로 알게 된다.

### 王의 손톱

> 韓昭侯握爪而佯, 亡一爪. 求之甚急. 左右因割其爪而效之. 昭侯以察左右之不誠.

【解釋】 한소후가 깎은 손톱을 쥐고 거짓으로 손톱 하나를 잃었다 하며 매우 성급하게 찾았다. 그러자 좌우 신하가 그의 손톱을 잘라 바쳤다. 소후는 이로써 좌우 신하가 진실하지 못함을 알았다.

【解說】 한소후(韓昭侯)가 손톱을 깎은 다음 그 중 하나를 손에 감춰

쥐고 "손톱이 하나 없어졌다. 빨리 찾아라." 하고 옆에 있는 신하들을 독촉했다.

그러자 측근 신하가 재빨리 제 손톱을 잘라 "여기 찾았습니다." 하고 내보였다.

소후는 이리하여 측근의 신하들이 거짓되다는 사실을 알아 냈다.

## 7. 거짓말과 꾀를 써서 相對를 試驗할 것〔倒言〕

倒言反事, 以嘗所疑, 則姦情得.

【解釋】 말을 바로하고 일을 뒤집어 의심스러운 바를 시험하면 곧 간악한 내용을 알게 된다.

【解說】 거짓말과 속임수를 써서 상대방의 수상한 점을 시험해 보면, 숨은 나쁜 짓을 알 수 있다.

### 1. 白馬를 본 사나이

子之相燕. 坐而佯言曰, 走出門者何白馬也. 左右皆

> 言不見. 有一人走追之, 報曰, 有. 子之以此知左右之
> 不誠信.

**【解釋】** 자지가 연나라 재상으로 있으면서 하루는 앉아 있다가 거짓으로 말하기를 "문밖으로 달려가는 게 웬 흰 말이냐."고 했다. 좌우가 다 보지 못했다고 말하는데, 한 사람이 달려 쫓아나갔다가 말하기를 "과연 흰 말이었습니다." 했다. 자지는 이로써 좌우의 성신(誠信)하지 못함을 알았다.

**【解説】** 자지(子之)는 연(燕)나라 재상이었다. 어느 날 집에 앉아서 주위 사람들을 떠보기 위해 이렇게 말했다.
 "지금 문 밖으로 달려 나간 게 흰 말이 아니냐?"
 "미처 보지 못했습니다."
하고 사람들은 대답했다. 그런데 한 사람이 달려 밖으로 쫓아갔다. 돌아오자 그는
 "흰 말이었습니다."
하고 보고를 올렸다.
 자지는 이리하여 부하들 가운데 성실하지 못한 자를 찾아냈다.

## 2. 税關員의 不正

> 衞嗣公使人爲客過關市. 關吏苛難之. 因事關吏以金
> 與, 關吏乃舍之. 嗣公爲關吏曰, 某時有客. 過而所,
> 與汝金, 而汝因遺之. 關吏乃大恐, 而以嗣公爲明察.

【解釋】 위사공이 사람을 시켜 손을 가장하고 세관을 지나가게 했다. 세관원이 까다롭게 시비를 걸었다. 그래서 세관원에게 돈을 주었더니 관리는 곧 보내 주었다. 사공이 세관원에게 말하기를 "아무 때 어떤 손이 이 곳을 지나가며 너에게 돈을 주자 네가 그대로 보내 주었지 않았느냐?" 했다. 관리는 크게 두려워하며 사공을 명찰하다 했다.

【解說】 위사공(衛嗣公)은 신하 한 사람을 나그네로 꾸며 관문을 지나가게 했다. 세관원이 까다롭게 굴었다. 그래서 그 관리에게 돈을 주었더니 그대로 못본 척했다.

그뒤 사공은 그 관문을 지날 때 관리에게 이렇게 말했다.

"아무 때 나그네가 이 곳을 지나며 너에게 돈을 주고 무사히 빠져 나간 일이 있었지?"

세관원은 황공해 어쩔 줄을 모르며, 사공이 있는 동안 나쁜 짓을 하면 안 되겠다는 생각을 했다.

# 内儲說 下篇

〈미(微)〉는 숨은 것을 말한다. 속이 검은 신하가 임금이 알지 못하는 곳에서 어떤 일을 꾸미고 있는가. 자신의 출세(出世)와 사리 사욕(私利私慾)을 위해 대립된 세력과 방해자들을 없애려고 어떤 악랄한 수법을 쓸지도 알 수 없는 일이니, 임금된 사람은 그런 자들에게 속는 일이 없도록 대처하라고 말하고 있다.

"권세를 남에게 빌려 주어서는 안 된다. 임금이 그 하나를 잃으면 신하는 그것으로 백을 만든다."

"신하가 이익을 얻으면 임금은 이익이 없다."

"의심을 품는 상태는 내란이 생기는 시초가 되므로 명군은 이를 조심한다."

### 六微

六微. 一曰, 權借在下. 二曰, 利異外借. 三曰, 託於似類. 四曰, 利害有反. 五曰, 參疑內爭. 六曰, 敵國廢置. 此六者, 主之所察也.

【解釋】 육미란 첫째, 권세가 아래로 가서 있는 것, 둘째, 이익이 다른 신하가 밖의 힘을 빌리는 것, 셋째, 신하가 속임수를 쓰는 것, 넷째, 이해가 상반되는 것, 다섯째, 서로 의심하여 내부에서 싸우는 것, 여섯째, 적국에서 인사권에 개입하는 것이다. 이 여섯 가지는 마땅히 임금이 살펴야 할 것이다.

【解說】 여섯 가지〈미〉란 다음과 같은 것이다.
 1. 임금의 권세를 신하에게 빌려 주는 일.
 2. 임금과 이해를 달리하는 신하가 외국 세력을 이용하는 일.
 3. 신하가 술책을 꾸미는 일.
 4. 이해가 대립되는 데 신하가 끼어드는 일.
 5. 내분(內紛)이 일어나는 일.
 6. 적국의 모략에 의해 신하를 임면(任免)하는 일.
 이상 여섯 가지는 임금이 경계해야 할 일이다.


## 1. 權勢를 臣下에게 빌려 주는 것〔權借〕

권세不可以借人. 上矢其一, 臣以爲百. 故臣得借則力多. 力多則內外爲用. 內外爲用則人主壅.

【解釋】 권세를 남에게 빌려 주어서는 안 된다. 임금이 그 하나를 잃으면 신하는 그것으로 백을 만든다. 그러므로 신하가 빌림을 얻으면 힘이 많아지고, 힘이 많아지면 안팎이 그의 쓰임이 되고, 안팎이 그의 쓰임이 되면 임금은 아무것도 모르게 된다.

【解説】 권세를 신하에게 빌려 주어서는 안 된다. 임금이 잃은 그 하나를 신하는 백으로 이용하게 된다. 신하가 권세를 빌어 받으면 신하의 세력이 커진다. 그렇게 되면 나라 안팎의 사람들이 신하를 위해 일하게 되고 임금은 따돌림을 당하게 된다.

1. 판에 박은 듯한 대답

> 州侯相荊. 貴而主斷. 荊王疑之, 因問左右. 左右 對曰, 無有. 如出一口也.

【解釋】 주후가 형의 재상이 되자, 권세를 얻어 독재를 하게 되었다. 형왕이 의심하여 좌우에게 물으니, 좌우에서 그런 일이 없다고 하는 대답이 마치 한 입에서 나오는 것 같았다.

【解説】 주후(州侯)가 초〔荊〕나라 정승이 되자 모든 것을 마음대로 휘두르게끔 되었다. 초왕은 그가 하는 일에 의심을 품고 주위 신하들에게 물었다.
 "재상이 하는 일에 잘못은 없는가?"
 "없습니다."
 신하들은 판에 박은 듯이 대답할 뿐이었다.

## 2. 개 오줌을 뒤집어쓴 男便

燕人無惑, 故浴狗矢. 燕人其妻有私通於士. 其夫早自外而來. 士適出. 夫曰, 何客也. 其妻曰, 無客. 問左右, 左右言無有. 如出一口. 其妻曰, 公惑易也. 因浴之以狗矢.

一曰. 燕人李季好遠出. 其妻私通於士. 季突至. 士在內中, 妻患之. 其室婦曰, 令公子裸而解髮, 直出門. 吾屬佯不見也. 於是公子從其計, 疾走出門. 季曰, 是何人也. 家室皆曰, 無有. 季曰, 吾見鬼乎. 婦人曰, 然. 爲之奈何. 曰, 取五牲之矢浴之. 季曰, 諾. 乃浴以矢. 一曰, 浴以蘭湯.

【解釋】 연나라 사람이 귀신에게 홀린 일도 없는데 개오줌을 뒤집어썼다. 연나라 사람의 아내가 다른 남자와 간통한 적이 있었다. 그 남편이 어느 날 일찍 집으로 들어오자 마침 빠져나가던 간부와 마주쳤다. 남편이 "어떤 손이냐?"고 묻자 그 아내는 말하기를 "손은 없는데요."했다. 좌우에게 물으니 그들도 한결같이 아무도 없었다고 말했다. 그 아내가 말하기를 "귀신에 홀리신 겁니다." 했다. 그래서 개오줌을 뒤집어썼다.

한편 이렇게도 말한다. 연나라 사람 이계는 멀리 자주 다녔다. 그 아내가 다른 남자와 간통했다. 어느 날 계가 갑자기 돌아왔다. 간부는 안방에 있었다. 아내가 걱정을 하니 그 몸종이 말하기를 "공자를 발가벗기고 머리를 풀게 하여 곧장 문으로 내보내십시오. 우리들은 거짓 못 본체 하겠습니다." 했다. 곧 공자는 그 꾀를 써서 문으로 나갔다. 계가 말하기를 "이 어인 사람이냐?" 집안 사람이 말하기를 "아무도 없었습니다." 했다. 계가 말했다. "내가 귀신을 보았는가?" 부인이 말했다. "그렇습니다." "어떻게 해야 하나?" 말하기를 "가축의 오줌을 뒤집어쓰십시오." 했다. 계는 "그러마." 하고 오줌을 뒤집어썼다. 혹은 난초 끓인 물이라고도 한다.

**【解説】** 연(燕)나라의 어느 사나이가 도깨비에게 홀린 것도 아닌데, 제 손으로 개오줌을 뒤집어썼다는 이야기.

이 사나이의 아내는 남편이 없는 사이에 다른 사내를 끌어들였다. 그런데 남편이 집에 일찍 돌아와 사내가 나가는 것과 마주치게 되었다.

"저 사람은 누군가?"

남편이 묻자, 아내는

"아무도 온 적이 없었어요."

하고 대답했다. 하인들에게 물어 보아도 모두 똑같은 대답이었다.

"당신 도깨비에게 홀린 것 아네요?"

오히려 아내가 이렇게 말을 하는지라 남편되는 자는 도깨비를 뗄 생각으로 개오줌을 뒤집어썼다.

이 이야기는 이렇게도 전해지고 있다.

연나라의 이계(李季)라는 사나이는 자주 먼 곳으로 여행을 나갔다. 그가 없는 사이에 아내는 딴 남자를 사귀었다. 그런데 어느 날 이계가 뜻밖에 집으로 돌아왔다. 공교롭게 사내는 침실에 있었다. 당황해 하는 아내에게 몸종이 꾀를 알려 주었다.

"그분을 발가벗기고 머리를 풀어 흐뜨리게 한 다음, 앞문으로 내보내십시오. 소인들은 아무것도 못본 것처럼 하겠습니다."

사내는 그 꾀를 따라 앞문으로 해서 나갔다.

"저건 누구냐?"

이계가 묻자

"아무것도 보이지 않는데요."

온 집안이 입을 모아 대답을 했다.

"내가 헛것을 본 모양인가?"

"아마도 그러신가 봐요."

"그럼 어떻게 하면 좋을까?"

"짐승들의 오줌을 뒤집어 쓰면 헛것이 사라진다고 합니다."

"그럼 그렇게라도 해야지."

이계는 이리하여 오줌을 뒤집어썼다. 혹은 말하기를 난초 끓인 물이라고도 한다.

## 2. 임금과 利害가 다른 臣下가 外國勢力을 이용하는 것〔利異〕

> 君臣之利異. 故人臣莫忠. 故臣利立而主利滅. 是以姦臣者, 召敵兵以內除, 舉外事以眩主. 苟成其私利, 不顧國患.

【解釋】 임금과 신하의 이익은 다르다. 그러므로 신하로서 진정 충성하는 사람은 없다. 그러므로 신하가 이익을 얻으면 임금은 이익이 없다. 그러므로 간신들은 적병을 불러들여 방해자를 숙청하고, 바깥 일을 들고 나와 임금을 현혹시킨다. 진실로 그 개인의 이익만 이룩된다면 나라의 근심은 돌아보지 않는다.

【解說】 임금과 신하는 이해가 다르기 때문에 신하로서 진정으로 충성한다는 것은 있을 수 없는 일이다. 대체로 신하가 이익을 얻으면 임금은 이익을 잃게 된다. 따라서 속 검은 신하는 적의 군사를 끌어들여 국내에 있는 자기의 방해자들을 제거하고, 외교적인 문제를 들고 나와 임금을 현혹시키는 등 자기에게 이익이 되는 일이면, 나라의 해가 되는 것 따위는 생각조차 하지 않는다.

## 1. 남편과 아내의 利害

> 衛人有夫妻禱者. 而祝曰, 使我無故, 得百束布. 其夫曰, 何少也. 對曰, 益是, 子將以買妾.

【解釋】 위나라의 어느 부부가 기도하고 있었다. 아내가 빌기를 "저로 하여금 공으로 백 필의 베를 얻게 하옵소서." 했다. 그 남편이 말하기를 "왜 그렇게 적게 바라느냐." 하니 "이보다 더 많으면 당신이 장차 첩을 얻을 테니까요." 했다.

【解說】 위(衛)나라 어느 부부가 기도를 드렸다. 아내가 이렇게 빌었다.
"바라옵건대 제게 백 필의 베를 공으로 생기게 하여 주옵소서."
"겨우 그거야."
남편이 이렇게 말하자, 아내는
"그 이상 많으면 당신이 장차 첩을 얻게 될 테니까……."
하고 대답했다.

## 2. 二重活用

> 大成牛從趙謂申不害於韓曰, 以韓重我於趙, 請以趙重子於韓. 是子有兩韓, 我有兩趙.

【解釋】 조나라의 대성우가 한나라의 신불해에게 말했다. "한나라가 조나라에서의 나의 권세를 크게 해 주면 조나라도 그대를 한나라에서 권

세를 크게 해 주리라. 이것이 그대는 두 한나라를 가지고 나는 두 조나라를 가지는 것이오."

【解説】 조(趙)나라 재상 대성우(大成牛)가 한(韓)나라 재상 신불해(申不害)에게 보낸 편지의 일절.
 "한나라의 힘으로 내 지위가 커지도록 꾀해 주시오. 나도 당신이 한나라에서 커지도록 하겠소. 이렇게 되면 당신은 두 개의 한나라를 가지게 되고 나도 두 개의 조나라를 가지게 되는 것이오."

## 3. 臣下가 術策을 쓰는 것〔似類〕

> 似類之事, 人主之所以失誅, 而大臣之所以成私也.

【解釋】 계략을 쓰는 것은, 임금의 처벌을 제대로 행하게 하지 않고 대신의 농간만 가능하게 할 뿐이다.

【解説】 신하가 술책을 쓰면 임금은 형벌을 잘못 쓰게 된다. 대신은 그것으로써 사사로운 이익을 얻게 된다.

### 1. 문지기의 怨恨

> 齊中大夫有夷射者. 御飮於王. 醉甚, 而出倚於郞門.

門者刖跪請曰, 足下無意賜之餘瀝乎. 夷射曰, 叱, 去, 刑餘之人, 何事乃敢乞飲長者. 刖跪走退. 及夷射去, 刖跪因捐水郎門霤下, 類溺者之狀.

明日王出而詞之曰, 誰溺於是. 刖跪對曰, 臣不見也. 雖然昨日中大夫夷射立於此. 王因誅夷射而殺之.

【解釋】 제나라 중대부에 이역이란 자가 있었다. 어느 날 왕을 모시고 술을 마셨다. 취기가 심해서 나와 낭문에 기대고 있었다. 문지기 월궤가 청했다. "자시다 남은 술을 주실 생각이 없습니까?" 이역이 말했다. "이놈, 저리 가라. 형 받은 놈이 무슨 까닭으로 감히 어른에게 마실 것을 청하느냐." 월궤는 곧 물러갔다. 이역이 가 버린 다음, 월궤는 물을 낭문 처마 밑에 뿌려, 오줌 눈 것처럼 했다.

이튿날 왕이 나와 꾸짖었다. "누가 여기다 오줌을 누었느냐?" 월궤가 대답했다. "신은 보지 못했습니다. 그러나 어제 중대부 이역이 여기에 서 있었습니다." 왕은 곧 이역을 처벌하여 죽였다.

【解說】 제나라 중대부(中大夫) 중 이역(夷射)이라는 사람이 있었다. 어느 날 왕의 초대로 술을 마시게 되었다. 너무 취한 나머지 밖에 나와 문에 기대고 서서 바람을 쐬고 있었다. 그 문의 문지기는 전에 발을 끊는 형을 받은 사나이였는데

"술이 남은 것이 있으면 소인에게도 조금만……."
하고 그에게 간청했지만 벌컥 성을 내고 쫓았다.

"이놈, 저리 비켜라. 죄받은 몸으로 감히 내게 술을 청한단 말이냐!"
문지기는 물러갔다가 이역이 떠난 다음 문 처마의 빗물 떨어지는 근처에다 흡사 오줌 눈 자리처럼 물을 뿌려 두었다.

이튿날 왕이 나왔다가 그것을 보고 호통을 쳤다.
"어느 놈이 여기다가 이런 짓을 했느냐!"
"미처 보지 못했습니다만, 지난 밤 중대부 이역이 거기 서 있었습니다."

그래서 왕은 이역을 사형에 처하게 했다.

## 2. 코를 잘린 美女

> 荊王所愛妾有鄭袖者. 荊王新得美女. 鄭袖因教之曰,
> 王甚喜人之掩口也. 爲近王, 必掩口. 美女入見近王,
> 因掩口. 王問其故. 鄭袖曰, 此固言惡王之臭.
> 及王與鄭袖美女三人坐, 袖因先誡御者曰, 王適有言,
> 必亟聽從王言. 美女前近王, 甚數掩口. 王勃然怒曰,
> 劓之. 御者因揄刀而劓美人.
> 一曰. 魏王遺荊王美人. 荊王甚悅之. 夫人鄭袖知王
> 悅愛之也, 亦悅愛之甚於王. 衣服玩好, 擇其所欲爲之.
> 王曰, 夫人知我愛新人也, 其悅愛之甚於寡人. 此孝子
> 所以養親, 忠臣之所以事君也. 夫人知王之不以己爲妬
> 也, 因謂新人曰, 王甚悅愛子. 然惡子之劓. 子見王常
> 掩鼻, 則王長幸子矣.
> 於是新人從之, 每見王常掩鼻. 王謂夫人曰, 新人見寡
> 人, 常掩鼻何也. 對曰, 不知也. 王強問之. 對曰, 頃
> 嘗言惡聞王臭. 王怒曰, 劓之. 夫人先誡御者曰, 王適
> 有言, 必可從命. 御者因揄刀而劓美人.

【解釋】 형왕의 애첩 중에 정수란 여자가 있었다. 형왕이 새로 미녀를 얻었다. 정수가 그녀에게 가르쳐 주었다. "왕은 입 가리는 것을 매우 기뻐하시니 왕을 가까이 하게 되면 반드시 입을 가려라." 미녀는 들어가 뵈옵고 왕에게 가까이 가자 곧 입을 가렸다. 왕이 그 까닭을 정수에게 물으니 "그 애는 언젠가 왕의 체취가 싫다고 했습니다." 했다.

왕이 정수와 미녀와 함께 앉게 되자, 정수는 미리 왕을 모신 시종에게 부탁해 두기를 "만일 왕의 명령이 계시면 기필코 급히 행하라." 했다. 미녀는 정수와 왕을 가까이 하자 자주 입을 가렸다. 왕은 발연히 성이 나서 "코를 베라." 명령했다. 시종이 곧 칼을 뽑아 미인의 코를 베었다.
　한편 이렇게도 말한다. 위왕이 형왕에게 미인을 보내주었다. 형왕은 매우 기뻐했다. 부인 정수는 왕이 사랑하는 것을 알자 왕보다 더 기뻐하며 사랑했다. 의복과 노리개들을 그녀가 원하는 대로 골라 갖게 했다. 왕이 말하기를 "부인은 내가 새 사람을 사랑하는 것을 알자 기뻐하고 사랑함이 과인보다 더하니, 이는 효자가 어버이를 받드는 바요, 충신이 임금을 섬기는 바라." 했다. 부인은 왕이 자기가 질투하지 않는 것으로 믿는 줄 알자 곧 새 사람에게 일러 말하기를 "왕은 매우 그대를 사랑한다. 그러나 그대의 코를 싫어한다. 그대가 왕을 뵈올 때 항상 코를 가리면 왕은 길이 그대를 사랑하리라." 했다.
　그래서 새 사람은 왕을 볼 때마다 언제나 코를 가렸다. 왕이 부인에게 물었다. "새 사람이 과인을 보고 항상 코를 가림은 어쩐 일이뇨?" 대답하기를 "알지 못합니다." 했다. 왕이 굳이 묻자 "언젠가 왕의 체취를 맡기 싫다 했습니다." 했다. 왕은 노하여 "코를 베라." 했다. 부인이 미리 시종에게 타일러 두기를 "왕께서 만일 명령이 계시면 즉시 명령에 따라야 한다." 하였으므로, 시종은 곧 칼을 뽑아 미인의 코를 베었다.

　**【解説】**　초〔荊〕나라 왕의 사랑하는 첩에 정수(鄭袖)란 여자가 있었다. 왕이 새로 미녀를 얻었는데, 정수는 그녀에게 이렇게 가르쳤다.
　"임금께선 우리들이 입을 가리고 있는 것을 좋아하신다오. 임금을 가까이 모실 때는 반드시 입을 가리도록 하오."
　미녀는 왕을 뵈온 다음, 왕에게 가까이 앉아 시킨 대로 입을 가렸다.
　이상하게 생각한 왕이 무슨 까닭인가 하고 정수에게 묻자, 그녀는 이렇게 대답했다.
　"그 여자는 임금님에게서 냄새가 난다고 하더군요."
　그 뒤 어느 날 왕과 정수와 그 미녀와 셋이 한방에 모일 기회가 있었다. 정수는 미리 왕의 시종에게 일러 두었다.
　"임금께서 말씀이 계시면 즉시 거행토록 하오."
　그런데 그 날도 미녀는 왕 앞으로 가까이 오자 몇 번이고 입을 가렸다.
　왕은 발끈 성을 내며 소리쳤다.
　"이 계집의 코를 베어라!"
　시종은 칼을 잡기가 무섭게 미녀의 코를 베어 버렸다.
　이 이야기는 이렇게도 전해지고 있다.
　위(魏)나라 왕이 초나라 왕에게 미녀 한 사람을 보냈다. 초왕은 이 미녀가 아주 마음에 들었다. 초왕의 부인 정수는 왕이 이 미녀를 사랑하는 것을 보자 왕이 사랑하는 이상으로 자신도 귀여워하며 그녀가 원하는 대로 의복이든 무엇이든 주곤 했다.
　왕은 그것을 보고 말했다.
　"부인은 내가 새 사람을 사랑하는 줄 알고, 나 이상으로 귀여워하고 있소. 마치 효자가 부모를 받들고, 충신이 임금을 섬기는 것 같구료."
　정수는 왕이 자기가 질투하지 않는 줄로 믿고 있는 것을 알자, 그 미녀에게 일렀다.
　"왕께선 너를 대단히 귀여워하고 계신다. 그러나 너의 코만은 싫어하신단다. 그러니 왕을 뵈올 때는 코를 가리는 거야. 그러면 언제까지고 귀여워해 주실 거다."
　미녀는 시킨 대로 임금을 뵙게 되면 항상 코를 가리곤 했다.
　"그녀는 내 앞에서 언제나 코를 가리고 있는데 무슨 까닭인가?"
　왕이 정수에게 물었다.
　"제가 어떻게 압니까?"
　그러나 왕은 끝까지 캐물었다.
　정수는 마지못하는 척 대답했다.
　"언젠가 대왕의 체취가 싫다고 한 적이 있었습니다만……."
　왕은 성을 발끈 냈다.
　"코를 베어 버려라!"
　정수는 미리 시종에게
　"왕께서 말씀이 계시면 즉시 거행토록 해야 하오."
하고 일러 두었으므로, 시종은 칼을 뽑아 즉시 미녀의 코를 베어 버렸다.

## 4. 利害가 對立된 곳에 臣下가 끼어드는 것〔有反〕

> 事起而有所利, 其尸主之, 有所害, 必反察之. 是以明主之論也, 國害則省其利者, 臣害則察其反者.

**【解釋】** 어떠한 일로 이득을 보는 자가 있으면 그자가 꾸며 낸 것이오, 손해보는 자가 있으면 반드시 대립된 자가 살피라. 그러므로 명군은 나라가 해를 보면 그로써 이득 보는 자를 살피고, 신하가 해를 보면 대립자를 살핀다.

**【解説】** 어떤 사건이 일어났을 때, 그 일로 인해 이익을 얻게 되는 자가 있으면 틀림없이 그자가 꾸민 일이며, 손해를 입는 자가 있으면 그자와 이해가 상반되는 자를 보지 않으면 안 된다. 명군은, 나라가 손해 입는 사건이 일어나면 그로 인해 이익을 얻게 되는 자를 조사한다. 신하가 손해를 입는 일이 생기면, 그 신하와 이해가 상반되는 사람을 찾는다.


### 진짜 犯人

> 文公之時, 宰臣上炙, 而髮繞之. 文公召宰人而譙之曰, 女欲寡人之哽邪, 奚爲以髮繞炙.

> 宰人頓首再拜請曰, 有死罪三. 援礪砥刀, 利猶干將
> 也. 切肉肉斷, 而髮不斷, 臣之罪一也. 援木而貫臠,
> 而不見髮, 臣之罪二也. 奉熾爐, 炭火盡赤紅, 而炙熟
> 而髮不燒, 臣之罪三也. 堂下得微有疾臣者乎.
> 公曰. 善. 乃召其堂下而譙之果然. 乃誅之.

【解釋】 문공 때 재인이 적(炙)을 올렸는데 머리칼이 감겨 있었다. 문공이 재인을 불러 꾸짖어 말하기를 "네가 과인을 목메게 하고 싶으냐. 어째서 머리칼로 적을 감았느냐!" 했다.

재인이 머리를 조아리고 두 번 절하고 빌며 말하기를 "죽을 죄가 셋 있습니다. 숫돌로 칼을 갈아 날카롭기가 보검과 같았으며, 고기를 썰어 고기는 끊어졌는데 머리칼은 끊어지지 않았으니 신의 죄 하나요, 고기를 나뭇가지에 꿸 때 머리칼을 보지 못했으니 신의 죄 둘이오, 숯불이 새빨갛게 단 화로에 올려 놓았는데 적은 구워지고 머리칼은 타지 않았으니, 신의 죄 셋이옵니다. 당하(堂下)에 신을 미워하는 자가 있는 것이 아니옵니까?" 했다.

공은 "옳다." 말하고 당하를 불러 문책하니 과연 그러했다. 곧 목을 베었다.

【解説】 진문공(晉文公) 때의 일이다.

요리사(宰人)가 불고기를 문공에게 올렸다. 그런데 그 고기에 머리칼이 한 가닥 붙어 있었으므로 문공은 요리사를 불러 꾸짖었다.

"너는 이 머리칼로 내가 목이 막히기를 바랐던 거지! 그렇지 않다면 어떻게 머리칼이 붙어 있겠느냐?"

요리사는 몇 번이고 머리를 땅에 조아리며 깊이 사죄를 했다.

"소인은 죽을 죄를 셋 범했습니다. 칼은 숫돌에 잘 갈아 보검같이 잘 듭니다. 그래서 고기는 잘 끊어졌는데도 머리칼만 끊어지지 않고 있었습니다. 이것이 첫째 죄이옵니다. 꼬치에 고기를 꿸 때 머리칼이 보이지 않았습니다. 이것이 둘째 번 죽을 죄이옵니다. 화로에 숯을 벌겋게 피운 다음 구웠는데도 머리칼이 타지 않았습니다. 이것이 셋째 번 죽을 죄이옵니다. 혹시 소인을 미워하는 사람이 집안에 있는 것은 아닐는지요?"

"과연 그렇겠구나, 알았다."

문공은 요리사의 말에 조리가 있자 곧 집에 있는 자들을 불러 조사했다. 그 결과, 과연 진짜 범인이 나타났으므로 그를 잡아 처형했다.

## 5. 内紛이 일어나는 것〔參疑〕

> 參疑之勢, 亂之所由生也. 故明主愼之.

【解釋】 의심을 품는 상태는 내란이 생기는 시초가 되므로 명군은 이를 조심한다.

【解說】 무릇 지위를 둘러싼 세력 다툼은 내란의 근본이 된다.
따라서 명군은 그러한 싸움이 일지 않도록 조심을 한다.

### 内紛의 要因

> 孤突曰, 國君好內, 則太子危, 好外則相室危.

【解釋】 고돌이 말하기를 "임금이 여자를 좋아하면 태자가 위태롭고 남자를 사랑하면 재상의 집이 위태롭다." 했다.

【解說】 고돌(孤突)이 말했다.
"임금이 여자를 좋아하면 그 여자는 자기가 낳은 아들을 후계자로 만들려 하기 때문에 태자의 지위가 위태로워지고, 사내를 좋아하면 그 사내가 실권을 쥐게 되므로 재상의 지위가 위태로워진다."


## 6. 敵國의 謀略에 넘어가 臣下를 任免하는 것 〔廢置〕

敵之所務, 在淫察而就靡. 人主不察則敵廢置矣.

【解釋】 적이 노리는 것은, 살피는 것에 혼란을 일게 하는 데 있다. 임금이 살피지 아니하면 적이 인사권에 개입하게 된다.

【解說】 적국은 상대방 임금이 명찰하는 것을 뒤흔들어, 모략을 성공시키려 한다. 임금이 이 점을 주의하지 않으면 적의 모략에 넘어가 신하를 잘못 임명하기도 하고 파면하기도 한다.

## 거짓 편지

> 叔向之讒萇弘也, 爲書. 曰, 萇弘謂叔向曰, 子爲我謂晋君, 所與君期者, 時可矣. 何不亟以兵來. 因佯遺其書周君之庭, 而急去行. 周以萇弘爲賣周也, 乃誅萇弘而殺之.

【解釋】 숙향이 장홍을 참소하기 위해 거짓 편지를 만들었다. 말한 내용인즉, 장홍이 숙향에게 "그대가 나를 위해 진나라 임금에게 일러, 임금과 더불어 기약한 때가 되었는데도 어째서 빨리 군사를 보내 오지 않느냐고 말해 주오." 하는 것이었다. 그리고 짐짓 그 편지를 주나라 임금의 뜰에 버리고, 급히 가 버렸다. 주나라는 장홍이 나라를 팔았다 하여 곧 장홍을 죄주어 죽였다.

【解說】 진(晋)나라 숙향(叔向)은 주(周)나라 장홍(萇弘)을 죽이기 위해 거짓 편지를 썼다. 그것은 장홍이 자기에게 보내 온 편지로 되어 있다.
　내용은
"진나라 임금에게 말을 전해 주기 바라오. 일찍이 약속한 시기가 이르렀으니 곧 군대를 보내 달라고 말이오."
라는 것이었다.
　숙향은 그 편지를 일부러 주나라 임금의 궁전 뜰에 떨어뜨리고는 급히 달아났다.
　그 편지를 발견한 주나라 임금은 장홍을 매국노라 하여 처형했다.

　한비는 〈법(法)〉보다도 〈술(術)〉을 구체적으로 또 상세하게 보여 주고 있다. 이 편도 설화집이기는 하나 『십과』 『설림』과는 상당히 그 성격을 달리하고 있다. 개중에는 재치있게 만든 이야기도 섞여 있지만, 전체적으로 한비의 냉철한 현실성이 나타나 있다. 인간 관계는 어디까지나 타산적 욕망으로 맺어져 있다고 보는 한비가, 지배자의 입장에 서서 어떻게 관리 대상을 자기의 뜻대로 조종하느냐 하는 기술을 가르치는 실례집(實例集)이다.

　형식적(形式的)인 도덕(道德)이 판을 치고 귀족 정치가 나라를 부강하게 하는 장애가 되었던 시대에 한비는 신흥 세력을 대표하여 그것들의 타파를 부르짖었다. 그 수단이 〈도의보다도 욕망과 사실〉이었고 〈군주〉에 의한 직접 지배〉였던 것이다.

　결국, 인간의 욕망과 타산을 기초로 한 〈지배의 술(術)〉인 만큼, 그것을 쓰는 방법 여하에 따라서 그 결과는 무섭다.

　뒷날 체제 유지(體制維持)를 위해, 조용히 《한비자》를 읽어 그 술을 활용함으로써 신하들을 떨게 만든 군왕과 영주들이 있었으리라는 것은 상상하고도 남음이 있다.

　현재 우리들이 살고 있는 사회에서는, 보다 주밀하고 정교한 권모 술수들이 사용되고 있지만 캐고 들어가면 한비의 그것과 큰 차가 있는 것은 아니다.

　바꿔 말하면 〈한비의 술〉이 지금도 쓰이고 있으며 또 앞으로도 쓰이게 될지도 모른다는 것이다.

# 外儲説篇

 성질상으로는 『내저설』과 마찬가지로 자기 주장의 증명을 위한 설화집인데 〈좌상(左上)·좌하(左下)·우상(右上)·우하(右下)〉 네 편으로 되어 있는 방대한 양이다. 본편에서는 그 중에서 일반적으로 의미가 통하는 이야기들을 골랐다.
 "오늘날 떠들어대는 것들은 모두 변설(辯說)과 그럴듯한 말들뿐으로 임금은 그 겉모양만을 보고 쓸모가 있고 없고는 잊게 된다."
 "헛말을 따르면 능히 한 나라도 이길 수 있으나 사실을 조사하고 모양을 대조해 보면 한 사람을 속이지 못한다."
 "사람은 능히 왼손으로 네모를 그리면서 오른손으로 동그라미를 그리지 못한다."

### 1. 구슬보다도 箱子

 楚王謂田鳩曰, 墨子者顯學也. 其身體則可, 其言多而不辨何也.
 曰, 昔秦伯嫁其女於晉公子, 爲之飾裝, 從衣文之媵七十人至晉. 晉人愛其妾而賤公女. 此可謂善嫁妾, 而未可謂善嫁女也.
　楚人有賣其珠於鄭者. 爲木蘭之櫃, 薰以桂椒, 綴以珠玉, 飾以玫瑰, 輯以翡翠. 鄭人買其櫝而還其珠. 此可謂善賣櫝矣, 未可謂善鬻珠也.
　今世之談也, 皆道辯說文辭之言. 人主覽其文, 而忘有用. 墨子之說, 傳先王之道, 論聖人之言, 以宣告人. 若辨其辭, 則恐人懷其文忘其直. 以文害用也. 此與楚人鬻珠, 秦伯嫁女同類. 故其言多不辨.

【解釋】　초왕이 전구에게 말하기를 "묵자는 유명한 학자다. 그의 행실인즉 훌륭하나 그의 말인즉 길기만 하고 알아듣기 어려우니 어찌 그런가?"

답하되, 옛날 진백이 그 딸을 진공자에게 시집 보내며, 그녀를 위하여 차림을 화려하게 하고, 비단옷 입은 잉첩 칠십 명을 딸리어 진나라에 보냈으나 진나라 사람은 그 첩을 사랑하고 공주는 소홀히 여겼습니다. 이것은 첩을 시집보낸 것이라 말할 수 있지 딸을 시집 보냈다고는 말할 수 없습니다.

또 구슬을 정나라에 파는 초나라 사람이 있었습니다. 목난으로 상자를 만들어 계초로 향을 피우고 주옥으로 엮어 매괴로 장식하고 비취로 싸니, 정나라 사람은 그 상자만을 사고 구슬은 돌려보냈습니다. 이것은 상자를 팔았다 할 수 있지 구슬을 팔았다고는 할 수 없습니다.

오늘날 떠들어대는 것들은 모두 변설과 그럴듯한 말들 뿐으로 임금은 그 겉모양만을 보고, 쓸모가 있고 없고는 잊게 됩니다. 묵자의 말은 선왕의 도를 전하고 성인의 말을 논하여 사람에게 일러 주는 것입니다. 만일 그러하면 두려운 일이지만 사람들은 그 화려함만 생각하고 곧은 것을 잊어 겉치레 때문에 실속을 해치게 되었을 것입니다. 이것은 구슬 파는 초나라 사람과 딸 시집 보내는 진백과 같은 얘기입니다. 그러므로 말이 어렵습니다.

【解説】 초왕(楚王)이 묵가(墨家)인 전구(田鳩)에게 물었다.
"묵자(墨子)는 고명한 학자라고 해선지, 몸가짐은 훌륭하지만 말하는 것은 길기만 하고 재미가 없으니 어째서 그런가?"
"옛날 진(秦)나라 임금이 딸을 진(晋)나라 공자에게 시집보낼 때, 딸에게 화려한 옷을 입히고 비단옷 차림을 한 시녀 칠십 명을 딸려 보냈습니다. 그랬더니 진나라 공자는 시녀를 사랑하고 임금의 딸을 소홀히 대했다고 합니다. 이것은 시녀를 시집 보낸 것이지 딸을 시집 보냈다고는 말할 수 없습니다.
또 초나라 사람이 구슬을 정나라로 팔러 갔을 때의 얘기입니다. 그는 구슬 넣는 상자를 목란(木蘭)으로 만들고 계초(桂椒)라는 향나무를 태워 향내를 입히고 온갖 보석으로 치장을 했습니다. 그랬더니 정나라 사람은 그 상자만을 사고 속에 든 구슬은 돌려 주었다고 합니다. 이것은 상자를 판 것이지 구슬을 팔았다고는 할 수 없습니다.
지금 세상에 행해지고 있는 것은 겉만 아름답게 꾸민 말들입니다. 그것을 듣는 임금은 말의 아름다움에 현혹되어 실용적인 면을 잊습니다. 묵자의 말씀은 널리 사람들에게 성인(聖人)의 도(道)를 전하고 성인의 가르침을 설명한 것입니다. 아름다운 말로 말했다면, 사람들은 이에 마음을 앗기어 내용을 잊을 겁니다. 이렇게 되면 구슬을 판 초나라 사람과 딸을 시집 보낸 진나라 임금의 경우와 마찬가지로 겉치레 때문에 알맹이를 못쓰게 됩니다. 묵자의 말이 길기만 하고 흥미가 없는 것은 그러한 까닭입니다."

## 2. 참다운 솜씨

墨子爲木鳶, 三年而成, 蜚一日而敗.
弟子曰, 先生之巧, 至能使木鳶飛. 墨子曰, 吾不如爲車輗者巧也. 用咫尺之木, 不費一朝之事, 而引三十石之任, 致遠力多, 久於歲數. 今我爲鳶. 三年成, 蜚一日而敗.

惠子聞之曰, 墨子大巧. 巧爲輗, 拙爲鳶.

【解釋】 묵자는 솔개를 만드는 데 삼 년이 걸렸으나 하루를 날고는 부서져 버렸다.

제자가 말하기를, "선생의 재주는 능히 나무 솔개로 하여금 날게 하는 데까지 이르렀군요." 했다. 묵자가 말하기를 "수레 끌채의 마구리 만드는 사람의 재주만 같지 못하다. 한 자 나무를 써서 하루도 안 걸려서 만들어 내나 서른 섬을 싣고도 멀리 갈 만큼 강하여 여러 해를 두고 쓴다. 그런데 나는 솔개를 삼 년이나 걸려서 만들었고 하루를 날고 부서졌다." 했다.

혜자가 듣고 말하기를 "묵자는 정말 용하다. 마구리 만드는 것을 용하다 하고, 솔개 만드는 것을 용하지 않다 하였으니." 했다.

【解說】 묵자(墨子)가 나무로 솔개를 만들었다. 삼 년을 걸려 만들어 내기는 했으나 겨우 하루 날고는 부서져 버렸다.

"나무로 솔개를 만들어 날게끔 만들었으니 선생님의 기술에 정말 놀랐습니다."

제자들의 이런 말에 묵자는 고개를 저었다.

그리고 다음과 같이 대답했다.

"아니다. 수레 끌채의 마구리를 만드는 사람만 못하다. 한 자 가량의 짧은 나무로 미처 하루도 안 걸려 만들어 내는데도 서른 섬의 무거운 짐을 싣고 멀리 운반할 수 있는 힘을 가진다. 그러고도 몇 해를 두고두고 쓴다. 내가 만든 솔개는 삼 년이 걸렸는데도 겨우 하루 날고 부서지지 않았느냐."

혜자(惠子)가 이 말을 듣고 평했다.

"묵자는 참으로 위대한 기술자(技術者)다. 수레 끌채의 마구리 만드는 사람이 나무로 공중을 나는 솔개를 만든 사람보다 솜씨가 좋다는 것을 알고 있으니 말이다."

## 3. 말은 事實을 이기지 못한다

> 兒說宋人善辯者也. 持白馬非馬也, 服齊稷下之辯者.
> 乘白馬而過關, 則顧白馬之賦.
> 故籍之虛辭, 則能勝一國, 考實按形, 不能謾於一人.

【解釋】 예열은 송나라 사람으로 변론에 능한 사람이다. "흰 말은 말이 아니다."라는 것을 가지고 제나라 직하의 변사들을 굴복시켰으나 흰 말을 타고 관문을 지날 때에는 흰 말에 대한 세금을 물어 주어야 했다.
 그러므로 헛말을 따르면 능히 한 나라도 이길 수 있으나 사실을 조사하고 모양을 대조해 보면 한 사람을 속이지 못한다.

【解說】 송(宋)나라의 변사였던 예열(兒說)은 "흰 말은 말이 아니다." 하는 궤변으로 제(齊)의 직하(稷下)에 모여 있는 학자〔稷門의 學派〕들을 설복시켰었다.
 그런데 바로 그 예열이 흰 말을 타고 관문을 지나다가 역시 말에 대한 통행세를 물고 말았다. 결국 허공에 뜬 이론으로 일국의 학자들을 누를 수는 있어도, 실물을 놓고 따질 때는 관문을 지키는 관리 하나도 속일 수 없는 것이다.

## 4. 基準을 定하라

> 夫新砥礪殺矢, 轂弩而射, 雖冥而妄發, 其端未嘗不中秋毫也. 然而莫能復其處, 不可謂善射. 無常儀的也. 設五寸之的, 引十步之遠, 非羿逢蒙不能必全者, 有常儀的也. 有度難而無度易也. 有常儀的, 則羿蒙以五寸爲巧. 無常儀的, 則以妄發而中秋毫爲拙.
>
> 故無度而應之, 則辯士繁說. 設度而持之, 雖知者猶畏失也, 不敢妄言. 今人主聽說, 不應之以度, 而說其辯, 不度之以功, 而譽其行. 此人主所以長欺, 而說者所以長養也.

【解釋】 새로 숫돌에 간 뾰족한 화살로 쇠뇌를 당겨 쏘면, 비록 눈 감고 아무렇게나 내보내더라도 그 끝은 한번도 맞지 않는 때가 없다. 그러나 한 곳을 다시 맞히지 못하면 이를 잘 쏜다고 말할 수 없는 것은 일정한 표적이 없이 쏘기 때문이다. 다섯 치 과녁을 만들어 열 걸음 떨어져 쏘면 명사수가 아니고는 꼭꼭 맞히지 못하는 것은 일정한 표적이 있기 때문이다. 헤아림이 있으면 어렵고 헤아림이 없으면 쉽다. 일정한 표적이 있으면 예와 봉몽이 맞히는 다섯 치로도 공을 이루게 되고, 일정한 표적이 없으면 아무렇게나 쏘아 털끝을 맞힌다 해도 서투른 것이 된다.

그러므로 기준이 없이 대하면 변사들은 되는 대로 말을 하고, 기준을 정해 가지고 있으면 비록 지혜 있는 사람이라도 혹시 실수할까 염려하여 감히 함부로 말하지 않는다. 그런데 임금들이 말을 들을 때 표준을 두고 대하지 아니하고 그 변론만을 좋아하며, 공을 헤아리지 않고 그 행동만을 칭찬한다. 이래서 임금은 영영 속게 되고 재주 가진 사람만이 계속 커 나가게 된다.

【解說】 날카로운 새 화살촉을 쇠뇌〔弩〕에 걸고 쏘면, 눈을 감고 되는 대로 화살을 놓아도 화살 끝이 반드시 어떤 곳에 가서 박히기 마련이다. 그러나 다시 그곳을 맞힐 수가 없어서는 활을 잘 쏜다고 할 수 없다. 목표가 일정하지 못하기 때문이다.

다섯 치 과녁을 만들어 놓고 열 걸음 밖에서 쏜다고 하자. 예(羿)나 봉몽(逄蒙) 같은 명사수가 아니면 반드시 맞힌다고는 볼 수 없다. 과녁이 일정하기 때문이다. 즉 기준이 있으면 어렵고, 기준이 없으면 쉬운 것이다. 과녁이 정해져 있으면 예나 봉몽이 다섯 치 과녁을 맞히는 것만으로도 명사수가 되지만, 과녁이 정해져 있지 않을 경우면 아무렇게나 쏘아 보내 맞힌 곳이 다섯 치가 못되는 점이라도 그것은 서툰 것이 된다.

그러므로 임금이 기준을 정하지 않은 채 말을 듣게 되면, 말하는 사람은 제멋대로 엉뚱한 소리를 늘어 놓게 되나 기준을 정해 놓고 들으면 아무리 지혜 있는 사람이라도 실수할까 두려워 함부로 말을 못한다. 그런데 오늘날 임금들은 말을 듣는 데 아무런 기준도 없어 다만 말솜씨에만 마음이 앗기었다. 공적을 기준으로 하지 않고 그저 행동만을 칭찬하고 있다. 이로 인해 언제까지나 임금은 속고만 있을 뿐, 말재주 있는 자만이 달콤한 재미를 계속 독차지하게 된다.

## 5. 죽어 버린 不老長生 先生

客有敎燕王爲不死之道者. 王使人學之. 所使學者, 未及學而客死. 王大怒誅之. 王不知客之欺己, 而誅學者之晚也. 夫信不然之物, 而誅無罪之臣, 不察之患也.

且人所急無如其身. 不能自使其身無死, 安能使王長生哉.

【解釋】 손 하나가 연왕에게 죽지 않는 방법을 가르치게 되어 왕은 사람을 시켜 그 방법을 배우게 했다. 신하가 미처 다 배우기도 전에 손이 죽었다. 왕은 크게 노하여 그를 죽였다. 왕은 손이 자기를 속인 줄은 깨닫지 못하고 배우는 사람이 미처 다 못 배운 것만을 죄주었다. 그렇지 않은 것을 믿고 죄 없는 신하를 죽인 것은 살피지 못한 재난이다.

또 사람의 몸만큼 소중한 것이 없다. 스스로 제 몸을 길이 살도록 하지 못하는데 어떻게 왕을 길이 살게 하겠는가.

【解說】 식객들 가운데 불로 장생법을 가르치는 사람이 있었으므로 연(燕)나라 왕은 한 신하에게 그것을 배우게 했다. 그런데 그 신하가 다 배우기도 전에 그 손이 죽고 말았다. 그러자 연왕은 노해서 신하를 죽였다. 손이 자기를 속인 것엔 생각이 미치지 못하고, 죽기 전에 빨리 배우지 못한 것이 괘씸해서 사형에 처한 것이다. 이치에 맞지 않는 것을 믿고 죄없는 신하를 죽이는 것은 너무도 천박한 행동이다.

누구나 가장 소중한 것은 자기 몸일 것이다. 그 자신이 죽음을 면치 못하는 주제에 남인 연나라 왕을 불로 장생할 수 있게 만들 수는 없는 일이다.

## 6. 속임수는 통한다

客有爲齊王畫者. 齊王問曰, 畫孰最難者. 曰, 犬馬難. 孰易者. 曰, 鬼魅最易. 夫犬馬人所知也. 旦暮罄於前. 不可類之. 故難. 鬼神無形者, 不罄於前. 故易之也.

【解釋】 제왕을 위해 그림을 그리는 손이 있었다. 제왕이 물었다. "어느 그림이 가장 어려운가?" 대답하기를 "개와 말이 어렵습니다." 했다. "어느 것이 쉬운가?" 대답하되, "귀신과 도깨비가 가장 쉽습니다." 했다. 개와 말은 사람들이 모두 아는 것이며 아침 저녁으로 대하므로 웬만한 것으로는 수긍되지 않기 때문에 어려운 것이며, 귀신은 얼굴이 없는 것으로 늘 대하는 것이 아니므로 쉬운 것이다.

【解說】 제(齊)나라 왕을 위해 그림을 그리는 손이 한 사람 있었다. 어느 날 제왕이 그에게 물었다.
"대관절 그림 가운데 무엇이 가장 그리기 어려운가?"
"개와 말이옵니다."
"그러면 뭐가 쉬운가?"
"귀신이나 도깨비 따위입니다."
어째서 개나 말을 그리기가 어려운 것일까? 개나 말은 누구나가 다 알고 있는 것이며 매일 실물을 눈으로 보고 있다. 그러므로 아무렇게나 그릴 수가 없다.
반면 귀신이니 도깨비니 하는 것들은 원래가 형체가 없는 것으로 누구도 본 사람이 없다. 아무렇게나 그려도 시비할 사람이 없으므로 그리기 쉬운 것이다.


## 7. 仁義는 장난감

> 夫嬰兒相與戲也, 以塵爲飯, 以塗爲羹, 以木爲胾.
> 然至日晚必歸者饟, 塵飯塗羹可以戲, 而不可食也. 夫
> 稱上古之傳, 頌辯而不愨, 道先王仁義, 而不能正國者,

此亦可以戲, 而不可以爲治也.
　夫慕仁義而弱亂者三晉也. 不慕而治强者秦也. 然而秦强而未帝者, 治未畢也.

【解釋】 아이들이 서로 함께 놀 때는 흙을 밥이라 하고, 진흙을 국이라 하고, 나무를 고기라 한다. 그러나 날이 저물어 집으로 돌아가 밥을 먹는 것은, 먼지 밥과 진흙 국은 놀이에나 쓸 뿐 먹지는 못하기 때문이다. 대개 상고의 전설을 이야기하는 말은 그럴 듯하나 참되지 못하다. 선왕의 인의를 이르면서도 능히 나라를 바로잡지 못하는 것은, 이 역시 가지고 놀 수는 있어도 정치를 할 수는 없기 때문이다.
　인의를 좋아하여 쇠퇴하고 어지럽게 된 나라는 삼진(三晉)이요, 이에 매달리지 않고 스스로 다스려 강하게 된 나라는 진이다. 그런데 진나라가 강해도 제왕이 못된 것은 정치가 아직 완전하지 못했기 때문이다.

【解說】 아이들이 소꿉놀이하고 놀 때는 흙이 밥이 되고 흙물이 국이 되고 나무 조각이 고기가 된다.
　그러나 저녁에 집에 돌아와 먹는 것은 진짜 음식이다.
　흙과 흙물은 장난감일 뿐 실지로 먹을 수는 없기 때문이다.
　흔히들 옛날의 전설(傳說)을 찬양하고 있는데 그것은 말만 그럴듯할 뿐 실지로는 아무런 소용도 닿지 않는다.
　옛 성인(聖人)들의 〈인의(仁義)〉 역시 아무리 말로 떠들어보아야 나라를 다스리는 데는 소용이 없다.
　이 역시 장난감으로는 소용이 닿지 않기 때문이다.
　〈인의〉에 끌리어 나라를 약하게 만든 본보기가 한(韓)·위(魏)·조(趙)의 이른바 삼진(三晉)이다.
　〈인의〉에 끌리지 않고 나라를 부강하게 만든 것이 진(秦)나라다.
　그런 진나라가 지금에 와서도 천하를 통일하지 못하는 것은 아직 정치가 완전하지 못하기 때문이다.

## 8. 部下들의 종기를 빤다

> 吳起爲魏將, 而攻中山. 軍人有病疽者. 吳起跪而自吮其膿. 傷者之母立泣. 人問曰, 將軍於若子如是, 尚何爲而泣. 對曰, 吳起吮其父之瘡, 而父死. 今是子又將死也. 今吾是以泣.

**【解釋】** 오기가 위나라 장수가 되어 중산을 치는데 병졸 중 종기를 앓는 부하가 있었다. 오기가 꿇어 앉아 몸소 종기의 고름을 빨았다. 그 병사의 어머니는 이 이야기를 듣고 울었다. 곁의 사람이 묻기를 "장군이 당신 아들에게 그같이 했는데 무엇 때문에 우시오?" 하니, 대답하기를 "오기가 그 애 아버지 상처를 빨아준 뒤 그가 죽었소. 이제 이 자식도 또 죽게 될 것이오. 지금 나는 그래서 우는 거요." 했다.

**【解說】** 오기(吳起)가 위(魏)나라 장군이 되어 중산(中山)을 공격했을 때, 종기를 앓는 군사가 있었다. 오기는 직접 무릎을 꿇고 앉아 그 군사의 종기를 빨아냈다. 그것을 전해 듣자, 그 군사의 어머니는 울음을 터뜨렸다.
 "장군이 당신 아들을 그렇게 친절하게 해 주셨는데 어째서 우십니까?"
하고 한 사람이 묻자, 어머니는 이렇게 대답했다.
 "오기 장군은 그 애 아버지 때에도 고름을 빨아내 준 적이 있었소. 아버지는 그 은혜를 죽음으로 갚았지요. 그 애 역시 죽고 말 거요. 그래서 우는 겁니다."

## 9. 見本대로

> 鄭縣人卜子, 使其妻爲袴. 其妻問曰, 今袴何如. 夫曰, 象吾故袴. 妻因毀新令如故袴.

【解釋】 정현 사람 복자가 그 아내로 하여금 바지를 만들게 했다. 그 아내가 묻기를 "이번 바지는 어떻게 할까요." 했다. 남편이 말했다. "내 그전 바지와 같이 하라." 아내는 곧 새것을 뜯어 헌 바지와 같이 만들었다.

【解説】 정현(鄭縣)에 사는 복자(卜子)란 사람이 아내에게 바지를 만들게 했다. 아내는 바지를 만들어 둔 것도 있고 해서 물어 보았다.
"이번 바지는 어떻게 만드는 것이 좋겠어요?"
"먼저 것하고 같게 만들면 되겠지."
그러자 아내는 새 바지를 뜯어 헌 바지와 똑같게 만들었다.

## 10. 逃亡친 자라

> 鄭縣人卜子妻, 之市買鼈以歸. 過潁水, 以爲渴也, 因從而飲之. 遂亡其鼈.

【解釋】 정현 사람 복자의 아내가 시장에 가서 자라를 사 가지고 돌아 오는 길이었다. 영수를 지나다 자라가 목이 마르리라 싶어 곧 놓아 물을 마시게 했다. 마침내는 자라를 놓쳐 버렸다.

【解説】 복자(卜子)의 아내가 시장에 가서 자라를 한 마리 샀다. 집으로 돌아오는데 영수(穎水)를 지나게 되었다. 자라도 목이 마르겠지 하고 냇물에 놓아 물을 마시게 했다. 자라는 좋아라고 도망쳐 버렸다.

## 11. 남의 흉내

> 夫少者侍長者飮. 長者飮亦自飮也.
> 一曰, 魯人有自喜者. 見長年飮酒, 不能釂則唾之, 亦效唾之.
> 一曰, 宋人有少者. 亦欲效善, 則見長者飮無餘, 非堪酒飮也, 而欲盡之.

【解釋】 흔히 젊은 사람이 어른을 모시고 술을 마실 때 어른이 마시면 따라서 자기도 마신다.
 이런 말이 있다. 노나라에 남을 따라 하기 좋아하는 사람이 있어 어른이 술을 마시다가 못다 삼키고 뱉어 버리자, 자기도 따라 뱉었다 한다.
 또 말하기를, 송나라에 한 젊은이가 역시 남을 본따기를 좋아했다. 어른이 남김없이 다 마시는 것을 보자, 술을 이겨내지도 못하면서 자기도 다 마시려 했다.

【解説】 젊은 사람이 노인을 모시고 술을 마시게 되면 노인이 마신 다음에 자기도 마시게 된다.
 노나라에 행동에 신경을 쓰는 사람이 있었다. 노인이 술을 마시다가 다 삼키지를 못하고 토해 버리자 자기도 따라 토해 버렸다.

또 이런 이야기가 있다.

송나라에 행실 바르게 보이려는 젊은이가 하나 있었다. 노인이 보기 좋게 술을 쭈욱 들이켜는 것을 보고, 잘 마시지도 못하는 술을 억지로 다 들이켜려 했다.


## 12. 學者

> 郢人有遺燕相國書者. 夜書, 火不明. 因謂持燭者曰, 擧燭. 云而過書擧燭. 擧燭, 非書意也. 燕相受書而說之曰, 擧燭者尙明也, 尙明也者, 擧賢而任之. 燕相白王. 王大說, 國以治. 治則治矣, 非書意也. 今世學者, 多似此類.

【解釋】 영의 한 사람이 연나라 상국에게 편지를 쓰고 있었다. 밤에 쓰는데 불이 밝지 못했다. 촛불 든 사람에게 촛불을 좀더 들라고 말하며 그만 편지에다 "촛불을 들라."고 썼다. 촛불을 들라는 것은 편지에 쓰려는 말은 아니었다. 연나라 상국이 편지를 받고 기뻐하며 말하기를 "촛불을 드는 것은 밝은 것을 소중히 하는 것이요. 밝은 것을 소중히 하는 것은 어진 사람을 뽑아 일을 맡기는 것이다."했다. 연나라 상국이 왕에게 이 말을 고하니 왕이 크게 기뻐하여 나라가 잘 다스려졌다. 다스려지기는 했으나 편지의 본뜻은 아니었다. 지금 세상에는 대부분 이런 종류의 학자가 많다.

【解說】 초(楚)나라 서울 영(郢)에 사는 사람이 밤에 연(燕)나라 재상에게 편지를 쓰고 있었다. 등불이 어두워서 잘 보이지 않으므로 촛

불 든 사람에게 "촛불을 들라."하고 명령했다. 그때 자기도 모르게 글 속에다 "촛불을 들라."하고 써 버렸다. 연나라 재상은 편지를 보자,
"촛불을 들라는 것은 밝은 것을 소중히 하라는 뜻이다. 그것은 곧 어진 사람을 믿고 쓰라는 말이다."
하고 곧 왕에게 그런 뜻을 아뢰었다. 왕도 기꺼이 재상의 뜻을 받아들여 어진 사람들을 쓰게 되었으므로 나라는 잘 다스려졌다.
나라는 잘 다스려졌지만, 그것은 편지 낸 사람의 본래의 뜻은 아니었다. 오늘날 학자란 사람은 모두가 이것과 비슷한 사람들이다.

## 13. 자기 발보다 치수를

> 鄭人有且置履者. 先自度其足, 而置之其座, 至之市, 而忘操之, 已得履, 乃曰, 吾忘持度. 反歸取之, 及反市罷. 遂不得履. 人曰, 何不試之以足. 曰, 寧信度, 無自信也.

**【解釋】** 정나라에 차치리란 사람이 있었다. 미리 자기 발을 재어 자리에 놓아 두고 시장에 갈 즈음에 가지고 가는 것을 잊었다. 신을 사려 들고서야 "내가 잊어버리고 발 잰 것을 가지고 오지 않았다."말하고 되돌아가 가지고 돌아왔을 때는 시장이 파해 신을 사지 못했다. 어느 사람이 말하기를 "어찌하여 자기 발로써 시험하지 않느냐."하니 말하기를 "그래도 잰 것을 믿지, 자기를 믿는 일은 없다."했다.

**【解說】** 정(鄭)나라에 차치리(且置履)라는 별명을 가진 사람이 있었다. 차치리란 〈아직 신을 사지 못했다.〉는 뜻이다.

그는 신을 사러 가기 위해 먼저 자기 발을 재어 그것을 자리에 놓

아 두었었는데 막상 시장으로 떠날 때는 깜박 그걸 잊고 말았다.  막상 신을 사려고 손에 들고서야

"아차, 치수 재어 놓은 것을 잊고 왔구나."

하고 다시 집으로 돌아 왔다. 치수 잰 것을 가지고 시장으로 갔을 때는 가게는 벌써 문을 닫은 뒤라 신을 살 수 없었다.

"그 자리에서 왜 발에 맞춰보지 않고 그런 짓을 하는가?"

누군가가 이렇게 말을 하자, 그는 이렇게 대답했다.

"어떻게 발을 믿을 수 있겠는가. 역시 치수 잰 것이라야 확실하지."

## 14. 졸릴 수밖에

> 魏昭王欲與官事, 謂孟嘗君曰, 寡人欲與官事. 君曰, 王欲與官事, 則何不試習讀法. 昭王讀法十餘簡而睡臥矣. 王曰, 寡人不能讀此法. 夫不躬親其勢柄, 而欲爲人臣所宜爲者也, 睡不亦宜乎.

【解釋】 위소왕이 재판에 참여하고 싶어 맹상군에게 말하기를 "과인이 참여할까 하오."했다. 맹상군이 말하기를 "왕께서 재판에 참여코자 하시면 어찌하여 미리 법을 익혀 읽지 않습니까?"했다. 소왕은 법을 십여 장 읽다가 졸리어 잤다. 그리고는 말하기를 "과인은 제대로 이 법을 읽지 못하겠다."했다. 몸소 그 권세의 자루를 잡지 아니하고 신하들이 해야 할 일까지 하려 하니 졸리는 게 당연하지 아니한가.

【解説】 위소왕(魏昭王)은 자기가 직접 재판에 참여하고 싶었다. 그래서 맹상군(孟嘗君)에게 말했다.

"과인이 재판을 직접 다루어 보았으면 싶은데."
"직접 재판을 하실 생각이면 먼저 법률을 읽으셔야 됩니다."
이 말에 소왕은 법률책을 읽기 시작했다. 몇 장 읽어 나가는 가운데 그만 졸려 잠이 들었다. 그리고는 말했다.
"과인은 법률 공부를 도저히 하지 못하겠는걸."
임금이란 권력의 자루만을 잡고 있으면 된다. 신하에게 맡겨 두면 좋을 일까지 자기가 하려 하니 졸릴 수밖에 더 있겠는가.

## 15. 請은 듣지 않는다

> 韓昭侯謂申子曰, 法度甚不易行也. 申子曰, 法者見功而與賞, 因能而受官. 今君設法度, 而聽左右之請. 此所以難行也. 昭侯曰, 吾自今以來, 知行法矣. 寡人奚聽矣.
> 一日, 申子請仕其從兄官. 昭侯曰, 非所學於子也. 聽子之謁, 敗子之道乎. 亡其用子之謁. 申子辟舍請罪.

【解釋】 한소후가 신불해(申不害)에게 말하기를 "법도란 심히 행하기가 어렵다."했다. 신자가 대답했다. "법이란 공이 있으면 상을 주고, 능력에 따라 벼슬을 받는 것입니다. 지금 임금께서 법도를 만드시고 좌우의 청을 들으시니 그래서 행해지기 어려운 것입니다."소후가 말하기를 "내 지금부터 법 행하는 것을 알았으니 앞으로 과인이 어찌 청을 듣겠소."했다.
어느 날 신자가 그의 종형에게 벼슬을 주도록 청했다. 소후가 말하기를 "경에게 배운 것은 그것이 아니다. 경의 부탁을 듣고 경의 도를 그르칠 것인가, 경의 부탁을 듣는 일이 없도록 할 것인가?" 신자는 관저에서 물러나 죄를 청했다.

【解説】 "정말 법이란 것은 제대로 쓸 수가 없는 거로군."
하고 한소후(韓昭侯)가 재상인 신불해(申不害)에게 불평을 털어 놓았다.
  그러자 신불해는 이렇게 대답했다.
"법은 공적에 의해 상을 주고, 능력에 따라 벼슬을 주는 것입니다. 왕께선 법을 정해 놓고서도 주위 사람들의 청을 들어주고 계십니다. 그래서 법이 제대로 행해지지 못하는 것입니다."
"과연 그렇겠군. 이제는 법을 쓰는 묘리(妙理)를 깨달았으니 앞으로는 누구의 청탁도 받아들이지 않겠소."
  그 뒤 어느날 신불해가 자기 사촌형의 벼슬 자리를 청원해 왔다.
"경은 나보고는 그렇게 하지 말라고 했지 않소. 경의 청을 받아들임으로써 경의 가르침을 그르치는 것이 옳겠소, 아니면 경의 청을 거절하는 것이 옳겠소?"
  신불해는 집으로 물러가 임금에게 죄를 청했다.

## 16. 約束

吳起出遇故人, 而止之食. 故人曰, 諾, 今返而御. 吳子曰, 待公而食. 故人至暮不來. 起不食待之. 明日早, 令人求故人. 故人來, 方與之食.

【解釋】 오기가 나가다가 친구를 만나 그를 붙들어 함께 식사를 하려 했다. 친구가 말하기를 "알겠네. 곧 돌아와 같이 하겠네."했다. 오기가 말하기를 "자네를 기다렸다가 같이 먹으리라."했다. 그런데 친구는 저물어도 오지 않았다. 오기는 먹지 않고 기다렸다. 이튿날 아침 사람을 시켜 친구를 찾게 하고 그가 오자, 그때에야 비로소 함께 먹었다.

【解說】 오기(吳起)가 밖으로 나가다가 옛 친구를 만났다. 그를 붙잡고 식사를 함께 하자고 청했다.
"그렇게 하지. 내 곧 볼 일을 보고 돌아 오겠네."
"그럼 자네가 올 때까지 기다리고 있다가 함께 들겠네."
오기는 이렇게 대답했다.
그런데 그 친구는 해가 저물어도 오지 않았다. 오기는 먹지 않고 기다렸다. 그리고 이튿날 아침 사람을 보내 그를 찾아 데리고 오게 한 다음 함께 식사를 했다.

## 17. 生鮮으로 파리를 쫓아 보아야

> 子綽曰, 人莫能左畫方而右畫圓也. 以肉去蟻, 蟻愈多, 以魚驅蠅, 蠅愈至.

【解釋】 자작이 말하기를 "사람은 능히 왼손으로 네모를 그리면서 오른손으로 동그라미를 그리지는 못한다. 고기로 개미를 쫓으려 하면 개미는 더욱 많아지고, 생선으로 파리를 쫓으면 파리는 더욱 날아든다."했다.

【解説】 자작(子綽)의 말이다.
"왼손으로 네모를 그리면서 오른손으로 동그라미를 그릴 수는 없다."
고기로 개미를 쫓으려 하면 개미는 더 많아진다. 생선으로 파리를 쫓아 보아야 파리는 더 모여들기만 한다.


## 18. 臣下와 까마귀

> 夫馴烏者斷其下翎焉. 斷其下翎, 則必恃人而食. 焉得不馴乎. 夫明主畜臣亦然. 令臣不得不利君之祿, 不得無服上之名, 夫利君之祿, 服上之名. 焉得不服.

【解釋】 까마귀를 길들이려면 먼저 그 아랫날개를 끊는다. 그 아랫날개를 끊으면 반드시 사람을 의지하여 먹게 된다. 어떻게 길들이지 않 수 있겠는가. 명군이 신하를 다루는 법도 역시 그러하다. 신하로 하여금 임금의 녹을 바라지 않을 수 없게 하고 위에서 준 명분에 따르지 않을 수 없게 만든다. 임금의 녹을 이롭게 여기고 위에서 준 명분에 따르는데 어떻게 복종하지 않을 수 있겠는가.

【解説】 까마귀를 길러 길을 들이려면 먼저 날개를 끊는다. 날개를 잘라버리면 까마귀는 사람에게 먹이를 얻는 도리밖에 없다. 자연 사람과 친해지게 된다.
  명군이 신하 기르는 법도 역시 마찬가지다. 요령은 주는 녹(祿)에만 의존하지 않을 수 없게 만들고 주어진 직책에 충실하는 도리밖에 없도록 하는 것이다. 그렇게 되면 신하는 하는 수 없이 복종하게 된다.

## 19. 밑빠진 임금

> 堂谿公謂昭侯曰, 今有千金之玉巵, 通而無當. 可以盛水乎. 昭侯曰, 不可. 有瓦器而不漏, 可以盛酒乎. 昭侯曰, 可. 對曰, 夫瓦器至賤也. 不漏, 可以盛酒. 雖有乎千金之玉巵至貴, 而無當漏, 不可盛水. 則人孰注漿哉. 今爲人之主, 而漏其羣臣之語. 是猶無當之玉巵也. 雖有聖智, 莫盡其術. 爲其漏也. 昭侯曰, 然.
> 昭侯聞堂谿公之言, 自此之後, 欲發天下之大事, 未嘗不獨寢. 恐夢言而使人知謀也.

【解釋】 당계공이 소후에게 말하기를, "여기 천금의 옥잔이 있는데 뚫리어 밑이 없다면 물을 담을 수 있겠습니까?"했다. 소후가 말하기를 "없다."했다.

"여기 새지 않는 질그릇이 있다면 술을 담을 수 있습니까?"했다. 소후가 말하기를 "할 수 있다."했다. 당계공이 말하기를 "질그릇은 지극히 천한 것이나 새지 않으면 술을 담을 수 있습니다. 비록 천금의 옥잔과 같은 지극히 귀한 것을 가지고 있어도, 밑이 새게 되면 물도 담을 수 없는데 누가 마실 것을 담겠습니까. 만일 임금으로 앉아 뭇신하들의 말을 새게 한다면, 이것은 밑 없는 옥잔과 같습니다. 비록 성스런 지혜가 있어도 그 기능을 다할 수 없는 것은 그것이 새기 때문입니다."했다. 소후가 말하기를 "그렇다."했다.

당계공의 말을 들은 소후는 그 뒤로는 천하의 큰 일을 새로 계획할 때면 언제나 혼자 자곤 했다. 꿈에라도 말하여 다른 사람으로 하여금 그 계획을 알게 할까 두려워해서였다.

【解說】 당계공(堂谿公)이 한소후(韓昭侯)를 보고 물었다.

"여기 값이 천금 나가는 옥잔이 있다고 합시다. 이것이 밑이 뚫려 있다면 물을 담을 수 있겠습니까?"

"그야 안 되지."
"그러면 여기 질그릇이 있다고 합시다. 이것이 바닥이 성해서 새지 않는다면 술을 담을 수 있겠습니까?"
"그야 물론이지."
그제야 당계공은 말했다.
"질그릇은 흔해 빠진 값없는 물건이지만 새지만 않으면 술을 담을 수도 있습니다. 값이 천금이나 나가는 옥잔은 비록 귀한 것이기는 하나 바닥이 없어 새게 되면 물도 담을 수 없습니다. 누가 여기다가 마실 것을 넣을 사람이 있겠습니까? 신하의 말을 다른 사람에게 새게 하는 임금은 흡사 밑빠진 옥잔과 같은 것입니다. 아무리 임금이 지혜가 뛰어나도 그 재주를 다할 수 없게 되는 것은 다른 사람에게 새어보내기 때문입니다."
이 말을 들은 뒤부터 소후는 무슨 큰 계획을 생각하고 있을 때면 반드시 혼자서 잔다. 잠꼬대라도 혹시 누가 듣게 됨으로써 계획이 새어나갈까 염려했던 것이다.

## 14. 結婚命令

> 桓公微服而行於民間. 有鹿門稷者, 行年七十而無妻. 桓公問管仲曰, 有民老而無妻者乎. 管仲曰, 有鹿門稷者. 行年七十矣而無妻. 桓公曰, 何以令之有妻. 管仲曰, 臣聞之, 上有積財則民必匱乏於下, 宮中有怨女, 則有老而無妻者.
> 桓公曰, 善. 令於宮中女子未嘗御出嫁之. 乃令男子年二十而室. 女人年十五而嫁. 則内無怨女, 外無曠夫.

**【解釋】** 환공이 변복을 하고 민간을 순시했다. 녹문직이란 자는 나이 일흔이 되도록 아내가 없었다. 환공이 관중에게 물었다. "백성들 중에 늙도록 아내가 없는 사람이 있는가?" 관중이 말하기를 "녹문직이란 사람은 나이 일흔이 되도록 아내가 없습니다."했다. 환공이 말하기를 "어떻게 하면 아내가 있도록 하겠나?"했다. 관중이 말하기를 " 신이 듣자오니 임금이 쌓은 재물이 있으면 백성은 반드시 궁핍하고, 궁중에 원망하는 여자가 있으면 늙어서도 아내 없는 사람이 있다 하옵니다." 했다.

　환공은 "좋다."말하고 궁중에 명령하여 일찍이 자기를 모시지 않은 시녀들을 시집보내게 하고, 이어 "남자는 나이 스물에 장가 들고, 여자는 나이 열다섯이면 시집가게 하라."명령했다. 그러자 궁중에는 원망하는 여자가 없고, 백성들 중에도 홀아비가 없게 되었다.

**【解説】** 제환공(齊桓公)이 변복(變服)을 하고 민간을 시찰했을 때의 일이다.

　당시 녹문직(鹿門稷)이란 사람이 있었는데 그는 늙도록 아직 아내가 없었다.

　그런데 환공이 같이 가던 관중(管仲)에게 무심히 물었다.

　"백성들 가운데는 나이 늙도록 아내를 갖지 못한 남자도 있겠지."

　"있습니다. 녹문직이란 사람은 나이 일흔인데도 아직 아내가 없습니다."

　"어떻게 하면 장가를 들 수 있도록 할 수 있을까?"

　"이런 말이 있습니다. 임금이 재물을 너무 많이 가지고 있으면 백성들의 생활이 어려워지고, 궁중에 홀로 자는 여자가 있으면 백성들 가운데 늙어도 아내 없는 사람이 생긴다 하였습니다."

　"알겠소."

하고 환공은 아직 자신이 함께한 일이 없는 궁녀들을 전부 시집보냈다. 그리고는 다음과 같은 명령을 내렸다.

　"남자는 스물이면 장가를 들고, 여자는 열 다섯이면 시집을 가도록 하라."

이리하여 궁중에는 남자를 그리워하는 여인이 없게 되고, 민간에는 장가 못든 남자가 없게 되었다.

한비의 이야기들은 그것이 인간학(人間學)을 추구하기 위해서, 또 유세할 때의 입증을 위해 쓰이는 것이었지만, 그것은 동시에 날카로운 문명 비판(文明批判)이기도 하다. 한비가 선택하는 소재는 사회, 인문, 자연 등 모든 분야에 걸쳐 원칙에 대한 탐구심과 독특한 재능을 느낄 수 있다.

"송(宋)나라에 행실 바르게 보이려는 젊은이가 하나 있었다. 노인이 보기 좋게 술을 쭈욱 들이켜는 것을 보고 잘 마시지도 못하는 술을 자기도 억지로 다 들이켜려 했다."

이러한 일상 생활의 광경을 자연스럽게 옮겨 놓은 단문들 가운데에도 한비의 정신 생활의 숨결이 느껴진다.

〈행실 바르게 보이려는 사람〉은 인습적인 도덕을 받드는 유학자들로 옛 어진 이들의 하던 일을 그대로 답습하고 있는 학자, 그것에 이끌리고 있는 임금들이다. 유머와 문명 비판이 적당히 안배되면서 잘 조화를 이룬 것에 〈한비의 이야기〉의 뛰어난 일면이 있다.

많은 사람들은 그의 비정한 인간관(人間觀)을 지적하고, 그러한 이유를 전국 시대 약소국의 하나인 한(韓)나라 공자로 태어났다는, 말하자면 정치적 환경을 들고 있다. 이러한 지적은 옳았던 것으로 생각되나, 그것보다는 그의 성장에서 뿌리가 내린 것으로 생각된다. 즉 공자로 태어난 자존심과 어머니가 천한 후궁이었다는 일종의 비뚤어진 열등심의 갈등 같은 것이다. 태어난 환경의 모순과 자기 나라의 상황이 한비의 〈사고방식〉을 만들어낸 것이 아닐는지.

어찌 됐든, 한비의 설화집(說話集)은 그의 논문체 문장에는 나타나 있지 않은 그의 인간성을 보여주고 있다. 한비의 밝고 어두운 양면을 보기 위해서도, 또 비범한 노력에 의한 기초적인 연구 없이는 이같이 치밀한 정치 논문이 생겨나지 못했으리라는 점에서도 이 설화집은 매우 흥미깊은 것이다.

# 難 篇

 〈힐난(詰難)한다〉는 난(難)이다. 캐고 따지고 들어가는 것을 말한다. 세상의 상식이란 것, 그것은 너무도 유치하고 과오 투성이다. 그것이 상식으로 통용되고 있기 때문에 아무도 의심하려 하지 않고 있다. 시대를 앞서는 사람은 그것의 거짓됨을 쉽사리 꿰뚫어 볼 수 있다. 한비는 그의 독특한 논리에 의해 유교적인 미신을 깨뜨려 보이고 있다.
 "뚫을 수 없는 방패와 뚫지 못할 것이 없는 창이 세상에 함께 있을 수는 없다."
 "공 없는 것을 상 주면, 백성들은 윗사람에게 요행을 바라고, 허물을 벌 주지 않으면 백성을 징계하지 못해 그른 짓을 하기 쉽다."
 "지혜는 사물을 두루 알기에 부족하다. 그러므로 사물에 의해 사물을 다스린다."

## 1. 矛盾

 歷山之農者侵畔. 舜往耕焉, 期年甽畝正. 河濱之漁者爭坻. 舜往漁焉, 期年而讓長. 東夷之陶者器苦窳.
舜往陶焉, 期年而器牢. 仲尼歎曰, 耕漁與陶, 非舜官
也. 而舜往爲之者, 所以救敗也. 舜其信仁乎. 乃躬耕
處苦而民從之. 故曰聖人之德化乎.

或問儒者曰, 方此時也, 堯安在. 其人曰, 堯爲天子.
然則仲尼之聖堯奈何. 聖人明察在上位, 將使天下無
姦也. 今耕漁不爭, 陶器不窳, 舜又何德而化. 舜之救
敗也, 則是堯有失也. 賢舜, 則去堯之明察. 聖堯, 則
去舜之德化. 不可兩得也.

楚人有鬻楯與矛者. 譽之曰, 吾楯之堅, 莫能陷也.
又譽其矛曰, 吾矛之利, 於物無不陷也. 或曰, 以子之
矛, 陷子之楯, 何如. 其人弗能應也.

夫不可陷之楯, 與無不陷之矛, 不可同世而立. 今堯
舜之不可兩譽, 矛楯之說也. 且舜救敗, 期年已一過,
三年已三過. 舜有盡, 壽有盡, 天下過無已者. 以有盡
逐無已, 所止者寡矣.

賞罰使天下必行之. 令曰, 中程者賞, 弗中程者誅.
令朝至暮變, 暮至朝變, 十日而海內畢矣. 奚待期年.
舜猶不以此說堯令從己, 乃躬親. 不亦無術乎.

且夫以身爲苦而後化民者, 堯舜之所難也. 處勢而令
下者, 庸主之所易也. 將治天下, 釋庸主之所易, 道堯
舜之所難, 未可與爲政也.

**【解釋】** 역산의 농부들이 밭두렁을 서로 침범했다. 순이 가서 농사를 짓자 한 해만에 밭도랑과 밭이랑의 경계선이 뚜렷해졌다. 황하의 고기잡이들이 낚시터를 서로 다투었다. 순이 가서 고기를 잡자 한 해만에 어른에게 양보했다. 동이의 질그릇이 여물지 못했다. 순이 가서 그릇

을 굽자 일 년 만에 그릇이 단단하게 구워 내졌다. 공자가 감탄해 말하기를 "밭갈이와 고기잡이와 그릇구이는 순의 직책이 아니다. 그런데 순이 가서 한 것은 잘못을 바로잡기 위한 것이다. 참으로 어질다. 몸소 밭갈이하며 고생하니 백성들이 따랐다. 이것이 바로 성인의 덕화이다."고 했다.

누군가 선비에게 "이때 요는 어디에 있었는가?"하고 물으니 그는 "요는 천자로 있었다."고 말했다.

"그런데도 공자가 요를 성인이라 한 것은 무엇 때문인가. 성인이 임금의 자리에서 밝게 살피면 천하로 하여금 간악함을 없앨 수 있다. 그러나 이미 밭갈이와 고기잡이가 다투지 않고 질그릇이 이지러지지 않았다면 순은 또 무엇을 덕으로 화하게 했을 것인가. 순이 잘못을 바로잡았다면 이는 요에 부족함이 있는 것이다. 순이 어질다면 요가 명찰할 수 없고 요가 성인이라 한다면 순의 덕화는 필요없다. 둘이 같이 성립될 수 없다.

초나라에 방패와 창을 파는 사람이 있었다. 자랑하여 말하기를 내 방패의 여물기란 무엇으로라도 뚫을 수 없다 했다. 또 그 창을 자랑하여 말하기를, 내 창의 날카로움은 어느 물건이고 못 뚫을 것이 없다고 했다. 어떤 사람이 말하기를 그대의 창으로 그대의 방패를 뚫으면 어찌될 것인가 하자, 그 사람은 대답하지 못했다.

뚫을 수 없는 방패와 뚫지 못할 것이 없는 창이 세상에 함께 있을 수는 없다. 요와 순을 함께 칭찬할 수 없는 것은, 즉 창과 방패의 이야기와 같다. 한편 순이 잘못을 바로잡는데, 한 해에 한 허물을 고치게 하여 삼 년에 세 허물을 고치게 했다. 수명은 한이 있는데 천하의 허물은 끝이 없다. 한이 있는 것이 그 끝이 없는 것을 상대하여 이길 수는 없다.

상벌은 천하 사람들로 하여금 반드시 실행하게 한다. 법을 지키는 자는 상을 주고, 법에 어긋나는 자는 벌을 준다고 하면, 영이 아침에 이르면 저녁에 고치게 되고, 저녁에 이르면 아침에 고치게 되어 열흘이면 천하가 다 따르게 된다. 어찌 한 해를 기다리리오. 순이 요를 달래어 자기 말을 좇도록 하지 못하고 몸소 행해 보였으니 역시 술이 없는 것이 아닌가.

　또 몸소 고생을 하여 백성으로 하여금 좇게 하는 것은 요순에게도 힘드는 일이고, 권세로써 명령하는 것은 못난 임금도 하기 쉬운 일이다. 천하를 다스리려 하면서 못난 임금이 쉬이 하는 바를 버리고, 요순도 어려워하는 바를 따른다면 어떻게 정치를 할 수 있겠는가."

【解說】 역산(歷山)의 농부들이 논밭의 경계 때문에 싸우게 되었다. 순 임금이 그곳에 나가 함께 밭갈이를 한 결과 일 년만에 논과 밭의 경계가 올바로 정해졌다.
　황하의 어부가 낚시터를 놓고 서로 싸우므로, 역시 순 임금이 그곳에 가 어부들과 함께 지낸 결과 일 년만에 나이 많은 사람에게 낚시터를 양보하게 할 정도까지 되었다.
　동쪽 오랑캐의 도기장이들이 만드는 옹기그릇은 질이 나빴으므로, 순 임금이 그곳에 가 함께 만들었는데, 그곳 또한 일 년만에 훌륭한 옹기그릇을 만들 수 있게 되었다.
　순 임금의 이 일에 대해 공자는 이렇게 감탄했다.
　"농사일이고 고기잡이고 또 옹기구이고, 본래의 임무가 아닌데도 순 임금이 직접 나가 한 것은 잘못을 고쳐주기 위해서다. 이 얼마나 어진 일인가. 직접 노동을 실천함으로써 백성들을 가르쳐 준 것이다. 이것이 곧 성인의 덕화란 것일게다."
　누군가 선비〔儒者〕에게 물었다.
　"그때 요 임금은 무엇을 하고 있었는가?"
　"요 임금은 천자로 있었다."
고 선비는 대답했다. 그러자 누군가 이렇게 반론을 폈다.
　──그렇다면 공자는 왜 요 임금을 성인이라고 말했는가?
　성인이 천자의 자리에 올라 있다면, 온 천하의 모든 악을 몰아낼 수 있었을 것이다. 만일 천자인 요임금이 성인이었다면, 농부고 어부고 다툴 리가 없었을 것이며, 옹기그릇의 질이 나쁠 리도 없을 것이다. 따라서 순 임금은 덕을 베풀 여지가 없었을 것이다. 그러므로 순 임금이 잘못을 바로잡은 것은, 곧 요 임금에게 실책이 있음을 뜻한다. 순 임금이 어질다면 요 임금은 모든 것을 다 아는 성인이었다고 할 수 없다. 요 임금이 성인이라면 순 임금은 덕을 베풀었다고 할 수 없다. 둘이 함께 성립되지 않기 때문이다. 예를 들어 이런 이야기가 있다.

초나라에 방패와 창을 파는 사내가 있었다. 그는 먼저 자기가 팔고 있는 방패를 선전했다.

"이 방패의 튼튼하기로 말하면 참으로 엄청난 것이다. 세상에 어떤 것이라도 이것을 뚫지는 못한다."

다음으로 그는 또 창에 대한 선전을 했다.

"이 창의 날카로움을 말하기로 하면, 세상에 어떤 것이라도 뚫지 못할 것이 없다."

그러자 누군가가 반문했다.

"그 창으로 그 방패를 찌르면 어떻게 되는가?"

사나이는 대답을 못하고 말았다.

무엇으로 찔러도 뚫을 수 없는 방패와 무엇이고 뚫을 수 있는 창이 동시에 존재할 수는 없다. 요 임금과 순 임금을 동시에 찬양할 수 없는 것은 이 방패와 창의 비유와 마찬가지이다.

또 순 임금이 바로잡은 잘못은 일 년에 하나씩, 삼 년 동안에 셋이다. 순 임금은 한 사람뿐이고 그의 수명에도 한계가 있다. 그런데 세상의 잘못이란 한이 없다. 한계가 있는 것이 한이 없는 것을 뒤쫓아 보아야 얼마나 따라가겠는가. 바로잡게 될 잘못은 불과 몇 되지 않는다.

그러나 상벌에 의하면, 세상의 잘못은 반드시 막아낼 수 있다. '법에 따르는 자에게는 상을 주고 벗어난 자에게는 벌을 준다.'고 명령을 내리면 그날로 백성들은 이에 따른다. 명령이 전국에 시행되는 것은 열흘만 지나면 될 뿐 구태여 일 년까지 기다릴 것도 없다.

순 임금은 요 임금에게 상벌을 쓰도록 할 생각은 않고 자신이 직접 나가 일했다. 지혜가 모자란 얘기가 아닌가.

또한 직접 행동해 가며 백성들을 지도한다는 것은, 요나 순에 있어서도 어려운 일이지만 권력으로 백성에게 명령을 내리는 것이라면 현명한 임금이 아니라도 할 수 있다. 정치를 하는 데 있어서 어떤 임금이라도 할 수 있는 방법을 쓰지 않고, 요 임금이나 순 임금으로서도 하기 어려운 방법을 쓰려는 것은 정치가 어떤 것인가를 전혀 알지 못하는 소치일 뿐이다.


2. 桓公의 부끄러움

> 齊桓公飮酒, 醉遺其冠. 恥之, 三日不朝. 管仲曰, 此非有國之恥也. 公胡其不雪之以政. 公曰, 善. 因發倉囷, 賜貧窮, 論囹圄, 出薄罪. 處三日, 而民歌之曰, 公乎公乎, 胡不復遺冠乎.
>
> 或曰, 管仲雪桓公之恥於小人, 而生桓公之恥於君子矣. 使桓公發倉囷而賜貧窮, 論囹圄而出薄罪, 非義也, 不可以雪恥. 使之而義也. 桓公宿義, 須遺冠而後行之. 則是桓公行義, 爲遺冠也. 是雖雪遺冠之恥於小人, 而亦遺宿義之恥於君子矣. 且夫發倉囷而賜貧窮者, 是賞無功也, 論囹圄而出薄罪者, 是不誅過也. 夫賞無功, 則民偸幸而望於上. 不誅過, 則民不懲而易爲非. 此亂之本也. 安可以雪恥哉.

【解釋】 제환공이 술을 마시다 취하여 그 관을 잃었다. 부끄러운 나머지 사흘동안 조회를 보지 않았다. 이에 관중이 "이것은 나라가 있는 사람의 수치가 아닙니다. 공께선 어찌하여 정치로써 씻지 않으십니까." 했다. 공이 말하기를 "좋다."한 다음 창고를 열어 가난한 사람에게 곡식을 나눠 주고, 가벼운 죄를 지은 사람을 풀어 주었다. 그런지 사

흘만에 백성이 노래하기를 "임금이여, 임금이여 다시 한 번 관을 잃지 않으시렵니까."했다.

누군가 이렇게 말했다.

"관중은 환공의 수치를 소인들에게 씻어 냈다지만 환공의 수치는 군자가 받았던 것이다. 환공으로 하여금 창고를 풀어 가난한 사람에게 주고, 감옥을 조사하여 가벼운 죄 지은 자들을 풀어 준 것이 의(義)가 아니라면 부끄러움을 씻을 수 없다. 그것이 의라고 한다면 환공은 의를 보류해 두었다가 관을 잃은 뒤에야 행한 것이 된다. 즉 환공이 의를 행한 것은 관을 잃었기 때문이다. 이것은 비록 관을 잃은 부끄러움을 소인에게는 씻었으나 의를 보류해 둔 부끄러움을 군자에게 준 것이다. 또 창고를 가난한 사람에게 푼 것은 공로가 없는 것에 상준 것이고, 형벌이 가벼운 자를 풀어준 것은 허물을 죄주지 않은 것이다. 공 없는 것을 상주면 백성들은 윗사람에게 요행을 바라고, 허물을 벌주지 않으면 백성을 징계하지 못하여 그른 짓을 하기 쉽다. 이것은 난(亂)의 근본이 되니까 어찌 그것으로써 부끄러움을 씻을 수 있겠는가."

**【解説】** 제환공(齊桓公)이 밤에 취해 관(冠)을 잃어버리고는 수치스러운 나머지 사흘이 지나도 조정에 모습을 나타내지 않았다. 이때 재상인 관중은 환공을 이렇게 깨우쳐 주었다.

"그런 건 임금으로서의 수치라고 말할 수 없습니다. 좋은 정치로써 보충하면 되는 것이옵니다."

"과연……."

이렇게 말한 환공은 창고의 곡식을 꺼내 백성들에게 나눠 주고, 형벌이 가벼운 죄수들을 풀어 주었다.

사흘이 지나자 백성들은 이런 노래를 불렀다.

임금님, 임금님
부디 한 번만 더
관을 잃으십시오, 한 번만 더.

이에 대해 누군가 이렇게 말하고 있다.

——관중이 환공의 수치를 씻어 주었다 하지만 소인들의 경우일 뿐, 군자에게는 오히려 새로운 수치를 더해 주었다. 물론 환공이 가난한 사람들을 위해 창고의 곡식을 나누어 주고, 죄가 가벼운 자를 풀어 주지 않았다면, 수치를 씻을 수 없었을 것이다. 이것이 옳은 일이었다면 환공은 옳은 일을 행하지 않고 보류해 두었다가 관을 잃을 때까지 기다린 것으로 된다. 즉 환공은 관을 잃은 뒤에야 옳은 일을 행한 것이다.

말하자면 소인에 대해서는 관을 잃어버렸다는 부끄러움을 씻었으나 군자에 대해서는 새로 옳은 일을 소홀히 하고 있었다는 수치를 더한 셈이 된다.

그것만이 아니다. 창고를 열어 가난한 사람에게 식량을 나눠준 것은 공로가 없는 사람에게 상을 주는 것이 된다. 죄수들을 조사해서 죄가 가벼운 사람을 풀어준 것은 악한 자에게 벌을 주지 않은 것이 된다. 공로가 없는 사람에게 상을 주게 되면, 백성들은 터무니없는 욕심을 부리게 되고, 악한 자를 벌 주지 않으면 백성들은 나쁜 짓 하는 것을 예사로 알게 된다. 이야말로 세상을 어지럽게 하는 근본이니, 부끄러움을 씻는 정도로 생각해서는 안 되는 것이다.

## 3. 한 사람의 눈과 귀로서는

鄭子產晨出, 過東匠之閭, 聞婦人之哭, 撫其御之手而聽之. 有間, 遣吏執而問之, 則手絞其夫者也.

異日, 其御問曰, 夫子何以知之. 子產曰, 其聲懼, 凡人於其親愛也, 始病而憂, 臨死而懼, 已死而哀. 今哭已死, 不哀而懼, 是以知其有姦也.
　或曰, 子産之治, 不亦多事乎. 姦必待耳目之所及, 而後知之, 則鄭國之得姦者寡矣. 不任典成之吏, 不察參伍之政, 不明度量, 恃盡聰明, 勞智慮, 而以知姦, 不亦無術乎. 且夫物衆而智寡. 寡不勝衆. 智不足以徧知物, 故因物以治物. 下衆而上寡. 寡不勝衆. 故因人以知人. 是以形體不勞而事治, 智慮不用而姦得.
　故宋人語曰, 一雀過, 羿必得之, 則羿誣矣. 以天下爲之羅, 則雀不失矣.
　夫知姦亦有大羅. 不失其一而已矣. 不修其理, 而以己之胸察爲之弓矢, 則子産誣矣. 老子曰, 以智治國, 國之賊也. 其子産之謂矣.

**【解釋】** 정나라 자산이 아침에 나와 동장의 마을 문을 지나다가 부인의 곡성을 듣더니 마부의 손을 누르며 귀담아 들었다. 그리고 이내 관리를 보내 잡아 물으니 그 지아비를 목졸라 죽인 여자였다.

　뒤에 그의 마부가 물어 말하기를, "부자께서 무엇으로 아셨습니까?" 했다.

　자산이 말하기를 "그 소리에 두려워함이 있었기 때문이다. 무릇 사람이란 그 사랑하는 사람이 병들면 근심하고, 죽음에 다다르면 두려워하고, 이미 죽어서는 슬퍼한다. 이미 죽은 사람을 울면서 슬퍼하지 않고 두려워하므로 이로써 그 간악함이 있는 것을 알았다."했다.

　누군가 이렇게 말했다.

　"자산의 정치는 너무 번거롭지 않은가. 간악함을 반드시 듣고 보고 한 다음에 알게 된다면 정나라의 간악한 사람은 얼마 잡히지 않을 것이다. 법을 맡은 관리에게 맡기지 않고 참오의 정치를 살피지 아니하며, 도량을 분명히 하지 않고 총명을 다하고 생각을 번거롭게 한 다음에야 간악을 알아낸다면 또한 〈술〉이 없는 것이 아닌가. 사물은 많고 지혜는 한이 있다. 적은 것은 많은 것을 이기지 못한다.

　지혜는 두루 사물을 알기에 부족하다. 그러므로 사물에 의해 사물을 다스린다.

　백성은 많고 관리는 적다. 적은 것은 많은 것을 이기지 못한다. 그러므로 사람에 의해 사람을 안다. 그러므로 몸을 괴롭히지 않아도 일이 다스려지고 지혜를 쓰지 않고도 죄인을 알게 된다.

　송나라 사람의 말에 이르기를 참새 하나가 지나는 대로 예가 일일이 잡으려 한다면 예의 잘못이다. 천하를 그물로 삼으면 참새를 놓치지 않는다고 했다.

　죄인(罪人)을 잡는 것도 역시 큰 그물만 있으면 하나도 놓치지 않는다.

　그 이치를 닦지 아니하고 자기 마음의 지혜로 활과 화살을 삼는다면 그것은 자산의 잘못이다.

　노자(老子)가 말하기를, 〈지혜로써 나라를 다스리는 사람은 나라의 적.〉이라 했는데, 그것은 곧 자산 같은 사람을 두고 말한 것이다.

【解說】　어느날 아침, 정나라 자산(子産)이 거리로 나갔다.

　동장(東匠) 마을 문을 지나는데, 초상난 집에서 여자의 울음 소리가 들려 왔다.

　자산은 마부의 손을 잡아 수레를 멈추게 하고 잠시 울음 소리를 듣더니, 이내 사람을 시켜 여자를 잡아다가 문초를 시켰다. 과연 여자는 자기 남편을 목졸라 죽였다는 것을 자백했다.

　"어떻게 그걸 아셨습니까?"

　뒤에 마부가 묻자 자산은 이렇게 대답했다.

　"그 울음 소리에 두려움이 들어 있었기 때문이다. 사람은 자기와 친한 사람이 병이 들면 먼저 걱정을 하게 되고, 죽을 때는 두려워하며, 죽고 난 뒤에는 슬퍼한다. 그런데 그 여자는 죽은 사람을 슬퍼하며 울어야 할 텐데, 우는 소리에 슬픔이 없고 두려움만 있었다. 그렇다면 무언가 곡절이 있겠구나 하고 생각한 것이다."

　이에 대해 누군가 이렇게 말했다.

―― 자산의 정치는 아주 힘이 드는 일이다.
 자기의 귀나 눈을 빌리지 않고는 백성의 나쁜 짓을 알 수 없다면, 정나라에는 아직도 잡히지 않은 나쁜 자들이 얼마나 많겠는가.
 형리(刑吏)에게 맡기지 않고, 비교 검토하는 방법〔刑名參同〕에 의하지 않고, 법의 기준을 분명히 하지 않고, 오직 자기 한 사람의 귀와 눈으로 지혜를 짜가며 악한 자들을 발견하려 한다는 것은 이치에 맞지 않는 얘기이다.
 게다가 그 대상은 수없이 많은 데 비해 자기 한 사람의 지혜는 그리 대단한 것이 못된다. 적은 것으로써 많은 것을 이길 수는 없다.
 인간의 지혜로는 모든 것을 다 알지 못한다.
 그러므로 사물은 사물에 의해 다스리지 않으면 안 되는 것이다.
 마찬가지로 아랫 사람은 많으나 윗사람은 적다.
 적은 것은 많은 것을 이기지 못한다.
 즉 임금은 신하를 다 알 수가 없는 일이다.
 그러므로 신하의 일은 신하들에 의해 알지 않으면 안 된다.
 이렇게 해야만. 몸소 수고하지 않더라도 모든 일이 잘 되어 나가고, 머리를 쓰지 않고도 악한 자들을 잡을 수 있다.
 송나라에 이런 노래가 있다.

 참새 한 마리가 허공을 난다.
 그것을 떨어뜨리기란
 아무리 예(羿)라도 힘드는 일.
 천하에 그물을 치면
 도망갈 참새가 없다.

 악인을 발견하는 데도, 천하에 둘러칠 그물이 있다면 한 사람도 놓치지 않는다.
 이런 이치를 모르고 자기의 추리와 관찰을 활과 화살로 삼아서는 아무리 자산이라 하더라도 쏘는 대로 맞히기가 어렵다.
 〈지혜로 나라를 다스리는 자는 나라에 해를 끼친다.〉고 한 노자(老

子)의 말은 바로 자산에게 해당되는 말일 것 같다.

 이 편은 한비가 적에게 정면으로 싸움을 건, 말하자면 논쟁문이다. 상대는 이미 이 세상에 없으나, 그들이 남긴 영향은 이 세상에 깊이 뿌리를 박고 있다. 그것이〈법술〉에 의한 정치를 하는 데 방해가 된다. 이들 방해를 일소한다는 것은 쉬운 일이 아니다.
 아무튼 상대는 옛부터 내려오는 성인과 현인들이다. 공자는 물론 요순에까지 미친다. 여간한 공격으로는 도저히 목적을 달성할 수 없다.
 이리하여 독특한 논쟁 형식이 생겨났다.
 먼저 성인이니 현인이니 하는 상대방의 언행을 간결하게 소개한다. 그것에 대해 〈누군가〉가 논평을 가한다.
 〈누군가〉는 한비 자신인 것이다. 어디까지나 상대를 무시한 여유 만만한 태도다.
 그리고 상대방의 언행을 치고 들어가며 상대방이 위대하다고 여겨지는 근거를 물샐틈없는 논리로 부정해 가는 것이다.
 기성 도덕에 대한 한비의 부정 방식(否定方式)은 분명 좀 과격한 것이기는 하나, 결코 부정을 위한 부정은 아니다.
 법술의 공덕(功德)을 말하기 위해 부정한 것뿐이다.
 한비가 일생을 통해 말해온 법술은 평범한 임금으로도 나라를 다스릴 수 있게 하기 위한 것이다.
 "요가 왕이 아니고 평범한 백성이었다면, 세 사람의 인간도 다스릴 수 없었을 것이다."
 "걸과 주가 평범한 백성이었다면 나쁜 짓은 하나도 저지르지 못한 채 즐겨 형을 받았을 것이다. 권세란 호랑이의 마음을 길러 주어 포학한 짓을 하게 만드는 것이다(『難勢』)."
 이 한비의 말은 권력층에 대한 투철한 견해일 것이다.
 즉 〈법술〉은 군주가 나라를 다스리는 데 가장 좋은 것이지만 동시에 군주의 포학을 막는 안전판(安全瓣)이기도 하다.
 그것은 백성을 위한 포학이 아니라 군주의 생명을 끊는 포학이기 때문이다. 임금의 입장에 서서 한비는 온갖 노력을 아끼지 않은 것이다.

한편 원본에서는 이 편이 『난일(難一)』에서 『난사(難四)』까지의 네 편으로 나눠져 있으나 여기서는 그 이야기를 골라 『난(難)』으로 묶었다.

# 五 蠹 篇

    좀[蠹]은 나무 속을 파먹는 벌레다. 아무리 큰 나무라도 좀벌레가 다 파먹고 나면 필경은 손가락 하나로 넘어가게 된다. 나라에도 이런 좀벌레가 자리잡고 있다. 한비는 이 좀벌레에게 속이 먹혀 가고 있는 나라의 모습을 신랄하게 비판하고 있다.
    "선왕(先王)의 정사(政事)로써 당세의 백성을 다스리려는 것은 모두가 그루터기를 지키고 있는 것과 같다."
    "대개 예와 오늘이 풍속을 달리하고 새것과 묵은 것이 가진 것을 달리한다."
    "백성의 생각은 원래가 모두 편하고 이로운 데로 끌리고 위태롭고 곤궁한 것을 피한다."
    "아비에게 효도하는 자식은 임금을 저버리는 신하다."

## 1. 토끼를 기다리다

上古之世, 人民少而禽獸衆, 人民不勝禽獸虫蛇. 有聖人作, 構木爲巢, 以避羣害. 而民悅之, 使王天下, 號之曰有巢氏. 民食果蓏蚌蛤. 腥臊惡臭, 而傷害腹胃, 民多疾病. 有聖人作, 鑽燧取火, 以化腥臊. 而民說之, 使王天下, 號之曰燧人氏. 中古之世, 天下大水, 而鯀禹決瀆. 近古之世, 桀紂暴亂, 而湯武征伐.

今有構木鑽燧於夏后氏之世者, 必爲鯀禹笑矣. 有決瀆於殷周之世者, 必爲湯武笑矣. 然則今有美堯舜湯武禹之道於當今之世者, 必爲新聖笑矣. 是以聖人不期修古, 不法常可. 論世之事, 因爲之備.

宋人有耕田者. 田中有株, 免走觸株, 折頸而死. 因釋其耒而守株, 冀復得免. 免不可復得, 而身爲宋國笑.

今欲以先王之政, 治當世之民, 皆守株之類也.

**【解釋】** 상고의 세상은 사람이 적고, 새와 짐승이 많아 사람들은 새와 짐승과 벌레, 뱀들을 이기지 못했다. 성인이 나타나 나무를 얽어 집을 만들어 뭇 해를 피하게 했다. 백성들이 기뻐하여 그를 천하의 왕이 되게 하고 유소씨라고 불렀다. 백성들이 나무 열매, 풀 열매와 조개를 먹으니 비리고 몹쓸 냄새로 위장을 상하고 해쳐 백성들에게 병이 많았다. 성인이 나타나 나무를 마주 비벼 불을 얻어 비리고 냄새 나는 것을 없앴다. 백성들은 기뻐하여 그로 하여금 천하에 왕이 되게 하고 수인씨라 불렀다.

여기 하후씨 세상에 나무를 얽거나 나무를 서로 비벼 불을 일으키는 사람이 있었다면 반드시 곤과 우의 웃음거리가 되었을 것이며, 은나라나 주나라 때에 도랑을 파는 사람이 있었다면 반드시 탕 임금과 무왕의 웃음거리가 되었을 것이다.

또 요순과 탕무와 우의 도를 지금 세상에 옳다고 하는 사람이 있다면 반드시 새로 나타날 성인의 웃음거리가 될 것이다. 이러므로 옛 것을 닦는 것만이 언제나 옳을 수가 없다고 하여, 그때 그때의 세상 일에 맞추어 대책을 세운다.

 송나라에 한 농부가 있었다. 어느 날 밭 가운데 있는 그루터기로 토끼가 달려가다가 거기에 부딪쳐 죽었다. 그러자 쟁기를 놓고 매일 그루터기를 지키며 다시 토끼 얻기를 바랐으나 토끼를 다시 얻을 수는 없었고 오히려 그는 웃음거리가 되었다.

 선왕의 정사로써 당세의 백성을 다스리려는 것은 모두가 그루터기를 지키는 것과 같다.

【解說】 먼 옛날, 그 무렵은 아직 사람이 적고 짐승과 뱀이 많이 살고 있었기 때문에 사람들은 그것들과 대항할 수가 없었다. 거기에 한 성인(聖人)이 나타났다. 그는 나무 위에 새집 같은 집을 마련해서 사람들이 짐승과 뱀의 해(害)를 피할 수 있게끔 해 주었다. 백성들은 기뻐하여 그를 왕으로 모시고 유소씨(有巢氏)라 불렀다.

 또 사람들은 그 무렵 풀이나 나무 열매, 조개 같은 것을 날것으로 먹고 있었다. 음식은 비리고 못된 냄새를 풍겼고 위장을 해쳐 병에 걸리는 사람이 많았다. 거기에 한 성인이 나타나 나무를 마주 문질러 불을 일으키고 날것을 불로 익혀 먹도록 했다. 백성들은 기뻐해서 그를 왕으로 맞이하고 수인씨(燧人氏)라 불렀다.

 중고 시대(中古時代)에 들어와 온 천하에 큰 홍수가 일어난 일이 있었다. 그때 곤(鯀)과 우(禹)가 물길을 만들어 물이 빠지게 했다.

 다시 멀지 않은 옛날로 내려와 하(夏)나라 걸(桀)과 은(殷)나라 주(紂)가 폭정을 하고 있을 때, 은나라 탕(湯)과 주(周)나라 무왕(武王)이 각각 그들을 넘어뜨렸다.

 만일 우 시대에 나무 위에 집을 만들거나 나무를 마주 문질러 불을 일으키거나 하는 사람이 있었다면 곤과 우는 그것을 웃었을 것이 틀림없다. 또 은나라 주나라 시대에 물길을 새로 만드는 사람이 있었다면 탕이나 무왕이 그것을 웃었을 것이 틀림없다.

 또 옛 성인인 요(堯)와 순(舜)과 탕(湯)과 무왕이 쓰던 방법을 오늘날 그대로 쓰는 사람이 있다면 새로운 시대의 새 성인 역시 보고 웃을 것이 틀림없다. 성인이란 옛 것을 본따 한결같이 변함없는 기준만을 고집하는 사람이 아니다. 성인이란 현재를 문제삼아 그것의 해결을 꾀하는 사람을 말한다.

　송(宋)나라의 어느 농부가 밭을 갈고 있었다. 그때 토끼가 달려오다 밭 가운데 있는 그루터기에 머리를 부딪쳐 죽었다. 그것을 본 뒤로 농부는 밭일을 그만두고 날마다 그루터기만을 지켜보고 있었다. 다시 토끼를 얻을 수 있을까 하는 생각에서였다. 그러나 토끼는 다시 나타나지 않았고, 그는 세상 사람들의 웃음거리가 되었다고 한다.

　옛 성인의 흉내를 냄으로써 오늘의 정치가 잘 될 것으로 생각하고 있는 사람은 이 그루터기를 지켜 보고 있는 농부와 같다.

## 2. 時代에 따라 모든 것은 바뀐다

　古者丈夫不耕, 草木之實足食也. 婦人不織, 禽獸之皮足衣也. 不事力而養足, 人民少而財有餘. 故民不爭. 是以厚賞不行, 重罰不用, 而民自治. 今人有五子, 不爲多. 子又有五子, 大父未死, 而有二十五孫. 是以人民衆而貨財寡, 事力勞而供養薄. 故民爭, 雖倍賞累罰, 而不免於亂.

　堯之王天下也, 茅茨不翦, 采椽不斲. 糲粢之食, 藜藿之羹, 冬日麑裘, 夏日葛衣. 雖監門之服養, 不虧於此矣. 禹之王天下也, 身執耒臿, 以爲民先, 股無胈, 脛不生毛. 雖臣虜之勞, 不苦於此矣. 以是言之, 夫古之讓天下者, 是去監門之養, 而離臣虜之勞也. 故讓天下而不足多也. 今之縣令, 一日身死, 子孫累世絜駕,故人重之. 是以人之於讓也, 輕辭古之天子, 難去今之縣令者, 薄厚之實異也.
　夫山居而谷汲者, 膢臘而相遺以水. 澤居苦水者, 買庸而決竇. 故饑歲之春, 幼弟不饟. 穰歲之秋, 疏客必食. 非疏骨肉愛過客也. 多少之實異也. 是以古之易財, 非仁也, 財多也, 今之爭奪, 非鄙也, 財寡也. 輕辭天子, 非高也, 勢薄也. 爭土橐, 非下也, 權重也, 故聖人議多少, 論薄厚爲之政. 故罰薄不爲慈, 誅嚴不爲戾. 稱俗而行也. 故事因於世, 而備適於事.

**【解釋】** 옛날은 장부가 밭을 갈지 않아도 먹을 풀과 나무 열매가 넉넉했다. 부인이 베를 짜지 않아도 입을 새 짐승의 가죽이 넉넉했다. 힘들여 일하지 않아도 살기에 넉넉했고 사람은 적고 재물은 풍요했다. 까닭에 백성은 다투지 않았다. 이러므로 후한 상이 행해질 필요도 무거운 벌이 쓰일 필요도 없이 백성들은 절로 다스려졌다. 지금은 사람들이 다섯 아들 둔 것을 많다고 하지 않는다. 아들이 또 다섯 아들을 두면 할아버지는 스물 다섯 손자를 두게 된다. 이러므로 백성은 많고 재물은 적으며 힘들여 일하는 것은 괴롭고 공양은 박하다. 까닭에 백성은 다투게 되고 비록 상을 배로 주고 벌을 겹으로 주어도 난을 면하지 못한다.

　요 임금이 천하의 왕이 되자 초가집의 거스러미를 자르지 않고 서까래를 깎지 않았으며, 거친 조와 피로 밥을 짓고 명아주와 콩잎으로 국을 끓였으며, 겨울날은 새끼 사슴의 가죽옷을 입고, 여름날은 칡을 엮어 입었다. 문지기의 생활도 이보다 못하지 않았다. 우 임금이 천하의 왕이 되자 몸소 백성들의 앞장을 서서 쟁기와 가래를 잡으니, 다리의 잔털이 없어지고 종아리에는 털이 나지 못했다. 비록 종과 포로의 고생일지라도 이보다 괴롭지는 않다. 이로써 말한다면 옛날의 천하를 사양함은 곧 문지기의 생활을 버리고 종과 포로의 괴로움을 떠나는 것이다. 그러므로 천하를 사양한다 해도 그리 장한 것이 못된다.

그런데 지금의 고을 원은 몸이 죽더라도 자손은 대대로 수레를 타고 다닌다. 그러므로 사람들은 이를 중히 여긴다. 때문에 사람의 사양에 있어 옛날의 천자를 사양하기는 쉬워도 오늘날의 고을 원을 버리기가 어려운 것은 박하고 후한 실리적인 차이 때문이다.

산에 살며 골짜기의 물을 깃는 사람은 가을 제사와 섣달 제사에 서로 물을 선물로 한다. 늪지대에 살며 물 때문에 고생하는 사람들은 품을 사서 도랑을 판다. 또한 흉년 든 봄에는 어린 동생에게 밥을 주지 않지만 풍년 든 가을에는 지나가는 손에게도 반드시 밥을 먹인다. 많고 적은 내용이 다른 것이다. 이러므로 옛날 재물을 가볍게 여기는 것은 어질어서가 아니라 재물이 많아서요, 지금 다투어 앗음은 못되어서가 아니라 재물이 적어서이다. 가볍게 천자를 사양하는 것은 고상해서가 아니라 권세가 별로 없기 때문이요, 땅과 지위를 다투는 것은 못나서가 아니라 권세가 크기 때문이다. 그러므로 성인은 많고 적은 것을 따지고 박하고 후한 것을 논하여 정치를 한다. 그래서 벌이 가벼운 것이 사랑이 되지 못하고, 죄를 엄하게 다스리는 것이 모진 것이 되지 않는다. 풍속에 맞추어 행하는 것이다. 그러므로 일은 세상에 따라 하고, 방비는 일에 맞게 한다.

**【解説】** 옛날에는 남자가 밭일을 하지 않아도 풀과 나무 열매 등 먹을 것이 충분했다. 여자가 베를 짜지 않아도 입을 것은 새털과 짐승의 가죽으로 넉넉했다. 일을 하지 않아도 살아가기에 부족한 것이 없었고, 사람은 적고 재물은 얼마든지 있었으므로 싸움이 없었다. 그러므로 상을 후히 주고 벌을 무겁게 함도 없이 잘 다스려지고 있었던 것이다.

그런데 지금은 세태(世態)가 다르다. 한 사람이 다섯 아들을 갖는 것이 드문 일이 아니므로 아들의 아들이 또 각각 다섯이라고 한다면, 할아버지가 살아 있는 동안에 손자는 스물 다섯이 된다. 이렇게 하여 인구가 늘어가고 있는데 그 느는 만큼 물자가 따라 늘지 않으므로 아무리 일을 해도 생활이 넉넉해질 수 없다. 그 때문에 사람들 사이에 싸움이 일어난다. 아무리 상을 후히 주고 벌을 엄하게 다스려도 세상은 어지러워질 수밖에 없다.

　일찍이 요가 왕으로 있을 때 왕이 사는 거처는 추녀 끝이 들쭉날쭉한 초가지붕에 서까래는 통나무를 생긴 그대로 둔 초라한 집이었다. 또 왕이 먹는 음식은 맛이 없는 밥에 명아주와 콩잎으로 끓인 국이었고 임금의 옷은 겨울에는 사슴가죽이었고, 여름에는 칡이었다. 문지기의 생활도 이보다 더 질소(質素)하지 않았다.

　우가 왕인 때는 몸소 쟁기와 가래를 들고 백성들의 앞장을 서서 종아리가 터질 정도로 일을 했다. 종들도 이보다 더 괴롭게 일을 하지는 않는다.

　이런 것으로 볼 때, 옛날 천자의 지위를 남에게 물려 준다는 것은 문지기의 생활이나 종의 노동을 버리는 것밖에 안되었다. 천하를 남에게 준다는 것이 그리 대단한 것이 아니었던 것이다.

　그런데 오늘날은 고을의 원만 되면 그 자신이 죽은 뒤에도 자손들이 마차를 타고 돌아다닐 정도다. 오늘의 고을 원을 대단케 여기는 것도 이 때문이다. 사람이 그 지위에서 물러날 경우, 옛날의 왕은 간단히 그만둘 수 있었는데, 오늘의 고을 원이 쉽사리 그만 두지 못하는 것은, 그 지위로 얻어지는 실익(實益)에 차이가 있기 때문이다.

　물을 골짜기까지 길으러 가지 않으면 안 되는 산중 사람들은 누(膢 : 8월의 제사), 납(臘 : 섣달 제사)의 명절에 물을 선물로 주고 받는다고 한다. 그런데 수해(水害)로 고통을 겪고 있는 낮은 지대에 사는 사람들은 반대로 돈을 주고 사람을 사서 물길을 만들고 있다.

　또 흉년이 든 이듬해 봄에는 귀여운 동생에게도 먹을 것을 나눠주지 않는데 풍년이 든 가을에는 지나가는 나그네에까지 반드시 음식 대접을 해 보낸다. 이것은 결코 내 형제를 등한히 하고 길 가는 사람을 소중하게 여겨서가 아니다. 실상인즉 먹는 것이 많이 있고 없음의 차이가 있기 때문이다.

　이와 마찬가지로 옛날에 재물을 가볍게 안 것도 〈인(仁)〉이라는 도덕때문이 아니라, 재물 그 자체가 쓰고 남았기 때문이다. 오늘날 재물을 서로 빼앗는 것은 도덕이 옛날보다 낮아져서가 아니라 재물 그 자체가 적어졌기 때문이다. 임금 자리를 아낌없이 사양하는 것도 인격이

고결해서가 아니라 임금의 지위 그 자체의 권한이 그리 대단한 것이 아니기 때문이다. 오늘날 고을의 원 자리를 서로 다투는 것은 다투는 사람의 인격이 모자라서가 아니라 원의 실권이 크기 때문이다.

따라서 양과 실익의 많고 적은 차야말로, 오늘날 새 성인이 정치를 하는 데 있어서의 기준이 된다. 옛날에 벌이 가벼웠던 것은 다스리는 사람이 인정이 많아서가 아니며, 오늘날 벌이 무거운 것은 다스리는 사람이 잔학해서가 아니다. 세상의 변천에 따라 그렇게 달라진 것뿐이다.

그러기에 이런 말이 있다.

"시대와 더불어 사물은 변하고, 사물의 변화에 따라 그에 대처하는 방법도 달라진다."

## 3. 仁義로는 이기지 못한다

古者文王處豐鎬之間, 地方百里, 行仁義而懷西戎, 遂王天下. 徐偃王處漢東, 地方五百里, 行仁義. 割地而朝者, 三十有六國. 荊文王恐其害己也, 舉兵伐徐, 遂滅之. 故文王行仁義而王天下, 偃王行仁義而喪其國. 是仁義用於古, 而不用於今也. 故曰, 世異則事異. 當舜之時, 有苗不服. 禹將伐之. 舜曰, 不可. 上德不厚而行武, 非道也. 乃修教三年, 執干戚舞, 有苗乃服. 共工之戰, 鐵銛鉅者及乎敵, 鎧甲不堅者, 傷乎體. 是干戚用於古, 不用於今也. 故曰, 事異則備變.

上古競於道德, 中世逐於智謀, 當今爭於氣力. 齊將攻魯. 魯使子貢說之. 齊人曰, 子言非不辯也, 吾所欲者, 土地也. 非斯言所謂也. 遂擧兵伐魯, 去門十里, 以爲界. 故偃王仁義而徐亡, 子貢辯智而魯削. 以是言之, 夫仁義辯智, 非所以持國也. 去偃王之仁, 息子貢之智, 循徐魯之力, 使敵萬乘, 則齊荊之欲, 不得行於二國矣.

【解釋】 옛날 문왕은 풍과 호 사이에 있던 땅이 사방 백 리였는데 인의를 행하고서 융을 굴복시켜 마침내 천하의 왕이 되었다. 서의 언왕은 한수 동쪽에 사방 오백 리 땅이 있었는데 인의를 행하자 땅을 바치고 조회 오는 사람이 서른하고도 여섯 나라였다. 그 때 형〔楚〕의 문왕이 자기를 해칠까 겁내어 군사를 일으켜 서를 쳐서 마침내 없애버렸다. 문왕은 인의를 행하여 천하의 왕이 되었고 언왕은 인의를 행하여 그 나라를 잃었다. 이는 인의가 옛날에는 쓰였지만 지금에는 쓰이지 않은 것이다. 그러므로 말하기를 〈세상이 바뀌면 일도 달라진다.〉고 했다. 순 임금 때에 와서 유묘가 굴복하지 않았다. 우가 이것을 치려 들자 순이 말하기를 "옳지 않다. 윗사람의 덕이 넉넉지 못하면서 무력을 쓰는 것은 도리가 아니다."하고 그로부터 삼 년간 교화에 힘쓰다가 방패와 도끼를 잡고 춤을 추자, 마침내 유묘도 굴복하고 말았다. 그러나 공공과의 싸움에서 쇠작살을 적게 던지자 갑옷이 튼튼하지 못한 자는 몸을 상했다. 이들 방패와 도끼는 옛날엔 쓰였지만 지금은 쓰이지 않는 것이다. 그러기에 말하기를 "일이 달라지면 대책도 바뀐다."했다.

상고에는 도덕으로 겨루었고, 중세에는 지혜와 꾀를 좇았으며 지금은 힘을 다툰다. 제나라가 노나라를 치려 들자 노나라는 자공을 시켜 달래었다. 제나라 사람이 말하기를 "선생의 말이 훌륭하지 않은 건 아니지만 내가 원하는 것은 땅이므로 이런 말만 할 것이 못된다."고 했다. 마침내는 군사를 일으켜 노나라를 쳐서 성문에서 십리 떨어진 곳까지 빼앗았다. 그러므로 서는 언왕의 인의로 망했고, 노나라는 자공의 구변과 지혜로 영토가 깎이었다. 언왕의 어짊을 버리고 자공의 지혜를 그만두게 하여, 서와 노가 힘에 의해 만승에 대적하게 했다면 제와 형의 욕심은 두 나라에 행해질 수 없었을 것이다.

【解説】 옛날 주문왕(周文王)은 풍(豊)과 호(鎬) 사이에 사방 백 리의 영토를 가지고 〈인의〉에 의한 정치를 행해서 오랑캐 서융(西戎)을 굴복시켜 천하를 통일했다.

그 뒤 서언왕(徐偃王)은 한수(漢水) 동쪽에 사방 오백 리의 영토를 가지고 〈인의〉의 정치를 행한 결과 서른 여섯 나라가 서에 영토를 바치거나 조공해 왔다. 그런데 혹시 자기 나라가 공격을 당하지나 않을까 겁이 난 초문왕(楚文王)이 군사를 일으켜 선수를 쳐서 마침내 서를 멸망시켰다.

말하자면 주문왕은 〈인의〉의 정치로써 천하를 통일했으나 서언왕은 〈인의〉의 정치에 의해 나라를 잃었던 것이다. 〈인의〉는 옛날에는 소용이 되었지만 지금은 소용이 없다는 것을 이것으로 알 수 있다. 이것이 〈시대와 더불어 사물이 변한다.〉는 것이다.

또 이것은 순 임금 시대의 일이다. 유묘(有苗)라는 오랑캐가 반란을 일으켰다. 우(禹)가 치려 하자 순 임금은 이렇게 말했다.

"그건 안 될 일이다. 내가 아직 덕이 부족한데 무력을 쓴다는 것은 옳은 일이 아니다."

그로부터 삼 년 동안 교화에 힘을 기울이고 나서 순 임금이 방패와 도끼를 들고 춤을 추자, 그 소문만 듣고도 유묘는 항복을 해왔다.

그런데 그 뒤 공공(共工)이란 오랑캐와의 싸움에서는 쇠로 만든 작살을 적에게 던져야 했다. 그리고 갑옷이 허술했던 적의 군사는 몸에 상처를 입었다고 한다. 방패와 도끼가 옛날에는 춤을 추는데 소용이 되었지만 이때는 그런 데에 소용없었음을 알 수 있다. 이것이 〈일에 따라 대처하는 방법이 바뀐다.〉는 것이다.

옛날은 나라와 나라가 도덕으로 서로 경쟁을 했고, 다음에는 지혜와 꾀로써 경쟁을 했다. 그리고 지금 서로가 경쟁하는 것은 힘이다.

제(齊)나라가 노(魯)나라를 치려고 했을 때의 일이다. 노나라에서는 자공(子貢)을 제나라로 보내, 노나라를 치는 것은 좋지 못하다는 것을 설득시키게 했다. 제나라의 대답은 이러했다.

"과연 지극히 당연한 말씀이오. 그러나 우리가 바라는 것은 당신들의 영토이지 당신의 말씀은 아니오."

그리고 제나라는 노나라에 대해 군사를 일으켜, 노나라 성문에서 십 리 되는 곳까지 영토를 넓혔다.

결국 서언왕은 〈인의〉의 정치를 행했으나 나라는 망해 버렸고, 자공의 말은 웅변이었지만 노나라의 영토는 줄어들고 말았던 것이다. 이것으로 〈인의〉나 웅변은 나라를 지키는 데 힘이 되지 않는다는 것을 알 수 있다. 만일 서나라나 노나라가 〈인의〉와 웅변을 쓰지 않고 힘으로써 상대를 했다면 상대방이 아무리 강대한 제나라나 초나라였다 하더라도 이 두 나라를 자기네 뜻대로 할 수는 없었을 것이다.

## 4. 사랑의 政治

> 夫古今異俗, 新故異備. 如欲以寬緩之政, 治急世之民, 猶無轡策而御駻馬. 此不知之患也. 今儒墨皆稱, 先王兼愛天下, 則視民如父母. 何以明其然也. 曰, 司寇行刑, 君爲之不擧樂. 聞死刑之報, 君爲之流涕. 此所擧先王也. 夫以君臣爲如父子則必治. 推是言之, 是無亂父子也. 人之情性, 莫先於父母. 皆見愛而未必治也. 雖厚愛, 奚遽不亂. 今先王之愛民, 不過父母之愛子. 子未必不亂也, 則民奚遽治哉.

且夫以法行刑, 而君爲之流涕, 此以效仁, 非以爲治也. 夫垂泣不欲刑者, 仁也. 然而不可不刑者, 法也. 先王勝其法, 不聽其泣. 則仁之不可以爲治亦明矣.

　且民者, 固服於勢, 寡能懷於義. 仲尼天下聖人也. 修行明道, 以遊海内. 海内説其仁, 美其義, 而爲服役者七十人. 蓋貴仁者寡, 能義者難也. 故以天下之大, 而爲服役者七十人, 而爲仁義者一人. 魯哀公下主也, 南面君國, 境内之民, 莫敢不臣. 民者, 固服於勢. 勢誠易以服人. 故仲尼反爲臣, 而哀公顧爲君. 仲尼非懷其義, 服其勢也. 故以義則仲尼不服於哀公, 乘勢則哀公臣仲尼.

　今學者之説人主也, 不乘必勝之勢, 而務行仁義, 則可以王. 是求人主之心及仲尼, 而以世之凡民, 皆如列徒. 此必不得之數也.

**【解釋】** 대개 옛날과 오늘이 풍속을 달리하고 묵은 것과 옛 것이 가진 것을 달리한다. 만일 너그럽고 태평스러운 정치로써 다급한 세상의 백성을 다스린다면 고삐와 채찍이 없이 사나운 말을 모는 것과 같다. 이것은 알지 못한 데서 오는 근심이다. 지금 유가에서나 묵가에서 모두 말하기를 "선왕은 천하를 똑같이 사랑하여 백성 보기를 부모같이 했다."고 한다. 무엇으로 그것을 증명하는가. 말하기를 "법관이 형을 집행한다면 임금이 음악을 베풀지 않았고, 사형의 소식을 들으면 임금이 눈물을 흘렸다."고 한다. 이것이 선왕을 내세우는 것이다.

　임금과 신하가 아버지와 자식 사이 같으면 반드시 원만하다는 것은 다시 말하면 아비와 자식 사이에는 어지러운 일이 없다는 것이다. 사람의 정으로 부모보다 앞서는 것은 없다. 그래도 다같이 사랑은 하고 있으나 반드시 원만하지는 않다. 아무리 사랑이 두텁다 하지만 어떻게 불협화음이 없겠는가. 선왕의 백성 사랑함이 부모의 자식 사랑보다 더

하지는 못하다. 자식도 반드시 난을 꾸미지 않는 것이 아닌데 하물며 백성이 어찌 사랑만으로 다스려지겠는가.

또 법으로 형을 집행하는데 임금이 그를 위해 눈물을 흘리는 것은, 어진 흉내를 내는 것일 뿐 정치를 하는 게 아니다. 눈물을 흘리며 형 집행을 원하지 않는 것은 어진 마음이다. 그런데도 형을 주지 않을 수 없는 것이 법이다. 선왕이 법을 앞세우고 그 눈물겨움을 좇지 않았은 즉 사랑이 정치가 되지 못한다는 것이 명백하다.

또 백성이란 원래 복종하는 것으로, 의를 따르는 사람이 적다. 중니〔孔子〕는 천하의 성인이다. 행실을 닦고 도를 밝혀 천하를 두루 돌아다녔다. 천하에서 그의 어짊을 좋아하고 그의 의로움을 아름답게 여겨 따른 사람은 일흔 명이었다. 그만큼 어짊을 귀하게 여기는 사람이 적고 의를 좇기가 어려운 것이다. 그러므로 넓은 세상에서 그를 따른 사람은 일흔 명뿐이었고, 인의를 실천한 사람은 중니 한 사람뿐이었다. 노애공은 못난 임금이었다. 그러나 나라의 임금으로 있는 동안 경내의 백성으로 감히 신하 되지 않으려는 사람은 없었다. 백성이란 본디 권세에 복종하는 것이다. 권세란 진실로 사람을 굴복시키기 쉬운 것이다. 그러므로 중니가 거꾸로 신하가 되고 애공이 도리어 임금이 된 것이다. 중니는 애공의 의를 좋아해서가 아니라, 그 권세에 굴복한 것이다. 그러므로 의로써 하면 중니가 애공에게 굴복하지 않으나, 권세에 오르면 애공이 중니를 신하로 하게 되는 것이다.

지금 학자들은 임금에게 권하되 반드시 이기게 되는 권세를 잡으라 하지 않고, 인의를 힘써 행하면 왕이 될 수 있다고 한다.

이것은 임금이 꼭 중니와 같이 되고 세상의 모든 백성들은 모두 그 제자와 같이 되기를 요구하는 것이다. 이것은 결코 이뤄질 수 없는 일이다.

【解説】 옛날과는 세상이 틀리므로 지금은 그 대책도 달라야 한다. 옛날의 너그러운 정치를 이 어지러운 세상의 백성들에게 적용시키는 것은, 고삐도 채찍도 쓰지 않고 성난 말을 모는 것과 같으니, 이야말로 어리석은 바보나 하는 짓이다.

유교나 묵자(墨子) 계통의 학자들은 옛날 성인(聖人)이 천하의 인민을 똑같이 사랑하여 자기 자식을 대하듯 했다고 한다. 그것을 무엇으로 안단 말인가.

"법관이 형을 집행할 때 왕은 음악을 듣지 않았다. 사형의 판결을 들었을 때는 눈물을 흘렸다."

그들은 이렇게 말하며 옛 성인들을 찬양하고 있다. 그래서 임금과 신하의 관계가 부자지간의 관계처럼 되면 그것으로 정치가 잘 되었다고 한다. 바꿔 말한다면, 부모와 자식과의 관계가 너나 없이 원만한 것이 전제가 되지 않으면 안 되었다. 사람의 정이란 먼저 부모에서부터 시작된다고는 하지만, 그 어버이의 사랑에 의해서 부모와 자식 사이가 반드시 원만하다고는 하지 못한다. 사랑이 아무리 깊더라도 그것에 의해 서로의 싸움이 사라진다고도 볼 수 없다.

옛 성인들의 백성에 대한 사랑이 아무리 깊은 것이라도 부모의 사랑에는 미치지 못한다. 그런데 그런 부모마저 자식에게 배반을 당하곤 한다. 그러니 임금의 백성에 대한 사랑만으로 정치가 제대로 행해질 리는 만무하다.

또한 법에 의해 형을 집행하면서 임금이 그로 인해 눈물을 흘린다는 것은 〈인〉한 마음을 나타낸 것일 뿐, 그 자체가 정치를 하는 것은 아닌 것이다. 사실 눈물을 흘리며 형을 집행하고 싶지 않은 것은 〈인〉이다. 그러나 결국 형을 주지 않을 수 없는 것이 〈법〉이다. 옛 성인들도 그 슬픈 마음을 억누르고 결국은 법에 따른 것이 아닌가. 〈인〉의 마음에 따라 정치를 할 수 없다는 것은 이것으로 명백해진다.

그리고 또 백성이란 것은 세력에 복종하는 것이기에, 〈의〉에 의해 움직이는 백성은 아주 드물다. 공자(孔子)는 천하에 둘도 없는 성인이다. 행실(行實)을 닦고 도를 얻은 다음 천하를 두루 돌아다니며 전도를 했다. 그러나 그가 말한 〈인의〉에 감동하여 제자가 된 사람은 겨우 일흔 명뿐이었다. 결국 〈인의〉를 이해하고 이를 존중하는 사람은 극히 드물다는 것이 된다. 그래서 이 넓은 세상에서 공자의 제자는 일흔 명뿐이었고, 〈인의〉를 몸소 체득한 사람은 공자 한 사람뿐이었다.

한편 명군(明君)이라고 볼 수 없었던 노애공(魯哀公) 같은 사람도 그가 임금으로 있는 동안에는 나라 안의 어느 누구도 그의 지배를 마다 하지는 않았었다. 백성들이란 원래 권세를 따라 움직이는 것이다. 권세란 쉽사리 사람을 굴복시킬 수 있는 것이다. 그러기에 공자는 신하가 되고 애공은 임금으로 있게 되었다. 공자는 애공의 〈의〉에 끌린 것이 아니라 그의 권세에 복종한 것이다. 즉 〈의〉에 있어서는 애공이 공자를 따를 수조차 없지만 권세의 힘을 빌어 공자를 신하로 삼을 수 있었던 것이다.

그런데 오늘날의 학자들의 말을 들으면 임금에게 이 권력을 쓸 것을 권하지 않고 오직 〈인의〉를 다하면 천하의 왕이 될 수 있다고 한다. 이것은 임금에게 공자와 똑같은 사람이 되라고 하는 것이다. 또한 평범한 백성들에게 공자의 제자처럼 되라고 하는 말이다. 그런 일이 실현될 리가 없다.

## 5. 大金은 줍지 않는다

今有不才之子, 父母怒之弗爲改, 鄕人譙之弗爲動, 師長敎之弗爲變. 夫以父母之愛, 鄕人之行, 師長之智, 三美加焉, 而終不動, 其脛毛不改. 州部之吏, 操官兵, 推公法, 而求索姦人, 然後恐懼, 變其節, 易其行矣. 故父母之愛, 不足以敎子, 必待州部之嚴刑者, 民固驕於愛, 聽於威矣. 故十仞之城, 樓季弗能踰者, 峭也. 千仞之山, 跛牂易牧者, 夷也.

故明王峭其法而嚴其刑也. 有帛尋常, 庸人不釋. 鑠金百鎰, 盜跖不掇. 不必害, 則不釋尋常. 必害則不掇

> 百鎰. 故明主必其誅也. 是以賞莫如厚而信, 使民利之.
> 罰莫如重而必, 使民畏之. 法莫如一而固, 使民知之.
> 故主施賞不遷, 行誅無赦. 譽輔其賞, 毁隨其罰, 則賢
> 不肖俱盡其力矣.

**【解釋】** 여기 못된 자식이 있다. 부모가 노여워해도 고치지 아니하고, 고을 사람이 꾸짖어도 달라지는 기색이 없고, 스승이 가르쳐도 여전하다. 부모의 사랑과 고을 사람의 행동과 스승의 지혜, 이 세 가지 아름다운 것이 더해져도 끝내 조금도 나아지는 빛이 없다. 그런데 고을의 관리가 군대를 데리고 법에 의해 죄지은 사람을 찾자, 그제야 무서워하며 그 몹쓸 마음을 달리하고 그 행동을 바꾸었다. 이렇듯 부모의 사랑도 자식을 가르치지 못하고 고을의 엄한 형에 의하여야만 한 것은, 백성은 본래 사랑에는 교만하나 위엄은 좇기 때문이다. 그러므로 열 길 성을 누계가 능히 넘지 못하는 것은 가파르기 때문이고 천 길 높은 산에 발을 저는 암양을 기를 수 있는 것은 평평하기 때문이다.

그러므로 명군은 그 법을 가파르게 하고, 그 형을 엄하게 한다. 베나 비단은 한 발이나 두 발이라도 보통 사람들이 버리지 않지만 순금은 백 일(鎰)이라도 도척같은 큰 도둑도 줍지 않는다. 꼭 죄가 되지 않으면 작은 것도 버리지 않지만 아무리 큰 것이라도 해가 되면 줍지 않는다. 그러므로 명군은 그 처벌을 정확히 한다. 이러므로 상은 후하게 꼭꼭 주어 백성들로 하여금 이로워하도록 하는 것 만한 것이 없고, 벌은 무겁고 정확하여 백성들로 하여금 두렵게 하는 것 만한 것이 없으며, 법은 평등하고 변함이 없어 백성들로 하여금 잘 알고 있도록 하는 것 만한 것이 없다. 그러므로 임금이 상을 내리면 거두어 들이지 아니하고, 벌을 내리면 용서함이 없으며, 명예가 그 상에 따르고, 불명예가 그 벌에 따르게 되면 착하고 착하지 못한 사람이 다 그 힘을 다하게 된다.

**【解説】** 한 불량 소년이 있었다. 부모가 꾸중을 해도, 마을의 어른들

이 타일러도, 선생이 설교를 해도 소년의 행동은 고쳐지지 않았다. 부모의 사랑, 마을 어른의 덕행, 선생의 지혜, 이 세 가지 미덕에 접촉하고 있으면서도 끝내 그는 감화를 받지 못한 채 마음을 바로 잡을 기미조차 보이지 않았다. 그런데 그 지방 관리가 군대를 거느리고 법에 의해 불량한 자들을 모조리 잡아들이기 시작하자 소년은 겁을 더럭 내고 행동을 바로 고쳤다고 한다. 자식을 교육하는 데도 부모의 사랑만으로는 부족하여 관의 무서운 형에 의하지 않으면 안 된다는 것이다. 백성이란 사랑을 보이면 거만해지고 권력으로 누르면 금시 온순해지는 것이다.

 높이 겨우 열 길 되는 성벽을 몸이 가벼운 누계(樓季)로도 넘을 수 없는 것은 가파르게 우뚝 솟아 있기 때문이다. 한편 천 길이나 되는 높은 산에서 발을 저는 양을 기르는 것은 산이 평평하기 때문이다. 그러므로 현명한 임금은 법을 가파르게 하고 벌을 엄하게 한다. 가령 한 발이나 두 발 정도의 베라면 그것이 길에 떨어져 있을 때 줍지만 금이 백 일(鎰, 1일은 24냥 무게)쯤 되면 도척같은 큰 도둑도 주으려 하지 않는다. 하찮은 베조각은 벌을 꼭 받지 않는다는 것을 알기 때문에 줍지만, 틀림없이 벌을 받는다는 것을 알면 아무리 많은 돈이라도 주으려 하지 않는다. 현명한 임금이 형벌을 엄하게 하는 까닭이 여기에 있다.

 따라서 상은 후하게 분명히 주어 백성들로 하여금 그것을 탐나게 하는 것만큼 바람직한 것이 없고, 벌은 무겁게 예외없이 꼭꼭 실행하여 백성들로 하여금 무서워하게 하는 것만큼 좋은 방법이 없다. 법은 누구에게나 한결같이 확고 부동한 것으로 하여 백성들로 하여금 누구나 다 알게 하는 것이 가장 바람직하다. 이리하여 공이 있는 자에겐 반드시 상을 주고, 죄 지은 자에게는 용서없이 벌을 주며, 상에는 명예가 따르고 벌에는 불명예가 따르도록 한다면 착한 사람이고 착하지 못한 사람이고 모두가 있는 힘을 다하게 될 것이다.

## 6. 賞罰의 混亂

> 今則不然. 以其有功也爵之, 而卑其士官也. 以其耕作也賞之, 而少其家業也. 以其不收也外之, 而高其輕世也. 以其犯禁也罪之, 而多其有勇也. 毀譽賞罰之所加者, 相與悖繆也. 故法禁壞而民愈亂.
>
> 今兄弟被侵必攻者廉也, 知友被辱隨仇者貞也. 廉貞之行成, 而君上之法犯矣. 人主尊貞廉之行, 而忘犯禁之罪. 故民程於勇, 而吏不能勝也. 不事力而衣食, 則謂之能, 不戰功而尊, 則謂之賢. 賢能之行成, 而兵弱而地荒矣. 人主說賢能之行, 而忘兵弱地荒之禍, 則私行立而公利滅矣.
>
> 儒以文亂法, 俠以武犯禁, 而人主兼禮之. 此所以亂也. 夫離法者罪. 而諸先生以文學取. 犯禁者誅. 而羣俠以私劍養. 故法之所非, 君之所取, 吏之所誅, 上之所養也. 法取上下, 四相反也, 而無所定, 雖有十黃帝, 不能治也. 故行仁義者, 非所譽. 譽之則害功. 習文學者, 非所用. 用之則亂法.

【解釋】 지금은 그렇지가 못하다. 그 공에 의해 벼슬을 주어도 그 벼슬한 사람을 낮게 보고, 농사 잘 하는 것을 상 주어도 그 직업을 천하게 여긴다. 초빙에 응하지 않는 것을 잘못이라고 하면서도 그가 세상을 가볍게 여기는 것을 높게 평가하고, 금령에 위반된다 하여 죄를 주면서도 그 용맹이 있음을 장하게 여긴다. 욕됨과 자랑, 상과 벌을

주는 것이 서로 어긋나고 틀린다. 그러므로 법금이 무너지고 백성은 더욱 어지럽게 된다.

오늘날 형제가 남의 침해를 입으면 이를 반드시 공격하는 사람을 깨끗하다 하고, 친한 친구가 욕을 당하면 따라 원수 갚는 것을 바르다고 한다. 깨끗하고 바른 행동을 함으로써 나라의 법이 침범된다. 임금이 정렴(貞廉)한 행동을 존중하여 금령을 범한 죄를 잊고 있는 까닭에 백성이 용맹에 힘쓰게 되어 관리가 능히 이겨내지 못한다. 노력하지 않고 입고 먹고 하는 것을 능(能)하다 이르고, 싸운 공로 없이 높아지는 것을 현명하다 이른다. 현명하고 능한 행실이 생겨남으로써 군사는 약해지고 땅은 황폐해진다. 임금이 현명하고 능한 행실을 기뻐하여, 군사가 약해지고 땅이 거칠어지는 화근을 잊게 되면, 사사로운 행동이 판을 치고 나라의 이익은 무시된다.

유자는 글로써 법을 어지럽게 하고, 협객은 폭력으로 금령을 범한다. 그런데도 임금은 그들을 남달리 대우한다. 이것이 어지러워지는 까닭이다. 법에서 벗어난 자는 죄를 받아야 한다. 그런데 유생이란 사람들은 문학으로 채용된다. 금령을 범한 자는 벌을 받아야 한다. 그런데 협객들은 자객으로 길들인다. 그러므로 법에서 그르다고 하는 것이 임금의 취하는 바가 되고 관리가 처벌하는 것이 윗사람의 기르는 바가 된다. 법의 취택(取擇)과 상하가 서로 어긋나 일정한 것이 없으면 비록 황제가 열 있어도 능히 다스리지 못한다. 그러므로 인의를 행하는 자는 칭찬할 것이 못된다. 칭찬하면 공을 해치게 된다. 문학을 배운 자는 쓸 것이 못된다. 쓰면 법을 어지럽게 한다.

【解説】 그런데 현재의 상태는 그렇지가 못하다.

임금은 공을 세운 사람에게 벼슬을 주고 있는데 세상에서는 벼슬에 오른 사람을 업신여기고 있다. 농사를 열심히 하는 사람에게 상을 주고 있으나 농사일은 천한 것으로 알고 있다. 초청에 응하지 않는 일이 없도록 하고 있는데도 그런 사람은 세속을 초월한 사람이라 하며 존경을 받고 있다. 법을 범한 사람을 벌주고 있는데도 세상에서는 그들을 용감한 사람이라 하여 갈채를 보내고 있다. 임금이 상벌을 가하는 것과 백성이 자랑과 욕으로 알고 있는 점이 이렇게 모순되어 있다. 이로 인해 법은 효력을 잃게 되고 백성들은 더욱 더 치안을 어지럽히는 것이다.

오늘날엔 형제가 누구에게 해를 입었을 때 반드시 상대에게 복수를 해야만 그것이 염(廉)이 되고, 친구가 누구에게 모욕을 당했을 때 함께 원수를 상대해야만 그것이 정(貞)이 된다. 이같은 〈염〉과 〈정〉을 행세하는 것은 곧 임금의 법을 범하는 결과가 된다. 그런데 임금은 이 〈염〉과 〈정〉에 마음이 끌리어 법을 범한 죄를 묻는 것은 잊고 있다. 이런 형편이므로 백성들은 서로 힘과 용맹을 겨루게 되고 관리들은 어찌할 도리가 없게 된다.

또 오늘날엔 제 손으로 일하지 않고 생활하는 사람들을 유능한 사람이라 하고, 전공(戰功)이 없이 높은 벼슬에 오르는 사람을 어진 사람이라고 한다. 이같은 유능한 사람과 어진 사람이 행세를 하면, 병력은 약해지고 국토는 황폐해지고 만다. 그런데 임금은 이런 유능한 사람과 어진 사람에게 마음이 끌리어 병력이 약해지고 국토가 황폐해지는 해독을 잊고 있다. 사사로운 이익만이 활개를 치고 전체적인 이익이 등한시되고 있는 것이다.

학문으로 세상을 어지럽게 하는 선비〔儒者〕들과 무력으로 금령을 범하고 있는 협객(俠客), 이들 둘에게 임금이 똑같은 대우를 한다는 것은 세상을 어지럽히는 원인이 된다.

법에서 벗어난 자는 벌을 받아야 한다. 그런데 유학자들은 학문에 의해 존경을 받고 있다. 금령을 범한 사람은 벌을 받아야 마땅하다. 그런데 유협(遊俠)의 무리들을 자객(刺客)으로 기르고 있는 것이다. 결국 법이 허락지 않는 것을 임금이 취하게 되고 아랫 관리들이 처벌하고 있는 사람을 윗사람이 기르고 있는 셈이다. 법과 군주, 부하와 상관이 각각 제멋대로 행하고 있는 것이다. 이래서는 황제(黃帝)가 열사람 있어도 정치는 바로 잡히지 않는다.

따라서 〈인의〉를 행하는 자에게 명예를 주어서는 안 된다. 공을 세우는 데 방해가 된다. 학문만이 있다고 등용시켜서는 안 된다. 등용하면 법이 어지러워진다.

## 7. 公과 私의 利害

楚人有直躬, 其父竊羊, 而謁之吏. 令尹曰, 殺之. 以爲直於君而曲於父, 報而罪之. 以是觀之, 夫君之直臣, 父之暴子也. 魯人從君戰, 三戰三北. 仲尼問其故, 對曰, 吾有老父, 身死莫之養也. 仲尼以爲孝, 舉而上之. 以是觀之, 夫父之孝子, 君之背臣也. 故令尹誅而楚姦不上聞, 仲尼賞而魯民易降北. 上下之利, 若是其異也. 而人主兼舉匹夫之行, 而求致社稷之福, 必不幾矣.

古者蒼頡之作書也, 自環者謂之私, 背私謂之公. 公私之相背也, 乃蒼頡固以知之矣. 今以爲同利者, 不察之患也. 然則爲匹夫計者, 莫如修仁義而習文學. 仁義修則見信, 見信則受事. 文學習則爲明師, 爲明師則顯榮. 此匹夫之美也. 然則無功而受事, 無爵而顯榮. 爲政如此, 則國必亂, 主必危矣.

故不相容之事, 不可兩立也. 斬敵者受賞, 而高慈惠之行. 拔城者受爵祿, 而信兼愛之說. 堅甲厲兵以備難, 而美薦紳之飾. 富國以農, 距敵恃卒, 而貴文學之士. 廢敬上畏法之民, 而養遊俠私劍之. 舉行如此, 治強不可得也. 國平養儒俠, 難至用界士. 所利非所用, 所用非所利. 是故服事者簡其業, 而遊學者日衆. 是世之所以亂也.

【解釋】 초나라 사람으로 몸을 곧게 갖는 이가 있었다. 그 아비가 양을 훔치자 관에 고발했다. 재상이 그를 "죽여라."했다. 임금에게 충성되나 아비에게 불효했다고 해서 죄를 준 것이다. 이것으로 미루어 보아, 대개 임금의 곧은 신하는 아비의 모진 자식이다. 노나라 사람으로 임금을 따라 싸우는데, 세 번 싸워 세 번 패했다. 공자(孔子)가 까닭을 물으니 대답해 말하기를 "내게 늙은 아비가 있어 내가 죽으면 받들 사람이 없다."고 했다. 공자는 효자라 하여 승진을 시켜 주었다. 이것으로 미루어 보면 대개 아비에게 효도하는 자식은 임금을 배반하는 신하다. 이런 까닭에 재상이 벌을 주자 초나라의 숨은 범죄가 관에 알려지지 않았고, 공자가 상을 주자, 노나라 백성은 항복하고 달아나는 것을 예사로 생각했다. 상하의 이익은 이같이 서로 다르다. 임금이 남달리 개인적인 행동을 높이 평가하며 국가의 복이 되기를 바라는 것은 도저히 이룩될 수 없다.

옛날 창힐이 글자를 만드는 데 절로 꾸부러진 것을 사(厶=私)라 이르고, 〈사〉를 배반하는 것을 공(公)이라 일렀다. 공과 사가 서로 위배되는 것을 창힐이 미리 알고 있었다. 지금 공사의 이익이 같다고 생각하는 것은 살피지 못한 잘못이다. 그렇게 되면 개인을 위해서는 인의를 닦고 문학을 배우는 것 만한 것이 없다. 인의를 닦으면 신임을 얻고, 신임을 얻으면 출세를 한다. 문학을 배우면 현명한 스승이 되고, 현명한 스승이 되면 유명해지고 출세를 하게 된다. 이것은 개인으로서는 좋은 일이다. 그러면 공이 없이도 벼슬에 오르고 벼슬이 없이도 명예와 영화를 누리게 된다. 정치를 이같이 하면 나라는 반드시 어지러워지고 임금은 위태로워지게 마련이다.

그러므로 서로 용납되지 않는 일은 양립할 수가 없다. 적을 죽인 자가 상을 받으며 한편으론 자혜로운 행동을 높다 한다. 성을 앗은 자가 벼슬과 작록을 받으며 한쪽으론 겸애(廉愛)의 설을 믿는다. 튼튼한 갑옷과 날랜 군사로 난을 대비하면서 선비의 차림을 아름답게 여긴다. 나라를 부하게 하기는 농사로 하고, 적을 물리치는 데는 군사를 믿으면서 문학하는 선비를 귀하게 여긴다. 윗사람을 공경하고 법을 두려워하는 백성을 버리고 협객과 자객의 무리를 기른다. 행하는 것이 이같으면 정치가 잘 되기를 바랄 수는 없다. 나라가 무사하면 선비와 협객을 기르고 어려움이 닥치면 갑옷 입은 군사를 쓴다. 이로운 것이 쓰는 것이 아니며, 쓰는 것이 이로운 게 아니다. 이러므로 일을 하는 자는 그 일을 소홀히 하고, 놀고 배우는 자가 날로 많아진다. 이것이 세상이 어지러워지는 까닭이다.

【解說】 초나라의 한 정직한 사람이, 양을 도둑질한 자기 아버지를 영윤(令尹, 宰相)에게 고발했다. 그러자 영윤은 이 정직한 아들을 사형에 처했다. 임금에게 충성을 다한다 하며 아비에게 불효의 죄를 범했기 때문에 처형을 한 것이다. 이렇게 볼 때 충성스런 신하는 불효한 자식이 된다.

노나라에 싸움이 있을 때, 세 번 싸움 나가 세 번 도망쳐 돌아온 병졸이 있었다. 어째서 도망만 치느냐고 공자(孔子)가 물었더니, 그는 이렇게 대답했다.

"제게는 늙은 아버지가 있습니다. 제가 죽어 버린다면 받들 사람이 없습니다."

그의 효심에 감동하여 공자는 그의 계급을 올려 주었다.

그리고 보면 효도하는 자식은 충성되지 못한 신하가 된다.

영윤이 아버지를 고발한 아들을 벌한 뒤로 초나라에는 죄인을 고발해 오는 사람이 없어졌다고 한다. 공자가 도망병의 계급을 올려준 뒤로는 노나라 사람들은 싸움터에서 도망쳐 오는 것을 수치로 알지 않게 되었다고 한다.

윗사람과 아랫 사람은 그 이해가 이렇게 서로 일치하지 않는 것이다. 임금이 백성들의 이기적인 행동을 인정하면서 동시에 나라의 이익을 찾으려고 한다면 그것은 불가능한 일이다.

창힐(蒼頡)은 글자를 만드는 데 있어, 바퀴 모양을 한 〈厶〉(私의 옛 글자)로 사(私)를 표시하고, 이것과는 반대된다는 뜻의 〈八〉을 위에다 더함으로써 〈공(公)〉이란 글자를 만들었다. 공과 사가 상반된다는 것은 벌써 창힐이 알고 있었다. 오늘날 공과 사의 이해가 일치한다고 생각하고 있는 사람들은 어리석기가 이만저만 아니다.

이렇게 되기로 말하면, 인민들이 사사로운 이익을 꾀하는 데는, 〈인의(仁義)〉를 몸에 담고 학문을 닦는 것보다 더 나은 것은 없다. 〈인의〉를 몸에 담으면 임금으로부터 신임을 얻게 된다. 신임을 얻으면 출세를 한다. 또 학문을 닦으면 선생으로 대우를 받는다. 선생이란 말을 들으면 명성이 높아지게 된다. 이것이야말로 사사로운 이익을 꾀하는 자의 목적인 것이다.

이렇게 되면, 공로가 없는 사람이 출세를 하게 되고, 작위(爵位)가 없는 사람이 명성을 얻게 된다. 이런 정치 방식으로는 오로지 나라가 어지러워지고 임금의 지위가 위협받게 된다.

결국 서로 용납되지 않는 일을 동시에 행할 수는 없는 것이다.

적을 벤 사람에게 상을 주면서 동시에 자비를 베푸는 행위를 존경하는 것.

적의 성을 함락시킨 사람에게 벼슬을 주면서, 동시에 모든 사람을 똑같이 사랑하라는 겸애설(兼愛說)을 신봉하는 일.

군비를 강화하여 국난에 대비하면서 동시에 허식에 치우친 선비의 옷차림을 좋아하는 것.

나라를 부하게 하는 것은 농업에 의존하고, 적을 막는 것은 병사에 의존하면서 동시에 학자들을 소중히 하는 것.

윗사람을 존경하고 법을 두려워하는 선량한 백성들을 돌보지 않고, 반대로 협객이나 자객의 무리들을 기르는 것.

이런 일들을 하고 있어서는 부국 강병을 바라도 소용이 없다.

평소에는 선비나 협객들을 등용하고, 막상 전쟁이 일어나면 병사에게 의존하려 하는 것이다. 만일의 경우에 소용되는 사람은 진작부터 등용해 둔 사람들이 아니다. 진작부터 등용되어 있는 사람들은 만일의 경우에 소용이 없는 사람들이다. 이런 형편이므로 일하는 사람들은 할 일을 등한히 하고, 학문하는 사람만이 날로 늘어나게 된다. 이것은 세상을 어지럽게 만드는 원인이 된다.

## 8. 惡人도 쓰기에 달렸다

　且世之所謂賢者, 貞信之行也. 所謂智者, 微妙之言也. 微妙之言, 上智之所難知也. 今爲衆人法, 而以上智之所難知, 則民無從識之矣. 故糟糠不飽者, 不務粱肉, 短褐不完者, 不待文繡.

　夫治世之事, 急者不得, 則緩者非所務也. 今所治之政, 民間之事, 夫婦所明知者不用, 而慕上知之論, 則其於治反矣. 故微妙之言, 非民務也.

　若夫賢貞信之行者, 必將貴不欺之士. 貴不欺之士者, 亦無不欺之術也. 布衣相與交, 無富厚以相利, 無威勢以相懼也. 故求不欺之士. 今人主處制人之勢, 有一國之厚. 重賞嚴誅, 得操其柄, 以修明術之所燭, 雖有田常子罕之臣, 不敢欺也. 奚待於不欺之士.

　今貞信之士不盈於十, 而境內之官以百數. 必任貞信之士, 則人不足官. 人不足官, 則治者寡而亂者衆矣. 故明主之道, 一法而不求智, 固術而不慕信, 故法不敗. 而群官無姦詐矣.

**【解釋】** 이 세상에서 어질다는 것은 곧고 참된 행실이다. 지혜롭다는 것은 미묘한 말이다. 미묘한 말은 상지도 알기 어려운 것이다. 이제 뭇 사람의 법을 만드는데 상지도 알기 어려운 것으로 한다면, 백성이 좇아 알 길이 없다. 그러므로 지게미와 겨도 배불리 못먹는 사람은 기

장밥이나 고기를 찾으려 하지 않고, 짧은 무명옷도 제대로 못입는 사람은 무늬있는 비단을 기다리려 하지 않는다.

대개 세상을 다스리는 데 있어 급한 것을 해결 못하고서 늦은 것에 힘쓸 수가 없다. 현재 하고 있는 정치가 대중을 상대로 하면서 누구나 잘 알고 있는 이론은 쓰지 않고 상지의 이론만을 쓴다면 그것은 정치에 어긋나는 것이다. 그러므로 미묘한 말은 백성이 힘쓸 바가 못 된다.

만일 곧고 참된 행실을 어질게 여기는 사람이라면 반드시 정직한 선비를 귀하게 여길 것이다. 정직한 선비를 귀하게 여기는 사람은 또한 속이는 〈술(術)〉이 없기 때문이다. 평민들이 서로 사귀는 데는, 재물로써 서로 이롭게 하거나 위세로써 서로 두텁게 하거나 하지 않는다. 그러므로 정직한 선비를 구하게 된다. 임금은 사람을 제재하는 위치에 서서 일국의 재물을 가지고 있다. 중한 상과 엄한 벌은 그 실권을 잡을 수 있으므로 밝은 술로써 비출 수 있는 힘을 기르면 비록 전상과 자한같은 신하가 있어도 감히 속이지 못할 것이다. 굳이 속이지 않는 선비를 기다릴 까닭이 없다.

곧고 참된 선비는 열도 차지 않는데 나라 안의 벼슬은 백을 헤아린다. 반드시 곧고 참된 선비에게 맡기려면 벼슬을 다 채우지 못한다. 사람이 벼슬을 채우지 못하면 다스리는 사람이 적어 어지럽게 하는 자가 많아진다. 그러므로 명군의 도리는 법을 한결같이 하고 지혜를 찾지 아니하며 술을 굳게 하고 진실을 바라지 않는다. 그럼으로써 법이 허물어지지 않고, 모든 관리들이 속이는 일이 없다.

**【解説】** 그것만이 아니다. 오늘날에는 고상하고 어려운 말이 귀한 것이 되고, 그것을 쓰는 사람은 지혜로운 사람이라 불리운다. 남을 속이지 않는 곧고 미더운 행위가 존경을 받고, 그것을 실천하는 사람을 어진 사람이라 말하고 있다.

고상하고 어려운 말은 아무리 지혜로운 사람이라도 이해하기 힘든 것이다. 널리 백성에게 알려야 할 법을 그런 어려운 말로 만들어 보아야 백성들이 이해할 도리가 없다. 겨로도 배를 채우지 못하는 사람이

쌀밥이나 고기를 바라겠는가. 굵은 무명옷도 입지 못하는 사람이 무늬가 찬란한 비단옷을 입었으면 하겠는가. 정치를 행하는 경우에도 당장 급한 문제가 해결되기 전에 급하지 않은 일에 힘을 기울여서는 안 된다. 그런데 오늘날의 정치나 세상 풍조를 보면, 어느 누구나 잘 알 수 있는 말은 쓰지 않고, 고상하고 어려운 말만 쓰려하고 있다. 이것은 정치의 목적에 어긋나는 일이다. 말하자면 고상하고 어려운 말 따위는 일반 대중에게 아무 소용도 닿지 않는 것들이다.

또 만일 참되고 정직한 행위를 귀하게 여기면 자연 남을 속이지 않는 사람을 존중하게 된다. 그러나 남에게 속지 않는 방법만 알고 있으면 그럴 필요가 없다.

지위나 벼슬이 없는 사람들끼리라면, 남을 이익으로 끌어들일 재력(財力)이나 내리누를 권력(權力)이 없으므로, 자연히 남을 속이지 않는 사람을 의지하게 된다. 그러나 임금의 경우, 그는 사람들을 통솔하는 지위에 앉아, 일국의 재력을 한손에 거머쥐고 있다. 상벌(賞罰)을 주는 실권을 행사하며 〈술(術)〉에 의해 신하들의 정체를 파악할 수가 있으므로, 설사 상대가 전상(田常)이나 자한(子罕)같은 간신들이라도 속지 않을 것이다. 구태여 남을 속이지 않는 인물에 의존할 필요가 어디 있겠는가. 게다가 전국을 두루 찾아보아야 정직하고 진실된 사람은 열 명도 되지 않는다. 그런데 나라의 벼슬 자리는 그 수가 몇백 몇천이나 된다. 꼭 정직하고 진실한 사람만을 쓰기로 한다면 벼슬자리에 오를 사람의 수가 모자라게 된다. 이리하여 관리의 수가 적어지면 자연 선량한 백성은 줄어들고 치안(治安)을 어지럽히는 무리들이 설치게 될 것이다.

따라서 명군(明君)이 되는 길은 법을 통일하는 것일 뿐, 지혜 있는 사람을 애써 찾는 일이 아니며, 〈술〉을 분명히 실천하는 일일 뿐, 성실한 사람에게 의존할 것이 아니다. 이 방법만을 행하게 되면 법은 그 효력을 잃지 않게 되고, 임금을 속이는 신하는 그림자를 감추게 될 것이다.

## 9. 辯論의 弊害

今人主之於言也, 說其辯而不求其當焉, 其於行也, 美其聲而不責其功焉. 是以天下之衆, 其言談者務爲辯, 而不周於用. 故擧先王言仁義者盈廷, 而政不免於亂. 行身者競於爲高, 而不合於功. 故智士退處巖穴, 歸祿不受, 而兵不免於弱. 兵不免於弱, 政不免於亂. 此其故何也. 民之所譽, 上之所禮, 亂國之術也.

今境內之民, 皆言治, 藏商管之法者家有之, 而國愈貧, 言耕者衆, 執耒者寡也. 境內皆言兵, 藏孫吳之書者, 家有之, 而兵愈弱, 言戰者多, 被甲者少也. 故明主用其力, 不聽其言, 賞其功, 必禁無用. 故民盡死力, 以從其上.

夫耕之用力也勞, 而民爲之者, 曰, 可得以富也. 戰之爲事也危, 而民爲之者, 曰可得以貴也. 今修文學, 習言談, 則無耕之勞, 而有富之實, 無戰之危, 而有貴之尊, 則人孰不爲也. 是以百人事智, 而一人用力. 事智者衆, 則法敗, 用力者寡, 則國貧. 此世之所以亂也.

故明主之國, 無書簡之文, 以法爲敎, 無先王之語. 以吏爲師. 無私劍之捍. 以斬首爲勇. 是境內之民, 其言談者必軌於法, 動作者歸之於功爲勇者盡之於軍. 是故無事則國富, 有事則兵强. 此之謂王資. 旣畜王資,而承敵國之釁, 超五帝侔三王者, 必此法也.

**【解釋】** 오늘날의 임금들은 말을 들으면 그 변설만을 기뻐해 그것이 맞는가를 살피지 않고, 그 행동에 있어서는 명성만을 아름답게 여겨 그 공을 따지지 않는다. 이 때문에 천하 사람들은 변론에만 치중하고 실천에는 어긋난다. 그러므로 선왕의 일을 들어 인의를 말하는 자만이 조정에 가득차 정치는 어지러움을 면치 못한다. 행동에 있어서는 고상한 것만을 힘써 실생활과는 맞지 않는다. 그러므로 지혜로운 선비들은 굴 속에 숨어 살며 녹을 주어도 받지 않고, 군대는 허약해지고 만다. 한 군대가 허약해지면 정치가 어지러움을 면치 못한다. 왜 그런가. 백성의 칭송과 위에서 대우하는 바가 나라를 어지럽히는 길이기 때문이다.

지금 나라안 백성은 모두 정치를 논하고 상앙과 관중의 법을 아는 자가 집집마다 있건만 나라가 더욱 가난해지는 것은 밭갈이를 말하는 사람은 많은데 쟁기를 잡는 사람은 적기 때문이다. 나라 안이 모두 군사를 논하며 손오의 병법을 아는 자가 집집마다 있는데도 군사가 더욱 약해만 지는 것은 싸움을 이야기하는 사람은 많은데 갑옷을 입는 사람은 적기 때문이다. 그러므로 명군은 그 힘을 쓰고 그 말을 듣지 않으며, 그 공을 상주고, 쓸모 없는 일은 금한다. 그러므로 백성은 온갖 힘을 다하여 윗사람을 좇게 된다.

대개 밭갈이는 괴로운 것인데도 백성들이 힘써 하는 것은, 곧 부를 얻을 수 있기 때문이며, 싸움이란 위태로운 것인데도 백성들이 좇는 것은 곧 귀하게 될 수 있기 때문이다. 그러나 문학을 닦고 말을 배우면 밭갈이하는 수고가 없어도 부의 열매를 얻게 되고, 싸움의 위태로움 없이도 귀(貴)함을 누리게 된다면, 누가 문학을 하지 않겠는가. 이러므로 백 사람이 지혜를 일삼고 한 사람이 힘을 쓰게 된다. 지혜를 일삼는 사람이 많으면 법이 허물어지고 힘을 쓰는 사람이 적으면 나라가 가난하다. 이것이 세상이 어지러워지는 까닭이다.

그러므로 명군의 나라는 책이 없이 법으로써 가르침을 삼고, 선왕의 말이 없이 관리로서 스승을 삼으며, 자객의 호위 없이 적을 베는 것으로 용맹을 삼는다. 이러므로 나라안 백성은 그 말하는 것이 반드시 법에 맞고 행동하는 것이 공에 돌아가며 용맹은 군에서만 발휘하게 된다. 이런 까닭에 일이 없으면 나라가 부하고, 일이 있으면 군사가 강하다. 이것을 통일 천하의 바탕이라 이른다. 이미 그 바탕을 간직해 두고 적국의 틈을 기다린다. 오제 삼왕의 업을 초월하려면 반드시 이 법이라야 한다.

【解説】 오늘날 임금은 신하의 말을 받아들일 때, 그의 구변이 능숙한 것에만 마음이 쏠리어 결과가 말과 일치할 것인가를 생각지 않는다. 신하들의 행동을 평가할 때도 세상의 뜬소문에 팔리어 말한 것과 같이 실행했는가를 알아보려 하지 않는다.

그러므로 사람들 가운데 말로 출세하려는 사람은 입끝의 재주만을 힘쓸 뿐이어서 실질적인 일에는 아무 소용도 없다. 그래서 조정에는 옛 성인을 찬양하며 〈인의〉를 입에 올리는 사람이 가득차 나라의 정치는 혼란되고 만다. 또 실천에 뜻을 둔 사람은 고상한 행동만을 서로 시새울 뿐 실적을 올리려고는 하지 않는다. 그래서 지능이 뛰어난 사람은 산중으로 숨어버리고 임금의 부름에도 응하지 않는다. 이로 인해 나라의 권력이 약해져 버린다.

이같이 나라의 권력이 약해지고 정치가 혼란하게 되는 원인은 무엇일까. 백성들이 명예로 알고 있고, 또 임금이 존중하는 것이 모두가 나라를 어지럽게 만드는 것들에 지나지 않기 때문이다.

오늘날만 해도 온나라에 정치를 입에 담지 않는 사람이 없고 《상자(商子)》니 《관자(管子)》니 하는 정치서적들이 집집마다 있는 형편인데도 나라는 점점 가난해질 뿐이다. 농삿일을 말하는 사람은 많은데 실지로 쟁기를 잡고 밭갈이하는 사람이 적은 것과 마찬가지이기 때문이다.

온나라에 싸움에 관한 이야기를 않는 사람이 없고, 《손자(孫子)》니 《오자(吳子)》니 하는 병서(兵書)가 집집마다 없는 집이 없는데도 병력은 약해만 갈 뿐이다. 왜냐하면 전쟁에 대해 의논할 사람은 많으나 실지로 투구와 갑옷을 두르고 싸우는 사람이 적기 때문이다.

그러므로 명군으로 불리는 임금은 백성의 힘을 발휘하도록 할 뿐, 의논에는 귀를 기울이지 않는다. 실적에 대해서만 상을 주고 쓸모 없는 일은 절대로 못하게 금한다. 이런 임금 밑에서는 백성은 있는 힘을 다해 위로부터의 명령에 따른다.

논밭에서 일하는 것은 힘드는 일이다. 그런데도 백성들이 농사를 하는 것은 그것으로 부(富)를 얻을 수 있기 때문이다. 전쟁에 나가 싸우는 것은 위험한 일이다. 그런데도 백성들이 군대에 나가는 것은 그로써 높은 지위를 얻게 되기 때문이다. 그런데 학문이나 언론을 닦아서 밭일을 하지 않고도 부를 얻을 수 있고, 전쟁에 나가 위험을 무릅쓰지 않고도 높은 자리를 얻을 수 있다면, 누구라도 수월한 쪽을 택할 것은 뻔한 일이다. 그 결과 학문이나 언론에 머리를 쓰는 사람이 백 명이나 되어도 농삿일이나 병력에 힘을 다하는 사람은 한 사람이 있을까 말까하다. 머리를 쓰는 사람이 많아지면 법의 권위는 없어지고, 힘을 다하는 사람이 적어지면 나라는 가난하게 된다. 이것도 또한 세상을 어지럽게 하는 원인이다.

따라서 명군이 다스리는 나라라면 책이 소용 없다. 법 그 자체가 가르침이 된다. 성인의 말씀도 소용이 없다. 관리가 곧 선생이다. 협객들의 사사로운 무력도 쓸 곳이 없다. 전쟁에서 적을 베는 것은 용기로써 한다. 이렇게 되면 백성들은 논란을 하는 경우에도 법에 어긋난 말은 하지 않고 일을 할 때는 실적을 올릴 수 있도록 일하며, 싸움터에서는 용기를 발휘하게 된다. 이리하여 태평스런 시절에는 나라가 부하게 되고, 갑자기 나라에 급변이 생겼을 때는 병력이 강대해진다. 이것이 왕업(王業)의 기초가 되는 것이다. 이 왕업의 기초를 다진 다음 적국의 허점을 노리는 이외에 오제 삼왕*(五帝三王)에 필적할 수 있는 왕업을 이룩할 길은 없다.

〔註釋〕 *三王 夏나라의 禹王, 商나라의 湯王, 周나라의 文王을 통칭함.

## 10. 合從連衡도 有害無益

今則不然. 士民縱恣於內, 言談者爲勢於外, 外內稱惡, 以待强敵. 不亦殆乎. 故羣臣之言外事者, 非有分於從衡之黨, 則有仇讎之忠, 而借力於國也. 從者, 合衆弱以攻一强也. 而衡者, 事一强以攻衆弱也. 皆非所以持國也.

今人臣之言衡者, 皆曰, 不事大, 則遇敵受禍矣. 事大未必有實, 則擧圖而委地, 效璽而請兵矣. 獻圖則地削, 效璽則名卑. 地削則國弱, 名卑則政亂矣. 事大爲衡, 未見其利也, 而亡地亂政矣.

人臣之言從者, 皆曰, 不救小而伐大, 則失天下, 失天下則國危, 國危而主卑. 救小未必有實, 則起兵而敵大矣. 救小未必能存, 而敵大, 未必不有疏. 有疏則爲强國制矣. 出兵則軍敗, 退守則城拔. 救小爲從, 未見其利, 而亡地敗軍矣.

是故事强則以外權士官於內, 救小則以內重求利於外. 國利未立, 封土厚祿至矣. 主上雖卑, 人臣尊矣. 國地雖削, 私家富矣. 事成則以權長重, 事敗則以富退處. 人主之聽說於其臣, 事未成則爵祿已尊矣, 事敗而弗誅, 則遊說之士, 孰不爲用矰繳之說, 而徼倖其後.

故破國亡主, 以聽言談者之浮說, 此其故何也. 是人

> 君不明於公私之利, 不察當否之言, 而誅罰不必其後也.

**【解釋】** 지금은 그렇지 않다. 선비와 백성들은 안에서 멋대로 굴고, 말하는 사람은 밖에서 세력을 부리는 등, 안팎의 악을 일삼으며 강한 적과 맞서고 있다. 어찌 위태하지 않은가. 그러므로 뭇신하들로서 바깥 일을 말하는 사람은 합종 연횡의 무리들과 관계가 없으면 개인의 원수를 갚을 생각으로 나라의 힘을 빌리려는 것이다. 합종이란 것은 약한 것을 합하여 강한 것을 치는 것이고 연횡이란 것은 강한 것을 섬기어 약한 것들을 치는 것이다. 모두 나라를 지키는 방법이 아니다.

연횡을 말하는 신하는 모두 "큰 나라를 섬기지 않으면 적을 만나 화를 입는다."고 한다. 큰 것을 섬기는 것이 반드시 실속이 있는 것이 아닌데 곧 지도를 바치고 땅을 맡기며, 옥새를 받들어 군사를 청한다. 지도를 바치면 영토가 줄어들고, 옥새를 받들면 명예가 떨어진다. 땅이 깎이면 나라가 약해지고, 명예가 떨어지면 정치가 어지러워진다. 큰 것을 섬겨 연횡을 한다 해도 그 이익을 보지 못하고 땅만 잃고 정치만 어지럽힌다.

합종을 말하는 신하는 모두 "작은 나라를 건지고 큰 나라를 치지 않으면 천하를 잃게 되고 천하를 잃으면 나라가 위태롭고, 나라가 위태로우면 임금은 낮아진다."고 말한다. 작은 것을 건지는 것이 반드시 실속이 있는 것이 아닌데, 곧 군사를 일으켜 큰 것과 대적한다. 작은 것을 건지는 것이 반드시 성공하는 것도 아닌데 큰 것과 대적한다. 사이는 반드시 벌어진다. 사이가 벌어지면 강국의 제압을 받는다. 군사를 보내면 싸움에 패하고, 물러나 지키면 성을 잃는다. 작은 것을 구원하여 합종하게 되면, 이익을 보지 못하고 땅을 잃고 싸움에 패하게 된다.

이런 까닭에 강한 것을 섬기면 밖의 권세를 빌어 벼슬을 안에서 차지하고, 작은 것을 건지면 안의 세력을 빌어 이익을 밖에서 얻게 된다.

나라의 이익은 성립되지 않아도 봉토와 후한 녹이 개인에게 오게 된다. 임금은 비록 낮아져도 신하는 높게 된다. 나라의 땅은 비록 깎이어도 개인의 집은 부하게 된다. 일이 성공되면 권세가 높아지고 일이 실패하면 부자로서 물러나 살게 된다. 임금이 신하의 말을 좇게 되면 일이 성공되기 전에 벼슬과 녹이 높게 되고 일이 실패해도 벌받지 않는다. 그러니 어찌 유세객이 어림짐작의 말로써 다음에 올 요행을 바라지 않겠는가.

 그런데 나라를 깨뜨리고 임금을 잃어가며 변사의 뜬 소리를 듣는 것은 무슨 까닭인가. 이것은 임금이 공사의 이익에 밝지 못하고 맞고 틀리는 말을 살피지 못하며, 죽이고 벌하는 것을 그대로 실행하지 않기 때문이다.

**【解說】** 그런데 현상은 그렇지가 못하다.
 국내로는 관이나 민간이나 모두 같이 제멋대로 움직이고 외교면에서는 변사들이 세력을 부리고 있다. 내정(內政)과 외교에서 악을 시새워 가며 강적과 맞서 있는 것이다. 정말 위험한 일이다. 외교에 관해 의견을 말하는 신하는 합종파(合從派)나 연횡파(連衡派)와 관련이 있는 사람이거나, 아니면 개인적인 원한을 나라의 힘을 빌려 풀려는 자들뿐이다.

 합종이란 육개 약소국을 연합하여 진(秦)이라는 하나의 강국에 대항하려는 정책이다. 연횡이란 진이라는 하나의 강국에 붙어서 다른 약소국을 공격하려는 정책이다. 어느 것이나 자기 나라의 안전을 보장하기 위한 바람직한 정책은 못된다.

 연횡을 주장하는 신하는 이렇게 말한다.
 "큰 나라에 붙지 않으면 여러 나라들로부터 공격을 받게 되어 나라의 안전이 위협받게 될 것이다."

 그러나 큰 나라에 붙게 되면, 그로 인해 이익이 돌아오게 될지 어떨지 확실치도 않은데 우선 판도(版圖, 戶籍과 地圖)를 바치고 영토를 내맡기며 인새(印璽)를 올리고 보호를 청하지 않으면 안 된다. 판도를 바치면 영토는 줄어들고 인새를 올리면 나라의 명예는 땅에 떨어진다. 영토가 줄어들면 나라는 약해지고 명예가 땅에 떨어지면 정치는 어지러워진다. 대국에 종속되는 연횡책이란 것은 이익에 앞서 영토를 잃게 되고 나라의 정치를 혼란시키는 것에 불과하다.
 합종을 주장하는 신하는 이렇게 말한다.
 "작은 나라를 건져 함께 큰 나라를 치지 않으면 천하의 기대를 잃게 될 것이다. 천하의 관심이 큰 나라로 쏠리면, 자기 나라를 보존하기도 힘들 것이며, 임금의 권위는 땅에 떨어진다."
 그러나 이것은 작은 나라를 건지게 될지 어떨지 확실치가 못한 가운데 큰 나라를 적으로 돌려 전쟁을 하게 된다. 작은 나라를 건지게 될지 그것도 확실치 못한 데다가 큰 나라를 상대로 작은 나라들이 연합해 싸울 경우, 작은 나라들 사이의 연합이 허물어지지 않는다는 보장도 없다. 연합이 허물어지면 큰 나라의 제압을 당하게 된다. 그 결과 군사를 내보내 싸우면 패하게 되고 물러나 지키면 성이 함락된다. 작은 나라를 건지기 위해서 행하는 합종이란 것은, 그 이익이 나타나기 전에 이미 영토를 앗기고 군사가 패하게 되는 것에 불과하다.
 연횡책을 써서 강국에 붙게 되면, 이 정책을 주장한 사람은 강국의 힘을 빌어 국내의 관직을 얻게 될 것이다. 합종책을 써서 작은 나라를 건지게 되면, 이 정책을 주장한 사람은 나라의 위엄을 빌어 작은 나라에 대해 자기의 이익을 요구하게 될 것이다. 나라에 뚜렷한 이익이 없어도 그들은 영지와 후한 녹을 얻게 된다. 임금의 권위는 낮아져도 신하의 지위는 높아진다. 나라의 영토는 줄어들어도 개인의 재산은 불어난다. 주장한 결과가 성공을 거두면 권력을 잡고 세도를 부리게 될 것이며, 설사 실패로 끝나더라도 재산을 모아 물러앉는 것뿐이다.
 만일 임금이 신하의 꾀를 받아들인 다음 성공을 보기도 전에 말한 사람의 벼슬과 녹을 올려주고 실패를 해도 벌을 가하지 않는다고 하면, 유세객(遊説客)들이 멋대로 지레짐작에 의한 주장을 내세우고 요행을 바라지 않을 리가 있겠는가.
 대관절 나라를 망치고 몸을 파멸시켜 가면서 임금이 유세객들의 터무니없는 말에 속아 넘어가는 것은 무엇 때문일까.
 임금이 공익(公益)과 사리(私利)의 구별을 못하기 때문이다. 그들의 말이 맞는가 안 맞는가를 알아낼 수 없기 때문이다. 그리고 실패해도 반드시 벌을 주지 않기 때문이다.


## 11. 소매가 길면 춤을 잘 춘다

> 皆曰, 外事, 大可以王, 小可以安. 夫王者能攻人者
> 也, 而安則不可攻也. 强則能攻人者也, 治則不可攻也.
> 治强不可責於外, 內政之有也. 今不行法術於內, 而事
> 智於外, 則不至於治强矣. 鄙諺曰, 長袖善舞, 多錢善
> 賈. 此言多資之易爲工也.
>
> 故治强易爲謀, 弱亂難爲計, 故用於秦者, 十變而謀
> 希失, 用於燕者, 一變而計希得, 非用於秦者必智, 用
> 於燕者必愚也. 蓋治亂之資異也. 故周去秦爲從, 期年
> 而擧. 衛離魏爲衡, 半歲而亡. 是周滅於從, 衛亡於衡也.
> 使周衛緩其從衡之計, 而嚴其境內之治, 明其法禁, 必
> 其賞罰, 盡其地力以多其積, 致其民死, 以堅其城守,
> 天下得其地則其利少, 攻其國則其傷大. 萬乘之國, 莫
> 敢自頓於堅城之下, 而使强敵裁其弊也. 此必不亡之術
> 也. 舍必不亡之術, 而道必滅之事, 治國者之過也. 智
> 困於外而政亂於內, 則亡不可振也.

**【解釋】** 말하기를 대외적인 일은 크게는 왕이 될 수 있고 작게는 나라를 편하게 할 수 있다고 한다. 왕이란 남을 치기는 하지만 안정된 것을 칠 수는 없다. 강하면 약한 것을 칠 수는 있지만 다스려진 것을

치지는 못한다. 다스리고 강해지는 것은 밖으로 얻어지는 것이 아니고 내부 정치에 있는 것이다. 법술을 안에서 행하지 않고 밖으로 지혜를 부리면 다스림과 강함을 얻지 못한다. 속담에 말하기를 〈소매가 길면 춤추기가 좋고, 돈이 많으면 장사가 잘된다.〉고 했다. 이것은 밑천이 많으면 일을 하기가 쉽다는 것을 뜻하는 것이다.

그러므로 다스려진 나라와 강한 나라는 일하기가 쉽고, 약하고 어지러운 나라는 일하기가 어렵다. 진나라에서 일하는 사람은 열 번 바뀌어도 일이 실패하는 일이 드물고, 연나라에서 일하는 사람은 한 번만 바뀌어도 일이 성공되기 어려운 것은, 진나라에 쓰이는 사람이 반드시 지혜롭고 연나라에 쓰이는 사람이 반드시 어리석어서가 아니다. 평정된 나라와 어지러운 나라의 바탕이 다르기 때문이다. 그러므로 주나라가 진나라를 버리고 합종을 했으나 일 년 만에 망했고, 위(衛) 나라가 위(魏)나라를 떠나 연횡을 했으나 반년 만에 망했다. 즉 주나라는 합종으로 없어지고 위나라는 연횡으로 망한 것이다. 주나라 위나라로 하여금 합종연횡의 꾀를 늦추고, 그 나라 안의 정치를 철저히 하며 그 법과 금령을 제대로 실행하고 그 상과 벌을 분명히 하며, 국력을 총동원하여 축적을 많이 하고, 백성들로 하여금 죽음을 바쳐 성을 굳게 지키게 하면, 그 땅을 얻어도 이득이 적고, 공격을 해도 오히려 희생이 많게 된다. 만승의 나라라도 감히 자진해서 굳은 성 밑에 머물러 강한 적이 자신의 배후를 노릴지 모르는 모험을 하지는 않는다. 이것이 결코 나라가 망하지 않는 방법이다. 결코 망하지 않는 방법을 버리고, 기어코 망하는 길을 찾는 것은 나라를 다스리는 사람의 잘못이다. 지혜가 밖으로 막히고 정치가 안으로 어지러우면 망하는 것을 건질 수가 없다.

【解說】 유세객들은 모두 이렇게 말한다.

"외교란 크게는 천하를 통일하는 길이요, 작게는 나라의 정치를 안정시키는 길이다."

이것은 잘못된 말이다. 천하를 통일한다는 것은 다른 나라를 공격할 힘을 가지고 있다는 말이 되겠는데 아무리 그렇더라도 내정이 안정되어 있는 나라를 칠 수는 없다. 또 다른 나라를 침략하는 데 충분한 군사력을 가지고 있는 강국이라도 치안이 잘 되어 있는 나라는 치지 못한다. 부국 강병은 외교에 의해 얻어지는 것이 아니다. 내정(內政)에 그 열쇠가 있다. 국내 정치에 법술을 쓰지 않고 외교에만 골몰하고 있어서는 부국 강병을 기대할 수 없다. 속담에 말하기를
〈소매가 길면 춤이 잘 취지고, 돈이 많으면 장사가 번창한다.〉
고 했다. 밑천이 많아야만 무슨 일이고 하기 쉽다는 말이다.

무언가 계획을 꾸미더라도 나라가 잘 다스려지고 병력이 강대하면 쉽사리 성공할 수 있지만, 정치가 어지럽고 병력이 약한 나라는 성공하기 어렵다. 그러므로 같은 계획을 세우더라도 진나라 같은 강국의 경우라면, 열 번 뜻대로 안 되어도 실패로 끝나는 일이 드물지만, 연(燕)나라 같이 약한 나라로서는 한 번만 잘못돼도 성공할 희망은 거의 없게 된다. 진나라 신하들이 머리가 좋고, 연나라 신하가 머리가 나빠서 그런 것은 아니다. 내정이라고 하는 밑천에 차이가 있기 때문이다.

주(周)나라는 진나라를 벗어나 합종책을 취한 일이 있었으나 일 년만에 진나라에 망하고 말았다. 위(衛)나라는 위(魏)나라와 떨어져서 연횡책을 따랐지만 반년 만에 진나라에 망하고 말았다. 만일 주나라나 위나라가 합종이니 연횡이니 하는 외교를 뒤로 돌리고, 먼저 내정 강화에 힘을 기울였다면, 다시 말해 법을 분명히 하고, 상벌을 정확히 행하며, 토지를 개발하여 경제를 풍족히 하고, 백성들로 하여금 스스로 나라를 지키게 했더라면 그런 일은 없었을 것이다. 이렇게만 했다면 다른 나라가 침략해 와도 그들의 이익은 적었을 것이며 도리어 큰 손해를 입게 되었을 것이다. 어떤 강국도 이 굳은 성 밑에서 군사를 지치게 만들어 그 틈에 반격당하는 어리석은 짓은 하지 않았을 것이다. 이것이 나라를 망하지 않게 하는 방법인 것이다. 이것을 저버리고 나라를 망치게 되는 방법을 취하는 일은 위정자(爲政者)로서 할 일이 못된다. 외교에 골몰한 나머지 내정을 혼란에 빠뜨려서는 나라를 멸망으로부터 구출할 수가 없다.

## 12. 無爲徒食者를 없애라

> 民之政計, 皆就安利, 如辟危窮. 今爲之攻戰, 進則死於敵, 退則死於誅, 則危矣. 棄私家之事, 而必汗馬之勞, 家困而上弗論, 則窮矣. 窮危之所在也, 民安得勿避. 故事私門而完解舍. 解舍完則遠戰, 遠戰則安. 行貨賂而襲當塗者則求得, 求得則私安. 私安則利之所在. 安得勿就. 是以公民少而私人衆矣.
> 
> 夫明王治國之政, 使其商工遊食之民少而名卑, 以寡舍本務而趨末作. 今世近習之請行, 則官爵可買. 官爵可買, 則商工不卑矣. 姦財貨賈得用於市, 則商人不少矣. 聚斂倍農, 而致尊過耕戰之士, 則耿介之士寡, 而商賈之民多矣.

【解釋】 백성의 생각은 원래가 모두 편하고 이로운 데로 끌리고 위태롭고 곤궁한 것을 피한다. 전쟁을 할 때 전진하면 적에게 죽고 후퇴하면 법으로 죽으므로 위태롭다. 집이 어려워도 내 집 일을 버리고 땀 흘리며 말처럼 고생을 하건만 나라에서 돌보지 않으면 곤궁하게 된다. 곤궁하고 위태로운 곳을 백성이 어떻게 피하지 않겠는가. 그러므로 권력층에 붙어 병역을 기피한다. 병역을 기피하면 전쟁을 멀리할 수 있고, 전쟁을 멀리하면 곧 안전해진다. 뇌물을 써서 집권자에게 기대면 구하는 것을 얻게 되고 구하는 것을 얻으면 곧 나 개인은 편안하게 된다. 개인이 편한 것은 곧 이익이 되는 것이다. 어떻게 나아가려 하지 않겠는가. 이러므로 공적인 백성은 적고 사적인 사람은 많다.

명군의 치세법(治世法)은 장사꾼과 기술자와 무위 도식하는 백성을 적게 하고 그 지위를 낮게 한다. 이로써 근본이 되는 농사를 버리고 말단 직업으로 달려가는 사람을 적게 한다. 지금 세상은 근습(近習, 側近)에게 청을 넣으면 관직을 살 수 있다. 관직을 살 수 있으면 장사나 기술도 천하지 않다. 간사한 재물과 돈이 시장에 쓰이게 되므로 장사꾼이 적어지지 않는다. 이득을 보는 것이 농사의 곱이 되고, 존경을 받는 것이 농부나 병사보다 더하므로 지조 있는 사람이 적고 장사하는 백성이 많게 된다.

【解說】 원래 백성은 편안함과 이익을 찾고 위험과 고생을 피하려 한다. 그런데 백성들이 나라를 위해 싸우게 될 때 나아가면 적에게 죽게 되고, 물러나면 물러난 것으로 사형이다. 이것이야말로 위험한 것이다. 또 집을 버리고 전장으로 나가 공을 세우려 하는데 집안이 곤경에 빠져 있어도 나라에서는 아무런 대책이 없다. 이것이야말로 고생이다. 위험과 고생을 백성이 피하려하지 않을 리가 없다. 백성들은 세력 있는 사람을 찾아가 그의 보호 밑에 병역을 피하려 한다. 병역을 피하면 전쟁에서 멀어질 수 있다. 이리하여 편안을 얻게 된다.

또 요직(要職)에 있는 사람에게 뇌물을 바치고 청을 넣으면 무엇이든 뜻대로 된다. 무엇이고 뜻대로 되면 자연 생활은 편하게 된다. 이것이야말로 이익이다. 어떻게 이것을 추구하지 않겠는가. 이리하여 나라를 위해 일할 사람은 없어지고 제 이익만을 꾀하는 사람만이 늘게 된다.

명군의 정치는 장사꾼, 직공, 무위도식자(無爲徒食者)의 수를 줄이고 신분을 낮게 만든다. 그렇게 함으로써 농업을 버리고 쓸데없는 일에 종사하는 사람을 줄일 수 있다.

그런데 요즘은 측근을 통해서 청을 넣으면 벼슬자리를 돈으로 살 수 있는 실정이다. 벼슬자리를 돈으로 사게 되므로 장사꾼이나 직공의 신분을 낮게 만들 수가 없다. 부정(不正)으로 번 돈이 시장에서 통용되기 때문에 장사꾼의 수는 줄지 않는다. 그들의 벌이는 농사하는 것보다 두 배나 되는 데다가 농민이나 병사들보다 신분이 높다. 이래가지고는 지조있는 사람은 줄어들고 장사꾼만이 늘어날 수 밖에 없다.

## 13. 나라를 좀먹는 다섯 가지 벌레

> 是故亂國之俗, 其學者, 則稱先王之道, 以藉仁義, 盛容服而飾辯說, 以疑當世之法, 而貳人主之心.
> 其言談者, 爲設詐稱, 借於外力, 以成其私, 而遺社稷之利.
> 其帶劍者, 聚徒屬, 立節操, 以顯其名, 而犯五官之禁.
> 其近御者, 積於私門, 盡貨賂, 而用重人之謁, 退汗馬之勞.
> 其商工之民, 修治苦窳之器, 聚弗靡之財, 蓄積待時, 而侔農夫之利.
> 此五者邦之蠹也. 人主不除此五蠹之民, 不養耿介之士, 則海內雖有破亡之國, 削滅之朝, 亦勿怪矣.

**【解説】** 이런 까닭에 어지러운 나라의 풍습은, 학자들은 선왕의 도를 일컬으며 인의를 빙자하고 겉모양만 차리고 말재간만 부리며 당세의 법을 의심하여 임금의 마음을 헛갈리게 만든다.

외교가란 사람들은 거짓말을 꾸며 외부의 힘을 빌려 그 개인의 이득을 얻음으로써 나라의 이익을 저버린다.

유협들은 부하를 모아 규칙을 세우고 세상에 이름을 알리어 오관(五官)의 금령을 범한다.

측근의 신하들은 제 집에 재물을 쌓으며 뇌물받기에만 골똘하여 권세 쥔 사람의 청만을 듣고 땀흘려 수고하는 사람을 물리친다.
 장사와 기술에 종사하는 백성들은 비뚤어진 그릇을 만들고 사치스런 재물을 모아두었다가 때를 기다려 농부의 이익을 앗아 얻는다.
 이상 다섯은 나라의 좀이다. 임금이 이 다섯 좀벌레를 제거하지 아니하고 지조있는 선비를 기르지 않는다면 세상에 패망한 나라와 약해 소멸된 조정이 있는 건 지극히 당연하다.

【解釋】 이리하여 어지러운 나라는 다음과 같은 꼴이 된다.
 학자들은 지금에 와서도 옛 성인을 떠받들며 〈인의〉를 빙자하고 차림과 말을 그럴듯하게 꾸미고 현재 행해지고 있는 법에 대해 이의(異議)를 들고 나와 임금의 마음을 어지럽게 하고 있다.
 유세객들은 거짓말만 늘어 놓으며 외국의 힘을 빌려 사욕을 채울 뿐, 나라의 이익을 저버리고 있다.
 협객들은 무리들을 모아 의협(義俠)으로 서로 맺어 그것으로써 이름을 세우려 하며 국법이 금하는 것을 범하고 있다.
 측근들은 사재(私財)를 모아, 뇌물로써 세도가(勢道家)와 결탁하고 전사(戰士)들의 공로를 무시하고 있다.
 상인과 기술자들도 쓸모 없는 그릇들을 만들고, 사치품을 사서 쌓아두고 때를 보아 그것을 도로 팔아 농민들이 고생하여 얻은 것과 똑같은 이익을 앉아서 얻고 있다.
 이들 다섯은 나라를 좀먹는 벌레들이다. 임금이 이들 다섯 좀벌레들을 몰아내지 않고, 절조 있는 인물을 기르지 않는다면, 이 세상에 망하는 나라와 몰락하는 조정이 있다고 해서 이상할 것은 조금도 없다.

 이 편의 제목은 『오두(五蠹)』다. 학자, 유세자, 협객, 측근, 상인과 직공이라는 〈다섯 종류의 좀벌레〉를 지적하는 것으로 끝나지만, 글 속에 나타나는 다섯 종류 벌레들이 똑같은 수준에서 비판을 받고 있는 것은 아니다. 이 글 속에 나타난 다섯 벌레들의 역할을 종합해 보기로 하자.

먼저 한비는 역사를 더듬어 보는 것으로써 첫머리를 써 내려가고 있다. 옛 성인의 이상(理想)을 찾는 상고주의(尚古主義)를 부정함으로써 첫째 벌레인 유학자들의 이론적 근거를 두들겨 부순 것이다. 〈옛날은 인의, 지금은 법이다.〉하고 효용(效用)의 한계(限界)를 정함으로써 한비는 현상 비판의 발판을 굳혔다. 첫째 벌레에 대한 비판은 다른 네 종류의 벌레를 비판하기 위한 전제였다.

그리고 다음으로 그는 현상 비판으로 발길을 내딛고 있다. 목전의 정치에 법이 필요한 것은 이미 입증된 것으로 하여, 국내 정치의 현상을 날카롭게 비판한다. 나머지 네 종류의 벌레인 유세가, 협객, 측근, 상인과 직공들이 차례로 등장한다.

이 편의 특징은 앞에서의 여러 편이 임금과 신하의 관계에 중점을 두고 있는 데 대해 사회 내부에까지 붓끝을 대고 있다는 것이다. 따라서 사물의 대상은 확대되어 있고, 한비의 사상도 꽤 세밀하게 나타나 있다. 그것들 하나하나에 이름을 붙인다면, 법치주의(法治主義), 성악설(性惡說), 군권론(君權論), 중농주의(重農主義) 등등을 생각할 수 있다. 이들은 한비가 현실의 사상(事象)에 맞부딪쳤을 때 나타난 그의 사상의 측면이라는 의미를 갖는다. 어느 것이나 법술의 기초가 되는 것이다.

東洋古典百選・7
# 韓 非 子

譯解者：許　文　純
發行者：南　　溶
發行所：一信書籍出版社

주소 : 121-110
　　　서울 마포구 신수동 177-3
등록 : 1969. 9. 12. NO. 10-70
전화 : 영업부 / 703-3001～6
　　　편집부 / 703-3007～8
　　　FAX / 703-3009
ⓒ ILSIN PUBLISHING Co. 1990.

값 10,000원　＊파본된 책은 바꿔 드리겠습니다.